LE GRAND LIVRE
DE VOTRE
CORRESPONDANCE

L. Albert, B. Desmarais, T. Gorla, M. O'Sullivan

LE GRAND LIVRE DE VOTRE CORRESPONDANCE

EDITIONS DE VECCHI S.A.
20, rue de la Trémoille
75008 PARIS

Malgré l'attention portée à la rédaction de cet ouvrage, l'auteur ou son éditeur ne peuvent assumer une quelconque responsabilité du fait des informations proposées (formules, recettes, techniques, etc.) dans le texte.
Il est conseillé, selon les problèmes spécifiques – et souvent uniques – de chaque lecteur, de prendre l'avis de personnes qualifiées pour obtenir les renseignements les plus complets, les plus précis et les plus actuels possible.

Des mêmes auteurs aux éditions De Vecchi:

B. Desmarais
Les régimes matrimoniaux, 1996
Un cadeau pour toutes circonstances, 1995
Que dire et écrire en toutes circonstances, 1993

L. Albert
1 000 termes commerciaux et économiques, 1996
Guide de la brocante et des antiquités, 1994
La correspondance commerciale et d'affaires, 1993

T. Gorla et M. O'Sullivan
The new business correspondence, ou comment rédiger efficacement votre courrier d'affaires en anglais, 1988

Traduction de Nicolas Blot pour la troisième partie

Introduction

Verba volant, scripta manent

Au siècle de l'ordinateur, des réseaux informatiques planétaires, du développement du Minitel, du fax à la portée de tous..., la communication écrite se développe considérablement. Il est de plus en plus important de savoir rédiger des courriers privés, commerciaux et d'affaires, tant en français qu'en anglais pour réussir ses échanges, gagner du temps, et être mieux compris.

Celui qui saura écrire juste et bien possédera un atout majeur dans sa vie sociale et professionnelle.

La rédaction d'une lettre privée – invitation, remerciement, déclaration, faire-part, carte de vœux... – ne revêt pas les mêmes caractéristiques techniques que la rédaction d'une lettre commerciale ou d'affaires et plus encore qu'une lettre de *business* en anglais.

Il est donc fondamental de posséder les multiples connaissances relatives à ces courriers variés.

Ce livre se présente sous forme d'une anthologie reprenant de très larges extraits d'ouvrages connus, rédigés par des spécialistes de la correspondance, du savoir-vivre et du monde des affaires:

• *Que dire et écrire en toutes circonstances*, de B. Desmarais.

• *La correspondance commerciale et d'affaires,* de L. Albert.

• *The new business correspondence, ou comment rédiger efficacement votre courrier d'affaires en anglais,* de T. Gorla et M. O'Sullivan.

En trois parties complémentaires il vous présentera:
– comment réussir son courrier privé en toutes circonstances;

– les règles de la correspondance commerciale et d'affaires pour les PME-PMI, les commerçants, les artisans et les cadres;
– la dimension internationale de la communication avec les règles de la correspondance franco-anglaise.

Cette anthologie illustrée de nombreux exemples vous indiquera comment rechercher la simplicité et la précision, des méthodes pour organiser votre pensée et lui donner plus de poids, des conseils pour résoudre les difficultés les plus courantes de la langue française et de la langue anglaise et pour éviter les incompréhensions et les imprécisions.

Près de 350 exemples de lettres professionnelles vous sont proposés avec des commentaires pour que vous puissiez adapter ces modèles à vos propres situations.

Dans cette optique, l'ouvrage de B. Desmarais, L. Albert, T. Gorla et M. O'Sullivan a comme premier objectif de vous faire devenir des communicants inventifs, gagnants et toujours compris.

L'ÉDITEUR

Première partie

Les règles de la correspondance privée

PAR B. DESMARAIS

La lettre de correspondance privée

La fonction d'une lettre est d'exprimer un sentiment, un désir, un besoin; elle permet d'informer quelqu'un, de solliciter quelque chose, de répondre à une demande, de se renseigner, de féliciter, de s'excuser... On écrit souvent par obligation (lettre d'affaires), mais aussi par plaisir (lettre d'amour ou d'amitié). Dans tous les cas, la lettre aura une certaine importance: en matière commerciale, elle constitue une preuve écrite et peut être invoquée lors d'un litige. L'article II du code de commerce stipule que "les correspondances reçues et les copies des lettres envoyées doivent être classées et conservées pendant dix ans".

Ne laissez jamais une lettre sans réponse si celle-ci est nécessaire; c'est la moindre des corrections, et cela peut avoir pour vous une grande importance, qu'il s'agisse d'une demande de renseignements des services publics ou d'une invitation à laquelle il serait souhaitable de répondre...

Le ton et le style de votre missive auront eux aussi leur importance. La lettre doit être vivante, sans pour autant tomber dans la familiarité; le ton ne doit pas être trop sec, au risque d'être discourtois. Quant aux traits d'esprit, ironie et jeux de mots, nous ne saurions trop vous conseiller de vous en abstenir. Peu de gens sont sensibles à l'humour, surtout par écrit; ne laissez libre cours à votre esprit qu'avec vos proches, et seulement lorsque vous êtes sûr d'être compris. L'humour peut être parfois grinçant si l'on n'y prend garde, et il serait dommage de blesser le lecteur.

Il est essentiel de prêter la même attention à l'ironie, qui peut être féroce et extrêmement critique. Utilisée avec doigté, l'ironie porte à sourire et dénote souvent une certaine finesse d'esprit; mais attention, nul, pas plus vous qu'un autre, n'aime à être raillé ou ridiculisé. Restez donc "classique" lorsque vous vous exprimez par écrit et ne prenez pas de risques inutiles.

Ces réflexions ne doivent cependant pas vous brider. Le texte doit rester spontané, et c'est certainement la difficulté majeure de l'exercice écrit. L'idée doit jaillir spontanément, mais l'écriture doit être pensée, réfléchie et mûrie. S'il est facile de jeter ses idées sur le papier, il est beaucoup plus ardu de les mettre en forme avec diplomatie: toute vérité n'est pas bonne à dire, encore moins à écrire.

Deux grandes règles en la matière doivent être mises en exergue: **toujours savoir ce que l'on veut dire, et se mettre à la place du lecteur**. Il faut en effet savoir mettre de l'ordre dans ses idées et, pour ce faire, il est bon de les jeter en vrac sur un papier. Prenez donc le temps de faire un brouillon, de sérier les problèmes un à un, de les classer par ordre d'importance. Cette rigueur vous amènera à constituer alors des paragraphes correspondant à chacune de vos idées. C'est presque un ordre du jour, "un ordre d'écrit", qu'il vous faudra respecter scrupuleusement; en un mot, il faut être rationnel. Si la lettre constitue une réponse à un courrier, il faudra reprendre point par point les questions posées, reprendre paragraphe par paragraphe. S'il s'agit d'une première correspondance, restez clair et précis dans sa composition; faites un plan, posez vos questions une à une: trop de désordre nuirait à la compréhension du texte. Donc, faites un brouillon, réfléchissez à ce que vous voulez dire et mettez-vous à la place d'un lecteur qui, lui, ne connaît rien *a priori* de votre pensée. Ayez un bon esprit de synthèse, vous y gagnerez en clarté. Appliquez-vous, de même, à enchaîner vos idées: la lettre doit être "fondue" et donner l'impression de couler de source. Ayez toujours en mémoire ce principe: "Une phrase, une idée; un paragraphe, une idée." Cela conférera à votre lettre le côté vivant qu'elle doit avoir pour atteindre son objectif: intéresser le lecteur et lui donner l'envie de vous lire.

Quel que soit le destinataire, ce sera toujours une personne, quand bien même vous seriez en rapport avec une administration, et il ne s'intéressera à votre problème que si vous lui en exposez toutes les données.

Nous vous conseillons aussi de surveiller attentivement votre orthographe et de respecter la grammaire française. Notre langue est l'une des plus compliquées qui soient; cela n'autorise pourtant personne à commettre de grosses fautes. L'usage du dictionnaire et d'un livre de grammaire est vivement recommandé. Vous éviterez ainsi les fautes d'orthographe, les pléonasmes et barbarismes, et la concordance des temps n'aura plus de secrets pour vous. Evitez les phrases trop longues avec des *qui*, des *que*, des *quoi*, le texte en serait alourdi, mais pas pour autant enrichi. Utilisez le mot précis au bon moment: pour cela, procurez-vous un dictionnaire des synonymes et référez-vous au lexique des barbarismes qui se trouve en annexe . Un bon vocabulaire n'est pas nécessairement compliqué, il doit être juste. Laissez les grands mots aux autres, choisissez des termes simples et efficaces qui exprimeront correctement votre pensée.

Mais le plus important reste la relecture du texte. On dit qu'il faut tourner la langue sept fois dans sa bouche avant de parler; pourquoi ne pas tourner sept fois la phrase avant de l'écrire? Une bonne méthode consiste à lire la phrase à voix haute; si celle-ci vous paraît juste et "sonne" bien, alors elle sera efficace. A l'inverse, si elle semble tomber à plat, formulez votre pensée d'une façon différente et relisez-vous. Méfiez-vous du premier jet, il va souvent au-delà de la pensée et la dénature. *Quid scribit, bis legit*: celui qui écrit lit deux fois. Faites votre profit de cet axiome latin: relisez plusieurs fois le texte, tant pour sa compréhension que pour en rechercher les fautes. Une lettre bourrée de fautes d'orthographe porte à sourire et n'est pas toujours prise au sérieux. Un texte émaillé de contresens ou de circonlocutions agace le lecteur et n'atteint pas son but. Pour conclure, il est bon de prendre tout son temps pour rédiger le moindre écrit, et plus de temps encore pour le relire.

Pour qu'une lettre soit correcte, il faut qu'elle respecte certains impératifs, certaines règles. Elle doit être précise quant à son contenu. C'est un travail méthodique puisqu'il faut vérifier chaque point, chaque paragraphe avec la plus grande rigueur. Il faut exprimer sa pensée sans digression, rester dans le vif du sujet et aller à l'essentiel le plus simplement possible. La lettre doit être précise aussi quant à son destinataire. Sauf lorsqu'il s'agit d'une circulaire ou d'une publicité, une lettre n'a qu'un destinataire et celui-ci doit se sentir concerné. Il faut donc la personnaliser soit par l'en-tête, soit dans le texte.

La lettre doit être **concise**, c' est-à-dire qu'elle doit exprimer votre pensée en utilisant le moins de mots possible. Attention, ne tombez pas dans le style télégraphique pour autant; vous en arriveriez à dénaturer votre pensée, à oublier l'élément principal, celui qui justifie votre lettre même. Encore une fois, allez à l'essentiel! La confusion entre précision et concision est fréquente. Pourtant, ce sont deux notions différentes: la précision apporte les détails indispensables, la concision résume et simplifie. Mais à trop simplifier, le texte perdrait de sa signification et de sa valeur. La phrase sera de préférence courte, particulièrement dans les lettres d'affaires. Mais il n'existe pas de règle en la matière, si ce n'est le respect d'une certaine sobriété.

L'écriture doit être **lisible**: nous touchons là une des lacunes de notre siècle. A l'ère de la machine à écrire et du traitement de texte, nous ne savons plus écrire correctement. Où sont les pleins et les déliés d'antan? L'écriture n'est pas forcément la science des ânes, à l'heure actuelle, elle aurait même tendance à devenir un art perdu. Par respect pour le destinataire, appliquez-vous dans le graphisme. Le texte ne doit pas remplir toute la page: il est nécessaire de respecter les marges et d'aligner les alinéas. Les paragraphes seront alors bien distincts, et la lettre semblera aérée, ce qui facilitera la lecture et placera votre destinataire dans un bon état d'esprit. Si, réellement, votre écriture est illisible, servez-vous d'une machine à écrire. Dans les lettres d'affaires, l'emploi d'un traitement de texte est même recommandé; il n'y aura ainsi aucun doute dans la lecture. Les lettres personnelles seront manuscrites; cela les personnalise et crée un lien avec le lecteur.

Pour être harmonieuse et complète, une lettre doit contenir un certain nombre d'éléments indispensables qu'il est bon de détailler. Ces éléments sont:

- la date;
- l'en-tête;
- le texte, ou corps de la lettre;
- les formules finales;
- la signature ou le paraphe.

La date

Toute lettre doit être datée et cela pour trois raisons:
– une lettre ne peut servir de preuve que si elle est datée;
– la date permet de classer la lettre et de la retrouver aisément;
– enfin, lorsqu'une lettre constitue une réponse à une autre lettre, la date permettra de déterminer l'ordre de réception.

La date doit être placée en haut et à droite de la feuille sur une seule ligne; elle sera précédée du lieu. Le mois sera écrit en toutes lettres et non en abrégé. Par exemple: *Lyon, le 22 février 19...* L'année sera toujours entièrement notée; les noms de mois ne prennent pas de majuscule. On ne doit jamais écrire le jour. Certaines formes emphatiques ou vieux jeu seront à proscrire. Par exemple: *Ce 22 février 19.., à Lyon, ce 22 février 19...* Certaines lettres personnelles sont datées en bas de la feuille à droite, elles sont destinées à un ami ou un proche.

L'en-tête

Ce terme regroupe trois choses: le nom de l'expéditeur, celui du destinataire et l'appellation. Les nom, prénom, adresse, numéro de téléphone et de fax de l'expéditeur seront placés en haut et à gauche de la lettre dans le cas où l'on écrit sur papier libre. Tous les papiers à en-tête sont porteurs de ces mentions. Au-dessous, il est courant et utile de mentionner l'objet de la lettre et le numéro de dossier ou la référence s'il y en a. Les nom, prénom, titre, raison sociale et adresse du destinataire seront placés sur le même alignement, à deux ou trois interlignes en dessous de la date. Le code postal doit précéder le nom de la localité.

Enfin, l'appellation; c'est sans doute la partie la plus épineuse de l'en-tête. Comment commencer une lettre à un destinataire que l'on ne connaît pas et que l'on ne verra peut-être jamais? Mentionnez toujours le titre de la personne à qui vous écrivez, même si vous savez qu'il ne lira pas votre lettre; ainsi, on écrira *Monsieur le Ministre, Monsieur le Maire, Monsieur le Président,* etc. Il est de bon ton de donner le grade supérieur à un sous-directeur, on écrira donc *Monsieur le Directeur*; pour un vice-président *Monsieur le Président*. Lorsque vous vous adressez à un avocat ou à un représentant de quelque autre profession juridique, écrivez *Maître*, ou *cher Maître*, si vous le connaissez. A un médecin, on ne donne pas de titre particulier, sauf s'il s'agit d'un professeur; on écrira donc *Docteur, ou Monsieur le Professeur.* En règle générale, si vous écrivez à quelqu'un que vous ne connaissez pas, dites *Monsieur, Madame, Mademoiselle,* et notez au-dessus *à l'attention de...* Si le courrier est destiné à une entreprise, vous commencerez par *Messieurs,* sauf à connaître le nom de la personne intéressée. Si vous écrivez à l'administration, adressez votre courrier au chef de service: il y en a toujours un! Par la suite, la lettre sera transmise à la personne chargée de votre dossier. Enfin, si c'est à un ou une ami(e) que vous vous adressez, vous n'aurez que l'embarras du choix *chère Marie, cher ami, ma chère cousine...*

Les titres prennent toujours une majuscule. A l'inverse des Allemands et des Anglo-Saxons, on ne mentionne pas le nom de famille du destinataire *chère Madame,* et non pas *chère Madame Barraut.*

Aujourd'hui de nombreuses femmes occupent de hautes fonctions et ont des titres. Elles ont droit à ce qu'on les leur donne. Rares sont les titres féminisés; on dira donc et on écrira *Madame le Maire, Madame le Ministre,* mais aussi *Madame la Directrice...* Bizarrerie de la langue française.

EXEMPLE DE DÉBUT DE LETTRE CORRECT

Marcel Mauricet
12, rue Diderot
35000 Rennes
Tél.:
Fax.:

Lyon, le 22 février 19..

EDF-GDF
Service du contentieux
2, rue de Paris
91300 Massy cedex

Abonnement n°:

A l'attention de Madame Brot

Madame,

Le texte ou corps de la lettre

Il s'agit de tout ce que vous devez dire au destinataire; cette partie doit être structurée en paragraphes, chaque paragraphe contenant une idée et une seule. On commence une lettre par une formule claire et non agressive:

- *Faisant suite à notre entretien téléphonique du...*
- *Comme nous en sommes convenus, je vous confirme...*
- *En réponse à votre annonce...*
- *J'accuse réception de votre lettre...*
- *Veuillez trouver ci-joint...*
- *J'ai bien reçu votre courrier en date du...*
- *Je me permets de porter à votre connaissance...*
- *J'ai l'honneur de solliciter de votre bienveillance...*

Certaines formules trop familières sont à éviter: on ne peut écrire comme l'on parle. De même, les périphrases comme: "vous n'êtes pas sans savoir que" (ce qui revient à dire "vous savez que") non seulement compliquent et alourdissent le texte mais ne sont pas le reflet exact de votre pensée. Restez simple dans les termes utilisés, vous n'en serez que mieux compris. En général, la première phrase de la lettre ne commencera jamais par *je,* ni par un participe présent, excepté dans des courriers commerciaux ou administratifs.

Enfin, pour terminer une lettre et avant la formule de politesse, une phrase de conclusion s'impose:

- *En vous remerciant de votre bienveillante attention...*
- *Dans l'espoir d'une réponse positive de votre part...*
- *En vous remerciant d'avance...*
- *Je vous remercie d'avance de votre obligeance...*

LES FORMULES PARTICULIÈRES

Cette rubrique regroupe les mentions de lettre recommandée, de pièces jointes, d'annexes. En un mot, toutes ces nouveautés de notre siècle!

Les pièces jointes seront mentionnées au bas de la lettre, soit après la signature, soit au bas de la première feuille s'il y en a plusieurs. Ces pièces jointes peuvent être des plans, des devis, des certificats médicaux, des chèques, des photocopies et autres papiers importants.

Les annexes sont tous les documents ajoutés au texte.[1]

Les formules finales

Qui n'a jamais achoppé sur la formule finale d'une lettre? C'est un casse-tête sans fin, car elle fait preuve de votre estime et de votre état d'esprit vis-à-vis du destinataire.

A un proche, vous écrirez:

- *Bien à toi...*
- *Amicalement...*
- *Affectueusement...*
- *Affectueux baisers de nous trois à vous quatre...*
- *Je t'embrasse affectueusement...*
- *A toi...*
- *Toutes nos amitiés...*
- *Recevez toutes nos amicales pensées...*
- *Soyez assuré de toute notre sympathie...*
- Et, pourquoi pas: *Bons baisers de Russie...*

Il est très important de reprendre, dans cette formule, les termes utilisés dans l'en-tête. Il faut savoir aussi *qu'agréer* est plus respectueux que *recevoir* ou *accepter*, de même en est-il pour *l'expression* par rapport à *l'assurance*.

Il existe des formules toutes simples, qui sont de plus en plus fréquemment utilisées: *cordialement vôtre, votre dévoué, sincèrement vôtre...*

Sachez aussi que, si l'on *agrée l'expression ou l'assurance*, on *croit à des sentiments.*

[1] Les lettres recommandées avec ou sans accusé de réception sont des lettres envoyées “aux bons soins” de la poste contre un reçu qui fait foi; elles ont une valeur juridique et constituent des preuves. Il existe aussi des plis recommandés: ce sont des lettres sans enveloppe que vous achèterez à la poste et qui ont une valeur plus fiable que les lettres simples. Personne ne pourra dénier leur contenu.

• D'égal à égal:
Je vous prie de recevoir l'assurance de mes sentiments les meilleurs (distingués).

• A un supérieur:
Veuillez agréer, Monsieur, l'expression de mes respectueux sentiments (mes salutations distinguées).

• A une femme, on envoie ses:
salutations respectueuses, ses *sentiments amicaux, l'expression de ses sentiments les meilleurs: Veuillez agréer, Madame, l'assurance de mes sentiments les plus amicaux; Je vous prie d'agréer, Madame, l'expression de mes respectueux hommages.*

• A un collègue, à une connaissance:
Croyez, Monsieur et cher collègue, à mes sentiments amicaux; Recevez, chère Madame, l'assurance de mes sentiments les plus respectueux...

En règle générale, deux formules classiques sont à retenir et pourront être facilement utilisées sans risque d'erreur:

• *Je vous prie de croire, Monsieur, à l'assurance de mes sentiments les meilleurs (mes sentiments distingués);*

• *Veuillez agréer, Madame, l'expression de mes salutations distinguées.*

Une femme n'envoie jamais d'hommage; c'est un privilège qui lui est réservé que de les recevoir.

Quelques formules de politesse encore méritent d'être citées; elles s'adressent à des personnalités:

• Au président de la République:
Veuillez agréer, Monsieur le Président, l'hommage de mon profond respect (*l'expression*, si c'est une femme qui écrit).

• A un ministre:
Veuillez agréer, Madame le Ministre, l'assurance de ma haute considération.

• au procureur de la République:
Veuillez agréer, Monsieur *le Procureur de la République, l'expression de mes sentiments respectueux.*

• A un député:
Veuillez agréer, Monsieur le Député, l'assurance de mes sentiments les plus distingués.

• Enfin, à votre maire:
Veuillez agréer, Madame le Maire, l'assurance de mes sentiments respectueux.

N'oubliez pas que chaque titre prend une majuscule dans l'exercice de ses fonctions! Dans les autres cas, on utilise une minuscule.Toutes ces formules seront utilisées dans des exemples pratiques.

La signature et le paraphe

En principe, la signature doit être lisible. Elle se situe dans le bas à droite de la feuille, à quelques interlignes du texte. Un homme signera de son prénom et de son nom entier; de plus en plus, seule l'initiale du prénom apparaît. Une femme célibataire signera de ses nom et prénom. Une femme mariée n'utilisera que l'initiale de son prénom accolée à son nom d'épouse; seule exception à cette règle: les femmes qui exercent leur métier sous leur nom de jeune fille. Elles pourront dans ce cas signer de leurs deux noms.

Dans les courriers d'affaires, le nom sera écrit en toutes lettres (dactylographié) et la signature se trouvera un peu plus bas. Le paraphe est, quant à lui, réservé au domaine des affaires (courrier professionnel, contrats, lettres internes).

Le *post-scriptum* et le *Nota bene*

Le *post-scriptum, ou P.S.*, doit se trouver en bas de la lettre à l'alignement du reste du texte. Il n'en est toléré qu'un seul par lettre. Le style P.S.1, P.S.2, P.S.3... est réservé aux enfants et aux amoureux qui ont toujours quelque chose à ajouter. Il y a bien trois raisons à cette limite. En effet, tout cela donne à la lettre un côté très brouillon et révèle que vous ne savez pas mettre de l'ordre dans vos idées. Cela dénote aussi souvent d'une certaine mesquinerie: vous n'en êtes pourtant pas à une feuille près! Enfin, il est assez irrespectueux de rajouter au dernier moment un élément supplémentaire: cela laisse supposer que vous avez bâclé la lettre, que vous n'avez pas pris suffisamment de temps pour l'écrire. De là à supposer que cela ne comportait pas d'intérêt de l'écrire, que c'était plus une obligation qu'autre chose, il n'y a qu'un pas, rapidement franchi. Vous pourriez vexer le lecteur!

Le P.S. a un objectif bien défini: il n'existe que pour préciser un détail. Si le P.S. est long (pas plus d'un paragraphe cependant), la lettre devra être signée une deuxième fois ; attention tout de même à ne pas rédiger une deuxième lettre. Si cela était, il faudrait tout recommencer.

Le *Nota bene* a pour but de rappeler à l'attention du lecteur une question particulière, un point précis du courrier et, le cas échéant, de les détailler. N'usez qu'avec ménagement des P.S. et *Nota bene;* ils sont d'un maniement difficile.

EXEMPLE

Cher papa, chère maman,

Les vacances touchent à leur fin. Nous aurons eu un temps superbe et une mer très calme. Tant mieux pour moi qui ai le mal de mer. Lundi, je reprends l'école avec plaisir: deux mois sans les amis, c'est long.

Je vous embrasse

Marie

P.S.: Maman, as-tu trouvé le livre de français qui me manquait pour l'école? N'oublie pas, c'est important.

Voilà un exemple de P.S. que tous les enfants du monde ont testé... et qui se justifie. Pour des courriers plus sérieux, le P.S. sera souvent un élément supplémentaire à apporter au dossier; attention, toutefois, à ne pas le confondre avec les pièces jointes.

L'enveloppe

Le nom du destinataire doit se trouver au milieu de l'enveloppe écrit en toutes lettres et sans abréviation.

EXEMPLES

- *Monsieur et Madame Paul Durant*
- *Madame Paul Durant*
- *Monsieur et Mademoiselle Durant*

On ne met pas le prénom d'une femme sur l'enveloppe, sauf en ce qui concerne les femmes divorcées. Ce qui donnera: *Madame Marie Durant.* Si votre correspondant porte un titre, vous l'écrirez en toutes lettres: *Docteur et Madame Paul Durant.* Si la lettre est destinée à toute la famille, l'appellation sera: *Famille Durant*, ou: *Monsieur et Madame Paul Durant et leurs enfants.*

L'adresse se placera sur la ligne suivante et à l'alignement gauche. Le code postal viendra à l'alignement, suivi, sur la même ligne, du nom de la localité. Le nom du pays sera ajouté, si nécessaire, en dessous du nom de la ville.

EXEMPLE

Docteur et Madame Paul Durant
16, rue du Refuge
35400 Rennes
FRANCE

Au dos de la lettre vous inscrirez vos coordonnées personnelles sur tous vos courriers, à l'exception des cartes de visite et faire-part. Le timbre courant à 2,80 francs (attention, le tarif augmente régulièrement) vous assure un acheminement rapide car la lettre est alors triée en machine.

Pour tout autre timbre dit de collection, le tri est manuel et, de ce fait, plus long. En haut à gauche de l'enveloppe, et en biais, vous inscrirez les mentions suivantes si elles sont nécessaires: *Faire suivre, Urgent, Personnel...*

Il existe un tarif réduit pour les envois en nombre. Le montant de l'affranchissement dépend du poids de la lettre (+ ou – de 20 grammes), du nombre d'envois et de l'impression. Il faut 400 lettres pour un même département et 1 000 pour la France; le fait que l'adresse soit manuscrite ou non a son importance. Dans toutes ces situations, il sera nécessaire de demander une autorisation au responsable du bureau de poste de votre localité. Ces tarifs réduits sont intéressants pour l'envoi de faire-part de mariage, par exemple.

Le papier à lettre et le papier à en-tête

Le choix du papier diffère en fonction du destinataire. Nous vous conseillons d'avoir deux sortes de papier à lettre à votre disposition: l'un pour le courrier officiel, l'autre réservé à un usage privé.

Pour un **courrier d'affaires**, un papier blanc de bonne qualité sera parfait, le format sera classique (21 x 29,7 cm) avec une enveloppe assortie. La lettre sera pliée en trois pour une enveloppe longue, en quatre pour une enveloppe normale.

Pour des **lettres personnelles**, le choix sera plus libre. Un homme choisira un papier un peu lourd blanc ou ivoire, lisse ou vergé, avec une enveloppe assortie.

Une femme aura plus de liberté et pourra choisir des tons pastel: blanc, ivoire, mais aussi crème, bleu pâle, jaune très pâle, gris perle, vert pâle... avec toujours une enveloppe assortie. Il est préférable d'éviter les papiers parfumés, ils ne sont pas toujours de très bon goût. Laissez-les aux adolescentes qui en raffolent, c'est de leur âge. Ecartez de même les couleurs trop violentes, agressives.

Le choix du format est lui aussi plus libre pour une femme que pour un homme, mais les formes originales sont déconseillées. Le choix de l'encre sera fonction de la couleur du papier: marine pour un papier bleu pâle, noir sur du blanc ou du gris perle, sépia sur du crème ou de l'ivoire. En aucun cas l'encre utilisée ne sera rouge; c'est une couleur trop agressive, réservée aux corrections.

Le papier choisi sera aussi fonction de l'âge; un papier amusant à motifs ne conviendra pas pour un homme ou une femme mariée. Offrez très tôt aux enfants un joli papier à lettres de bon goût et discret. Cela leur donnera l'envie d'écrire.

L'utilisation de la feuille n'est pas simple non plus et répond à certaines contraintes. Il est important de respecter des marges. A gauche, vous laisserez deux ou trois centimètres. L'appellation doit être éloignée du haut de la feuille de quatre à cinq centimètres. Tout cela en fonction du format choisi et de la longueur du texte. A droite, on ne laisse pas véritablement de marge mais les fins de ligne doivent être franches et alignées. Enfin, arrêtez-vous avant le bas de la page! Si une deuxième feuille s'avère nécessaire, vous ferez attention à ce qu'il y ait au minimum un paragraphe entier sur le deuxième feuillet, avant la formule de politesse. On ne doit jamais couper un mot en fin de feuille, pas plus qu'un groupe de mots d'ailleurs. Le texte serait déséquilibré et plus difficile à lire. Dans la mesure du possible, un paragraphe doit être fini en bas de la feuille ou ne commencer qu'en haut de la suivante.

Le **papier à en-tête** peut être soit gravé, soit imprimé. L'assortiment des couleurs sera le même que pour le papier simple. Le papier personnel est imprimé en haut à gauche et ne comporte que l'adresse et le numéro de téléphone.

A l'heure actuelle, on ne grave plus de monogramme en tête de lettre; cette pratique a un côté suranné, voire vieillot, et, il faut bien le dire, un peu snob.

Sur un papier à usage commercial ou officiel, les nom, prénom, adresse et numéro de téléphone seront mentionnés, de même que le numéro de fax si vous en avez un. Ces mentions pourront librement se trouver en haut à gauche ou en haut et au milieu de la feuille. Elles peuvent être en caractères d'imprimerie ou en lettres anglaises, c'est une question de goût. Sur un papier personnel, une femme inscrira son nom d'épouse, sur son papier professionnel, elle ajoutera son nom de jeune fille. Les règles sont assez libres en la matière, cela dépend du patronyme sous lequel elle exerce sa profession.

Plusieurs de ces indications développées dans ce chapitre seront reprises, de façon plus ou moins détaillée, dans la deuxième partie de cet ouvrage consacrée à la correspondance commerciale, dans le chapitre "Conseils généraux".

Les cartes de visite, cartes postales, cartes de vœux

Les cartes de visite

Elles sont en général blanches mais, de plus en plus souvent, on trouve des cartes de couleur: saumon pâle, gris perle, crème. Il existe ici aussi une grande liberté.

Les caractères et l'impression seront choisis en fonction du goût de chacun; les imprimeurs présentent de nombreux modèles, afin d'aider les clients dans leur choix.

Le nom peut se situer en haut à gauche de la carte, au milieu, ou encore à un tiers du haut de la carte. L'adresse sera invariablement en bas de la carte ainsi que le numéro de téléphone. Pour un couple, le prénom du mari précédera toujours celui de l'épouse: *Paul et Marie Durant.* On écrit les titres en entier: *Docteur et Mme Paul Durant.* A l'inverse, monsieur et madame seront en abrégé: *M. et Mme Paul Durant.* Le prénom peut être remplacé par son initiale: *M. et Mme P. Durant.* Une femme mariée fera apparaître le prénom de son époux: *Mme Paul Durant,* ou elle préférera la formule plus simple: *Marie Durant.* Une carte de visite est toujours rédigée à la troisième personne du singulier ou du pluriel (selon l'auteur). Elle ne doit pas non plus être signée, ni comporter une formule finale comme *"gros baisers"*.

La carte de visite est d'un usage formel et n'est utilisée que dans certaines circonstances, pour:

– envoyer ses nouvelles coordonnées;
– écrire un mot d'excuse;
– accompagner des fleurs ou des cadeaux livrés;
– lancer une invitation et y répondre;
– envoyer ses vœux;
– remercier un ami, etc.

N'oubliez pas de rayer d'un trait léger la mention inutile: n'obligez pas votre mari à remercier pour un bouquet qui vous est destiné!

Certains courriers ne nécessitent pas la rédaction d'une lettre. Il peut s'agir de cartes d'anniversaire, cartes de vœux et autres cartes postales. Elles seront porteuses d'un message précis ne réclamant ni explication ni réponse.

Ces cartes ont pour point commun d'être manuscrites et de comporter au minimum une à deux phrases; on ne se contentera pas de les signer.

Les cartes d'anniversaire

Anniversaire de naissance, de mariage ou, beaucoup moins drôle, de décès, les occasions sont multiples. Le choix de la carte a presque plus d'importance que son contenu. Un anniversaire revenant tous les ans, votre correspondant sait qu'il recevra ce jour-là un certain nombre de cartes; à vous de faire preuve d'originalité. On trouve dans le commerce, et à des prix très abordables, des cartes jolies et amusantes. Mais attention au respect du bon goût: choisissez une carte que votre correspondant appréciera et qui ne risque pas de le vexer. A une femme qui fête ses soixante ans, évitez le style: *bienvenue chez les vieux ou profitez bien de vos vieux jours;* vous pouvez être certain qu'elle n'appréciera pas du tout la plaisanterie. Restez donc discret et faites preuve de délicatesse.

Si vous n'avez pas le temps de chercher la carte idéale, ou si vous n'en trouvez pas, ayez recours à une simple carte blanche. Ces cartes sont impersonnelles et laissent une certaine liberté de rédaction, mais, écrites par amitié, par affection ou par amour, elles sont destinées à faire plaisir. En voici quelques exemples courants.

Lettre à un filleul

Te voilà un grand garçon! A toi les grands espaces, les grandes découvertes, maintenant que tu as un an. Ne fais pas trop de bêtises... aie pitié de ta maman. Dis-lui bien que ta marraine attend des photos. Attention, petit homme, la bougie, ça brûle!

Affectueux baisers de ta marraine.

Pour un anniversaire de mariage

Chers papa et maman,

Que n'ai-je été présente le jour de votre mariage. Maman en mariée était la plus belle, j'en suis sûre... et j'ai vu des photos. Mais l'une de mes plus grandes joies d'enfant a été de fêter avec vous ces anniversaires de bonheur et d'amour.

Bon anniversaire donc, et que cette année vous soit douce et profitable. Affectueusement.

Pour l'anniversaire d'un ami

Bienvenue, mon cher Gérard, au club des "Quadra". Age presque canonique, mais épanouissement total sur tous les plans: personnel comme professionnel. Je t'ai précédé de peu ! Et pour tous les conseils dont tu aurais besoin, je réponds présent. Quarante, n'est-ce pas un chiffre intéressant et plein de promesses? Regarde Ali Baba... Anne se joint à moi pour te féliciter et me charge de te dire que le champagne est au frais pour te fêter dignement dès ton retour de vacances.

Bon anniversaire, mon cher Gérard, et à très bientôt autour d'un verre.

Pierre

Pour l'anniversaire d'un décès

Un an déjà que Maurice nous a quittés. Son affectueuse présence et sa fidèle amitié nous manquent. Le temps fait son œuvre et seuls les souvenirs heureux partagés avec vous deux me restent en mémoire. Soyez assurée, chère Marie, de ma sincère amitié et de mes affectueuses pensées.

Les cartes postales

Comme toutes les cartes, elles sont manuscrites et ne sont pas destinées à transmettre des nouvelles importantes. Leur objectif est de faire savoir au destinataire que l'on pense à lui. Elles peuvent être adressées à des amis, à de la famille, à des collègues de travail et, pourquoi pas, à votre patron (la seule condition est que vous ayez de bons rapports avec lui; n'en profitez pas pour lui faire part de vos griefs ou lui réclamer une augmentation!).

Il est plus correct de mettre ces cartes sous enveloppe afin qu'elles ne soient pas lues par tout un chacun. Particulièrement en ce qui concerne les cartes de mauvais goût, ou d'un goût douteux: il en existe de toutes les sortes, mais il est inutile que le facteur en profite. Votre correspondant pourrait être très gêné de faire les frais de votre sens de l'humour ou d'être la risée de tout le service. Il ne saurait être question non plus de se contenter de signer une carte. Il est impératif d'y inscrire un petit mot; ayez l'air heureux d'écrire et ne montrez pas que vous rédigez de cartes postales en série. Vous pourrez par exemple écrire:

A un ami

Bali est un pays magnifique et pittoresque. Que de couleurs! Les autochtones sont sympathiques et accueillants. Cela nous promet une soirée photos en perspective. Amitiés.

A votre "boss"

Repos et soleil au programme de mes vacances. Je reprends des forces pour la rentrée. Amitiés à tout le service.

La carte annuelle à votre grand-mère

Chère Mamie,

Sur les traces des grands voyageurs de la famille, nous visitons ce pays riche de paysages pittoresques et hauts en couleurs. Patrick a pris beaucoup de photos. Que de souvenirs nous allons pouvoir évoquer ensemble à notre retour. Affectueux baisers.

A votre médecin

Les progrès de la médecine et votre art personnel font de moi un touriste actif et en pleine forme. Merci de votre gentillesse et de vos bons soins. Amical souvenir.

Je profite de mon voyage aux Canaries pour tester et approfondir mes connaissances en géographie et en géologie. Je rapporte pour la classe des échantillons de lave ramassés sur le Téidé, ce fameux volcan canarien. Heureusement pour moi, tout le monde parle français! Je vous souhaite de bonnes vacances. A lundi, 10 heures.

Attention, n'oubliez jamais que votre Agnès n'est pas la seule que connaisse l'instituteur et que Marie n'est pas unique. L'enfant devra donc toujours signer de son nom de famille.

Les cartes de vœux

Elles ne se limitent pas aux vœux de nouvel an. Ce pouront être des vœux de rétablissement, des vœux de réussite, des vœux lors d'un déménagement, des vœux de bonheur souvent associés à des félicitations...

LES VŒUX DE NOUVEL AN

Ils doivent être envoyés entre le 1er décembre et le 31 janvier. Il est toutefois recommandé de ne pas dépasser le 25 janvier, cela donnerait au destinataire l'impression désagréable que vous l'aviez oublié, ce qui serait gênant pour vous.

Ces cartes de vœux seront adressées aussi bien à votre vieille tante qu'à votre médecin, sans oublier le gardien de votre immeuble ou votre propriétaire. Elles pourront accompagner l'envoi d'un dossier ou de papiers et seront, dans ce cas, écrites sur une carte de visite jointe au dossier.

Les vœux que vous enverrez à titre professionnel seront rédigés sur des cartes professionnelles. Celles-ci ne doivent pas être utilisées à des fins personnelles.

Le plus délicat étant l'entrée en matière, voici quelques formules types destinées à vous aider:

• *Bonne année à vous tous et puisse 19... voir se réaliser vos vœux les plus chers...*

• *Puisse 19... vous être propice et vous apporter ces mille petits riens qui rendent la vie si agréable.*

• *Bonheur, santé et réussite. Tels sont les vœux que nous formons pour vous à l'aube de 19...*

• *Nos vœux bien tardifs, mais bien sincères pour 19... Que cette nouvelle année vous apporte toutes les joies possibles pour vous et votre petit Benjamin.*

Ces cartes peuvent avoir un côté extrêmement formel; dans ce cas, elles seront rédigées sur des cartes de visite. Lorsque vous connaissez un tant soit peu le destinataire, barrez d'un trait léger l'impression "M. et Mme" pour la remplacer par votre prénom et celui de votre époux si vous êtes une femme.

A votre banquier ou votre avocat, par exemple, vous écrirez un mot très conventionnel et formel sur une carte de visite:

M. et Mme Paul Durant
avec leur respectueux souvenir,
vous adressent leurs meilleurs vœux pour 19...

Inutile d'en écrire plus, vos rapports avec ces personnes étant limités au plan strictement professionnel.

N'oubliez jamais votre gardien. Il fait, comme l'on dit, la pluie et le beau temps dans l'immeuble. La coutume veut que l'on donne à son gardien des étrennes. Glissez-les dans une enveloppe et inscrivez un mot sur une carte de visite:

M. et Mme Paul Durant

vous adressent leurs meilleurs vœux pour 19... et profitent de cette occasion pour vous remercier de votre diligence et de votre aide précieuse en toutes circonstances.

Il est facile aussi, lorsque vous payez votre loyer, d'envoyer vos vœux à votre propriétaire (ne lui réclamez pas de faire des travaux dans votre appartement; cela fera l'objet d'une lettre indépendante), cela facilitera vos rapports avec lui.

Sur une carte de visite, avec votre chèque, vous lui adresserez simplement vos meilleurs vœux pour 19... Si cette personne est âgée ou si vous la connaissez, vous rédigerez ainsi:

M. et Mme Paul Durant avec leur respectueux souvenir vous adressent leurs meilleurs vœux pour 19...

Mais il est des cartes beaucoup moins formelles qui ne sont pas pour autant plus faciles à écrire, comme la carte à une vieille tante que vous ne rencontrez qu'aux fêtes de famille. Eh oui, à elle aussi il faut envoyer ses vœux!

Il est très difficile de personnaliser une carte destinée à une personne que l'on connaît mal, mais c'est la famille; ce sentiment d'appartenance familiale doit transparaître dans votre carte:

Chère Tante,

En ce début d'année, Paul et moi vous adressons nos meilleurs vœux pour 19... Nous espérons vivement que cette nouvelle année nous permettra de vous rendre visite aussi souvent que nous le souhaitons.

Peut-être aurons-nous la surprise d'une réunion familiale cette année qui nous donnerait le plaisir de revoir toute la famille. Paul et les enfants se joignent à moi, chère Tante, pour vous assurer de toute notre affection et de nos vœux les plus sincères.

En aucun cas, il ne faut oublier les bons amis; c'est l'occasion de garder contact avec eux, de leur donner des nouvelles et d'en recevoir à votre tour. Ces vœux-là sont nettement plus simples et plus agréables à rédiger:

Mes bons amis,

Une année s'en va, une autre arrive. Nous ne voulions pas la débuter sans vous adresser nos meilleurs vœux pour 19... Que cette année vous soit profitable et qu'elle vous offre bonheur, santé et réussite. Mais surtout qu'elle nous permette de nous retrouver entre amis autour d'un bon feu de bois comme autrefois! Que de choses nous aurons à nous raconter!

Embrassez les enfants pour nous. A très bientôt le plaisir de vous revoir. Amitiés.

Les vœux à l'occasion d'un déménagement

Il est fréquent aussi d'envoyer ses vœux à des personnes qui déménagent dans une autre ville.

Celles-ci trouveront toujours agréable de se savoir regrettées et de recevoir des encouragements lors d'une période mouvementée de leur existence:

Ma chère Caroline,

Une nouvelle vie commence pour toi et ta famille et je voulais t'assurer de toute ma sympathie. Votre départ nous désole, mais vous savoir heureux à Lyon et bien installés nous fait bien plaisir.

Vous vous ferez très vite de nouveaux amis, mais n'oubliez pas les Parisiens. Peut-être pourrions-nous programmer un petit séjour ici ou là-bas?

Tous nos vœux vous accompagnent. Amitiés à vous cinq.

LES VŒUX DE RÉTABLISSEMENT

Ce sont les plus délicats à exprimer. Certaines formules sont à bannir. Les personnes alitées sont fatiguées, et donc plus susceptibles. Méfiez-vous des termes que vous emploierez et ne faites pas d'humour déplacé ou de mauvais goût, par exemple:

Avec ce temps, tu es mieux dans ton lit que dehors...

Toujours les mêmes qui se dorlotent...

Encore au lit, fainéant!

Encore! Tu n'as vraiment pas de chance. Si tu envisages une collection, tu es bien parti...

A un opéré, évitez d'écrire: *Une bonne chose de faite... A quand la prochaine?* Toutes ces formules humoristiques vous font peut-être rire mais, en général, elles sont peu appréciées de ceux qui les reçoivent.

Ecrivez plutôt:

• Lors d'une opération:

Ma chère Louise,

Alfred nous tient au courant de l'évolution de ta santé. Nous nous réjouissons de savoir que tu reprends des forces et que l'opération s'est bien passée. Nous pourrons très bientôt reprendre nos interminables mais passionnantes conversations. Soigne-toi bien. Sois assurée, ma chère Louise, de ma profonde amitié.

• A un malade:

Cher Pierre,

De crainte de te fatiguer, je vais attendre encore un peu avant de venir passer un moment avec toi.

Toutefois, je tenais à t'assurer de mon amitié et à te rappeler que tu peux compter sur moi pour une chose ou pour une autre. Tu sais où me joindre, n'hésite surtout pas, tu me ferais plaisir. A très bientôt le plaisir de te voir.

Ces cartes de prompt rétablissement peuvent accompagner un bouquet que vous ferez livrer.

Le faire-part

Sachez, en premier lieu, que le mot faire-part est invariable, que l'on en envoie un ou cent. Un faire-part est destiné à annoncer une naissance, un mariage, une adoption ou un décès... Quelle que soit la nouvelle à annoncer, il est inutile d'en inonder la terre entière. Les faire-part coûtent très cher et la liste devra donc être soigneusement établie. N'oubliez pas la possibilité de l'envoi en nombre qui réduira, au moins, le prix de l'expédition. Les faire-part peuvent être commandés soit chez un imprimeur, soit dans des magasins de layette pour les faire-part de naissance, ou encore chez les papetiers et dans les maternités. Un grand choix est proposé sur catalogue et toute liberté est laissée aux heureux parents.

Le faire-part de naissance ou d'adoption

Tout se fait, du plus classique au plus original. On a vu fleurir les formes les plus originales: de la couverture de livre au biberon rose pâle ou bleu ciel, sans oublier les fruits et autres formes géométriques. Restez tout de même suffisamment simple pour que le faire-part soit clair et compréhensible. On a déjà vu des faire-part sur lesquels il était difficile de savoir qui était qui. Les enveloppes doivent être assorties aux cartes; elles sont en général vendues ensemble. Les parents qui s'y seraient pris trop tard pourront toujours faire-part de la naissance de leur enfant sur de simples cartes de visite. L'écriture sera, au choix, en écriture bâton ou en lettres cursives, le choix le plus courant se portant sur l'écriture anglaise cursive.

La formulation reste elle aussi très libre. Les parents peuvent annoncer la naissance, de même que le "héros" ou les grands-parents.

Les faire-part de naissance les plus classiques sont rédigés de la façon suivante:

Paul et Marie Durant

ont la joie de vous annoncer la naissance de

Capucine

le 6 mai 19..

16, rue Ney
35000 Rennes

téléphone
....

Paul et Marie Durant

laissent à Stanislas et Pierre
la joie de vous annoncer la naissance de

Marjolaine

le 6 mai 19..

16, rue Ney
35000 Rennes

téléphone
....

Les catalogues spécialisés proposent des formules plus amusantes:

Je m'appelle Aurélie
Je suis née le 6 mai 19..
Je pèse 3,580 kg
J'ai pris mon premier biberon
dans les bras de mes parents

Paul et Marie Durant

adresse

téléphone
....

On peut aussi ajouter les coordonnées de la clinique où est né le bébé: cela permet aux amis de féliciter plus vite la maman.

Certains parents ajoutent au faire-part une photo des autres enfants. C'est une jolie idée; dans ce cas, la photo sera faite avant la naissance et, si possible, pas au-dessus d'un berceau encore vide. Les faire-part de naissance seront envoyés au plus tard dans les quinze jours qui suivent la naissance.

De plus en plus souvent, les parents font part en même temps de la naissance et du baptême du bébé. La date de la cérémonie sera alors inscrite au-dessous de la date de naissance.

Sur ce point restez sobre. Vous affichez vos convictions mais sachez que tout le monde ne les partage pas. Un faire-part de baptême envoyé seul pourrait choquer...

Les **faire-part d'adoption** répondent aux mêmes critères; ils sont juste d'une rédaction plus délicate. Il est évidemment préférable d'éviter les détails personnels qui n'intéressent que vous. Ne spécifiez pas que vous avez attendu dix ans, ou que vous êtes allé chercher l'enfant à Rio. Contentez-vous de faire part de votre joie, inscrivez le prénom de l'enfant, sa date et son lieu de naissance. Ce sera amplement suffisant.

Paul et Marie Durant
ont la joie de vous annoncer l'arrivée de

Louise

née à Rio, le 6 mai 19..

téléphone
adresse
....

Annoncez l'arrivée de votre bébé, mais pas sa naissance; le bébé peut être déjà grand. Signalez seulement le lieu de sa naissance, et non sa nationalité.

Sachez aussi qu'il est possible de faire part dans les journaux. Le carnet mondain peut se révéler très utile. Il est ainsi fréquent d'annoncer le même jour la naissance de plusieurs enfants au sein d'une même famille. Cette joie est souvent laissée aux grands-parents.

Le faire-part de mariage

En principe, ce sont les grands-parents et les parents qui font part du mariage. Mais, de plus en plus, les futurs mariés font part eux-mêmes. Les faire-part les plus classiques sont rédigés sur bristol crème, ivoire ou blanc, et en lettres anglaises. Ils peuvent être composés d'un ou deux feuillets, chaque famille faisant part sur l'un des feuillets. Les faire-part seront pliés dans un ordre précis: la famille qui invite fait part la première. Ainsi le destinataire saura-t-il qui féliciter et qui remercier.

Première page:

Monsieur
Pierre Durant

Monsieur et Madame
Paul Durant

ont la joie (le plaisir, l'honneur)
de vous faire part du mariage de leur
petite-fille et fille Mathilde avec

Monsieur Christophe Lambertin

et vous prient d'assister ou de vous unir d'intention
à la messe de mariage qui sera célébrée le ...
en l'église de Perpignan

téléphone
....

adresse

En bas à droite seront mentionnées les adresses. Le deuxième feuillet sera rédigé de la même manière pour la famille du marié.

A ces faire-part seront joints les cartons d'invitation au cocktail, au dîner ou à la soirée. Ce sont les deux mères qui invitent mais on ne répond qu'à celle que l'on connaît.

Les futurs époux peuvent faire part eux-mêmes sur un seul carton. Dans ce cas, vous féliciterez chacun à l'adresse indiquée. Comme pour les faire-part de naissance, il existe des catalogues pour vous aider à choisir le faire-part approprié.

Le faire-part de fiançailles

Certaines familles envoient des faire-part de fiançailles. Ce sont très souvent de simples invitations pour une soirée donnée à l'occasion des fiançailles. Il est correct de répondre à ces invitations et d'adresser ses vœux, sans toutefois s'étendre sur le bonheur des deux tourtereaux.

Le faire-part de décès

Ils sont, à l'heure actuelle, beaucoup moins répandus et font plus volontiers l'objet d'insertions dans les journaux. Plusieurs formules sont possibles:

• Les membres de la famille font part un à un:

> Monsieur Paul Durant, son époux
> Mademoiselle Laure Durant, sa fille
> Monsieur et Madame Jean Racine, ses cousins
> ont la douleur de vous faire part du décès de
>
> Marie Durant,
> née Dupont

• La famille réunie annonce la triste nouvelle:

> Les familles Durant
> et Dupont
> ont la tristesse de vous faire part
>
> du décès de...

La date de l'inhumation, l'heure et l'adresse de la paroisse figureront au-dessous. Ces cartes de deuil seront entourées d'un liséré gris. Les imprimeurs vous guideront dans votre choix. De plus en plus, les décès sont annoncés par voie de presse pour des raisons financières et de rapidité.

Ces faire-part font l'objet d'insertions dans les journaux, ce qui simplifie les choses et permet de toucher le plus grand nombre de gens possible. Vous ne risquez pas de commettre d'impair en oubliant un proche.

Comment répondre à un faire-part

Le faire-part exige une réponse rapide et circonstanciée. La simple politesse ainsi que l'intention de participer à la joie ou à la tristesse de l'expéditeur du faire-part vous y obligent. Certaines réponses sont plus aisées à rédiger que d'autres. Ainsi en est-il des faire-part de naissance et de mariage. En revanche, adresser des condoléances en réponse à un faire-part de décès pose plus de difficultés: comment manifester sa tristesse sans tomber dans un larmoiement inutile et de mauvais aloi?

La sobriété des termes et des sentiments est de rigueur. Certains parleront de pudeur, d'autres de diplomatie. Il s'agit en fait de délicatesse et de doigté.

RÉPONSE À UN FAIRE-PART DE DÉCÈS

Nous nous sentons souvent impuissants devant la peine et rien ne saura consoler un ami en deuil. “Un seul être vous manque, et tout est dépeuplé” (Lamartine). L'essentiel est de manifester votre amitié à celui qui est dans la peine, de lui dire combien vous pensez à lui en ces moments pénibles. Le seul réconfort que vous puissiez apporter à un ami est votre présence discrète. A un proche, n'hésitez pas à écrire une courte lettre; rappelez-lui les bons souvenirs et les qualités du défunt. Dites combien vous l'avez apprécié mais ne faites ni sa biographie ni son apologie, d'autres s'en chargeront.

Chère Louise,

J'apprends la disparition soudaine de ta maman. Je n'oublierai jamais les bons moments passés chez vous pendant les vacances ni la gentillesse de ta maman à mon égard. Elle avait le don du sourire et de l'accueil. Les mots ne pourront pas atténuer ta peine, mais sois assurée de mes pensées les plus affectueuses.

Dans les journaux, vous pouvez lire la rubrique nécrologique et apprendre ainsi la nouvelle de décès touchant des relations avec lesquelles vous n'êtes pas intime. Une carte de visite s'impose alors; voici quelques phrases utiles et passe-partout pour vous aider:

• *Nous partageons votre chagrin et sommes de tout cœur avec vous.*

• *En ces moments cruels, soyez assuré de notre fidèle amitié et de nos prières.*

• *M. et Mme X vous prient d'agréer leurs plus sincères condoléances à l'occasion du décès de...*

RÉPONSE À UN FAIRE-PART DE NAISSANCE

Les réponses et félicitations à des faire-part de naissance et de mariage sont d'un maniement plus aisé et combien plus sympathique. Il est possible de joindre ces réponses à un cadeau ou à des fleurs, cela se fait couramment et ce geste est toujours apprécié.

Félicitations aux heureux parents et bienvenue à Capucine. Nous souhaitons bonheur, santé et réussite à cette petite fille que nous embrassons affectueusement.

Nous imaginons sans peine la joie de ses parents et de ses frères. "Lorsque l'enfant paraît, le cercle de famille applaudit à grands cris"... Bravo à la maman et affectueux baisers à tous.

Pour varier les réponses, une carte adressée au bébé est une idée ingénieuse:

Chère petite Marie, Bienvenue en ce monde! Tu y étais attendue par tous les tiens. Offre-leur les joies et les sourires qu'ils espèrent de toi et laisse ta maman dormir! Nous vous embrassons toutes les deux affectueusement.

RÉPONSE À UN FAIRE-PART DE MARIAGE

Nous n'étudierons ici que les réponses aux faire-part de mariage sans invitation. (Il est courant d'envoyer des cartons afin de prévenir toutes les relations de l'événement. Mais on ne peut recevoir la terre entière, même pour le mariage de sa fille unique.) Les félicitations se feront sur carte de visite et vous ne ferez pas de cadeau.

M. et Mme X vous adressent leurs plus sincères félicitations à l'occasion du mariage de Pierre et Capucine et vous prient de transmettre leurs vœux de bonheur aux jeunes mariés.

Autres moyens de correspondance privée

Les insertions et annonces dans les journaux

Les journaux proposent aujourd'hui de nombreuses rubriques d'annonces. Cela va du faire-part de naissance aux propositions de ventes ou d'achats, sans oublier les offres d'emploi et autres annonces matrimoniales.

Achetez ces journaux. Vous y trouverez des bons à remplir et à retourner à l'adresse indiquée, ainsi que des conseils pratiques pour passer une annonce.

NAISSANCE, MARIAGE, DÉCÈS

Pour les faire-part (décès, naissance, mariage), vous pouvez téléphoner ou écrire au journal choisi. Pour obtenir les adresses, il suffit d'acheter le journal dans lequel vous souhaitez faire part. Ainsi, vous aurez les tarifs (de 120 à 160 francs la ligne en moyenne), les heures d'ouverture du service et les annonces déjà éditées pourront vous servir de modèle. Calculez le montant de votre annonce avant de l'envoyer; vous n'aurez pas de mauvaise surprise.

Ces annonces sont très utilisées pour les décès. Elles remplacent les faire-part, sont plus rapides et nettement moins onéreuses. Plusieurs formulations sont possibles, et vous pouvez insérer des mentions particulières:

- *Ni fleurs, ni couronnes*
- *Cet avis tient lieu de faire-part*
- *Condoléances sur registre*

Dans certains cas, des remerciements seront publiés ultérieurement. Ces insertions ont l'avantage d'avertir beaucoup de monde et éviteront les oublis.

Il existe d'autres rubriques d'annonces qui paraissent le plus souvent dans des journaux spécialisés: vente et achat d'une voiture par exemple, offre et recherche d'emploi.

OFFRE DE VENTE OU D'ACHAT D'UNE VOITURE

Dans ces journaux, vous trouverez l'argus de l'année et serez à même d'établir le prix de vente du véhicule. Les modalités de la vente y sont clairement expliquées: la nécessité de vous procurer un certificat de non-gage à la préfecture de police, le paiement par chèque de banque, la réservation en argent liquide et les mentions à porter sur la carte grise du véhicule. Il suffit de remplir les cases sur le bon à renvoyer et de se conformer au “mode d'emploi”. N'oubliez pas d'indiquer toutes les caractéristiques de la voiture et le motif de la vente. Le journal n'est pas soumis à une obligation de résultat; son rôle est de mettre en contact l'acheteur et le vendeur.

Les offres d'achat se font de la même façon. Ces annonces sont en général très efficaces et donnent de bons résultats; attention, vos prétentions doivent être raisonnables.

OFFRE ET RECHERCHE D'EMPLOI

Les règles d'or seront identiques dans les deux cas.

Le poste proposé (ou recherché) doit être correctement défini. Le niveau d'études, les qualifications exigées ainsi que la disponibilité du candidat seront détaillés. Plus l'annonce sera claire et précise, moins l'employeur perdra de temps à recevoir des candidats qui ne correspondent pas à sa demande. Le salaire envisagé pour le poste sera ou non mentionné, de même que le nom de l'employeur. Les réponses transitent le plus souvent par le journal, mais on peut faire figurer ses coordonnées personnelles si on le désire. Dans une annonce, le candidat fera de lui-même un portrait aussi exact que possible, complet et de bonne foi.

L'employeur potentiel est toujours à même de se renseigner et de vérifier vos références.

RENCONTRES, ÉCHANGES

Certains journaux ont des rubriques “Rencontres”. Pour les utiliser, procurez-vous un exemplaire et suivez les consignes données. De même, vous pourrez vendre des vêtements, des meubles ou des animaux dans les journaux publicitaires locaux. Ils sont distribués dans les boîtes aux lettres toutes les semaines.

Le télégramme

Utilisé pour annoncer une nouvelle, décommander un rendez-vous, il est aujourd'hui supplanté par le téléphone. Le télégramme peut être soit déposé à la poste, soit passé par minitel ou par téléphone. Il sera distribué très rapidement; le destinataire en sera averti par la poste et le recevra au courrier suivant. A noter que les télégrammes ne sont plus distribués pendant le week-end.

D'un usage pratique, le télégramme reste cependant relativement onéreux. C'est pourquoi le style en est généralement "télégraphique": pas de mots inutiles, et des phrases courtes... Le télégramme est utilisé pour annoncer une naissance, un décès, pour donner ou annuler un rendez-vous, pour féliciter des jeunes mariés...

FÉLICITATIONS POUR UN MARIAGE

- *Tous nos vœux de bonheur aux jeunes mariés.*
- *De tout cœur avec vous...*
- *Impossible de venir. Affectueuses pensées et sincères félicitations.*

FÉLICITATIONS POUR UNE NAISSANCE

- *Bienvenue à Marjolaine. Bravo et affectueux baisers à vous trois.*
- *Ravie d'être marraine. Bravo pour Yves-Marie. Baisers.*

POUR ANNONCER UN ÉVÉNEMENT

- *Yves-Marie bien arrivé. Frédérique va bien. Baisers.*
- *Grand-mère décédée ce matin. Rentre tout de suite. Maman*

POUR CONFIRMER UNE ARRIVÉE

- *Arrive gare de Lyon mardi. Train 56471 voiture 12. 17 h 24.*

ANNULATION D'UN RENDEZ-VOUS

- *Impératif de dernière heure m'oblige à annuler rendez-vous de 16 h. Vous rappellerai pour nouveau rendez-vous... Toutes mes excuses.*

CONVOCATION

Le télégramme est fréquemment utilisé lors d'une recherche d'emploi.

• *Prière contacter Mme Durant au 88 98 67 45 pour rendez-vous. Urgent.*

Le Minitel[1]

Le Minitel est défini dans le *petit Larousse* comme un terminal d'interrogation vidéotex diffusé par l'administration des P.T.T. Il se branche sur votre ligne téléphonique et le montant de la facture apparaît sur la note du téléphone. Le poste se loue auprès de votre agence commerciale des Télécom. Il vous suffit de vous munir d'une pièce d'identité et d'une facture de téléphone et vous repartirez avec un Minitel.

Il existe plusieurs types de Minitel plus ou moins performants. Certains accès peuvent être verrouillés si vous craignez de trop jouer avec. Le Minitel 2, par exemple, possède un mot de passe qui permet de limiter l'accès aux services choisis. Il est même possible de verrouiller entièrement l'accès à l'appareil. Le modèle de base se loue environ 20 francs par mois (jusqu'à 85 francs par mois). Attention, ces tarifs sont donnés à titre d'information et évoluent comme le reste.

Tous les Minitels ont les mêmes programmes de base: annuaire gratuit les trois premières minutes, par exemple. Pour utiliser ce programme, il suffit de taper son code d'accès et de remplir les blancs pour obtenir les coordonnées de l'abonné recherché. Certains numéros 3615 code XYZ sont systématiques. A l'inverse, le Minitel de base ne donne pas accès à certains postes. Il existe des Minitels "répondeurs" beaucoup plus performants, dont la location est plus chère.

Le Minitel est une invention de notre fin de siècle, très utile, mais aussi très tentante. En effet, de nombreux jeux sont proposés, de nouveaux services vous sont offerts (horoscope) qui sont extrêmement onéreux. L'usage du Minitel est facile et, si le tarif de la communication est affiché, rappelez-vous que la facture est souvent élevée en fin de mois. Il est parfois difficile de se rendre compte du prix d'une communication. Les enfants, de nos jours, se servent du Minitel comme d'un jouet et ne regardent pas à la dépense. Toutes leurs émissions télévisées leur proposent des jeux sur 3615 code XYZ; ils peuvent ainsi voter pour telle ou telle bande dessinée, ou participer à un grand concours qu'ils sont certains de gagner.

[1] Vous trouverez dans la deuxième partie consacrée à la correspondance commerciale des informations complémentaires sur le Minitel et le fax.

Le Minitel propose d'autres services d'un plus grand intérêt. Nombre de gens utilisent le Minitel pour rechercher un emploi (candidathèque...) ou répondre à une annonce. Il est devenu très courant d'envoyer son C.V. (*curricullum vitæ*) par le biais du Minitel, en choisissant un code qui vous est personnel. La réponse arrivera par le même chemin. De même, vous pourrez interroger votre banque et connaître l'état de votre compte bancaire ou de votre compte chèques postal. Rassurez-vous, personne n'aura accès à ces données confidentielles sans votre numéro de code. Le secret est bien gardé! France Télécom recommande cependant l'usage d'un téléphone agréé pour éviter tout risque de piratage.

Le fax

Le fax n'est ni plus ni moins qu'une télécopie. Avec des améliorations importantes, cependant! La télécopie permet de transmettre un document graphique en fac-similé et donc de faire parvenir des documents très rapidement à l'autre bout du monde. Mais ces documents doivent être dactylographiés. Aujourd'hui, le fax permet d'envoyer n'importe quel document dactylographié, bien sûr, mais aussi manuscrit ou même dessiné, à un correspondant disposant d'un fax. Le terme même de fax regroupe deux notions: l'appareil télécopieur lui-même et le document envoyé. L'usage du fax étant de plus en plus simple, chaque entreprise dispose maintenant de ce nouvel instrument de travail, de ce nouveau moyen de communication. Il remplace avantageusement le téléphone.

En matière commerciale, le fax a simplifié les rapports entre les différents partenaires. Il permet d'effectuer des commandes, de les corriger, de les confirmer, voire de les annuler. Un des avantages du fax est sa nature même: c'est un écrit et, comme tel, il sera utilisé en cas de litige, bien que n'ayant pas en lui-même de valeur reconnue devant les tribunaux. Si la télécopie n'a qu'une valeur de présomption, le fax, lui, constituerait plus volontiers un commencement de preuve en cas de contestation (dans certaines circonstances seulement; les assureurs ne lui reconnaissent pas la valeur d'un écrit puisque la lettre recommandée est presque toujours exigée). Il faudra donc garder le récépissé d'un fax, puis envoyer l'original par courrier. C'est l'une des raisons qui ont contribué à son essor. Le fait même qu'il s'agisse d'un écrit évite toute erreur d'interprétation ou de compréhension: il suffit, lors d'une commande, par exemple, de se référer au fax et de respecter les quantités demandées.

Le fax comporte tout de même quelques inconvénients, liés surtout à son côté indiscret. Fonctionnant comme un téléphone, il sonne à la réception d'un message et avertit ainsi tout le bureau... Il est recommandé d'éviter les messages trop personnels ou les blagues un peu lourdes. Il ne serait pas de bon ton de féliciter un ami de son mariage sur un ton grivois ou léger, sachant que sa secrétaire profitera des détails du message. Par ailleurs, le fax est un moyen de communication dont le coût est élevé et ce genre de petite plaisanterie peut se monter à des sommes astronomiques. Pour des messages personnels, le téléphone et la poste sont à votre disposition. On trouve aujourd'hui, sur le marché, des fax à tous les prix et un particulier peut s'en procurer pour moins de 4 000 francs. En revanche, son utilisation est encore assez onéreuse. Certains magasins et tous les bureaux de poste mettent des fax à la disposition du public.

N'hésitez pas à faxer en style télégraphique, cela réduira d'autant le coût et ne changera en rien le contenu du message. Vous pourrez ainsi réserver, ou confirmer, la réservation d'une chambre d'hôtel, envoyer un document à votre assureur, ou même passer une commande. Sur le papier à en-tête des professionnels, vous trouverez toujours le numéro de fax au-dessous du numéro de téléphone. Quelques exemples de fax à envoyer dans certaines circonstances, et qui faciliteront votre vie quotidienne:

RÉSERVATION D'UNE CHAMBRE D'HÔTEL

• *Faisant suite à notre entretien téléphonique de ce matin, je vous confirme ma réservation d'une chambre pour la nuit du 3 au 4 mars 19.. Signature.*

RÉSERVATION DANS UN RESTAURANT

• *Je vous confirme une réservation pour une table de huit couverts le mardi 13 mai 19.. à 20 h 30 au nom de X.*

Il est même arrivé que des ordonnances soient envoyées à un laboratoire d'analyses médicales pour accélérer les recherches et les soins. Dans ces circonstances, l'original partira par la poste, mais le patient aura ainsi gagné du temps.

En conclusion, le grand intérêt du fax est sa rapidité. A une époque où chacun est pressé, où tout va si vite, pourquoi ne pas se servir de ce moyen de communication? Rapide, efficace et fiable.

Le courrier de votre vie

Ce chapitre a pour but de vous aider dans la rédaction de vos différents courriers, tant sur le plan professionnel et administratif que personnel. Il est aussi laborieux d'écrire à son percepteur que de répondre à une invitation ou de rédiger un mot d'excuse. Nous avons répertorié ci-après quelques circonstances majeures de la vie de tout un chacun. Cependant, ces lettres devront être adaptées à chaque situation, et non recopiées intégralement.

L'invitation et sa réponse

Nous prendrons comme postulat de départ le fait que chaque invitation appelle une réponse rapide et personnalisée autant que faire se peut. Une invitation écrite doit être expédiée au moins dix à quinze jours à l'avance. Ce délai laissera à chacun le temps de s'organiser. Seules les grandes réceptions donneront lieu à l'envoi d'un bristol (carton gravé ou imprimé). Pour des réunions plus intimes, moins solennelles, une simple carte de visite suffit. Il est inutile (voire snob) de mentionner vos titres et qualités pour un dîner entre amis. Vous ne le ferez que dans des circonstances officielles ou professionnelles.

L'invitation doit être correctement libellée: elle mentionnera la date, l'heure, le lieu, la tenue et le nom du destinataire[1]. N'oubliez jamais de mentionner le nom du conjoint soit sur l'enveloppe, soit sur le carton. En bas à droite, inscrivez *R.S.V.P.* ou *réponse souhaitée*, si vous ne désirez pas avoir la désagréable surprise de ne voir arriver que six personnes sur les dix que vous aviez conviées. Eh oui, les goujats... ça existe!

Le manuel de savoir-vivre recommande de ne pas donner les motifs de votre invitation. Même si vous êtes ravi de fêter une promotion avec de bons amis, gardez le silence. Il sera toujours temps de l'annoncer au cours de la

[1] Voir *Manuel de savoir-vivre*, de Ilaria Petrovic, Editions De Vecchi.

réception. Cela pourrait être pris pour un “appel aux cadeaux” et mettrait tout le monde dans une position gênante. En revanche, si vous fêtez en même temps vos quarante ans, la pendaison de crémaillère de votre appartement et vos dix ans de mariage, organisez une grande fête, envoyez des invitations amusantes et explicites. Vos amis regretteraient de rater une occasion pareille, et feront ou ne feront pas de cadeau. Peu importe, l'essentiel n'est-il pas d'être ensemble?

Quelle que soit la réponse, remercier la personne dans les délais impartis est une marque de bonne éducation. Une réponse négative devra être justifiée; soyez honnête dans votre petit mot et donnez la raison véritable de votre refus. Il serait dommage de blesser par un mensonge celui qui vous convie. Si votre absence est pardonnable, vos tromperies ne le seraient pas et vous risqueriez de perdre de bons amis.

Les enfants eux aussi ont le goût de la fête. Il existe dans tous les supermarchés des invitations toutes prêtes que la charmante tête blonde distribuera avec largesse à toute la classe après y avoir inscrit son nom et son adresse, la date, l'heure... De nombreux bambins oublient ce détail pour eux sans importance, mais s'il faut téléphoner à tous les Pierre de l'école, les mamans vous béniront! Votre petit génie peut aussi rédiger son invitation sur une carte blanche qu'il aura coloriée:

Je t'invite à venir souffler mes bougies le samedi 12 mai de 15 h à 18 h.

Suivront son nom, son adresse et le numéro de téléphone pour la réponse. Limitez toujours les heures d'arrivée et de départ, si vous ne souhaitez pas que des petits camarades ne prennent pension!

Si les petits enfants aiment à recevoir leurs amis, les plus grands apprécient aussi les soirées et fêtes de toute sorte! C'est aux mamans qu'échoit l'honneur d'inviter les amis de leur fille, à l'occasion des 18 ans de celle-ci, par exemple. Les cartons seront rédigés de la façon la plus simple et la plus classique possible. Ils seront imprimés ou manuscrits, cela dépendra de l'importance de la soirée et de vos moyens.

Madame Paul Durant

recevra pour sa fille Blandine,
le samedi 12 mai 1995 à partir de 21 h 30
au Cercle Militaire.

adresse .... *téléphone* .... *R.S.V.P.* *avant le*............

Une “boum” entre copains, plus simple, fera l’objet d’une invitation écrite par le jeune lui-même. Ces invitations ont un caractère sécurisant pour les parents: leurs enfants ne traîneront pas dans les rues, ils seront chez Béatrice. Là encore, toutes vos coordonnées figureront sur le carton d’invitation, tenue comprise. La réponse sera adressée par retour de courrier à la personne qui invite. Très souvent, les enfants réclament le plaisir et l’honneur d’inviter leurs instituteurs à goûter ou à dîner. C’est une excellente idée, à ne concrétiser qu’en fin d’année scolaire. Une telle invitation pourrait être mal perçue et par le maître et par les autres élèves. En l’occurrence, le carton ne s’impose pas; ces invitations se font de vive voix. L’instituteur aura ainsi toute liberté d’accepter ou de refuser.

Les invitations professionnelles renferment, quant à elles, un aspect plus formel. Les titres, grades et fonctions y seront mentionnés ainsi que la tenue et le nom du ou des destinataires. Cette mention est importante car il est courant de ne pas convier le conjoint à un déjeuner d’affaires. A l’inverse, lorsque sa présence est souhaitée, il faut le signaler explicitement.

Les invitations à de grandes réceptions se font sur cartons préimprimés. Il ne reste plus qu’à remplir les blancs de votre plus belle plume, sans faute d’orthographe. Ces invitations formelles appellent des réponses tout aussi formelles. Celles-ci seront rédigées sur carte de visite. Un simple déjeuner d’affaires ne donne pas lieu à une invitation écrite: *Je vous attends donc le 5 mai à 11 heures et, bien sûr, je vous retiens à déjeuner après.*

INVITATION À UN DÎNER DE MARIAGE ET RÉPONSE

Les cartons d’invitation au dîner qui suivra la cérémonie de mariage sont rédigés très simplement. Seules les mères invitent et c’est à elles qu’il convient de répondre.

Madame Paul Durant *Madame Roger Dupont*

recevront à l’issue de la cérémonie religieuse
au château de Brétanges.

R.S.V.P.
avant le............

adresse Durant
adresse Dupont

Quelle que soit la réponse elle devra impérativement être postée dans les délais impartis. Un mariage nécessite une telle organisation qu'il est plus correct de répondre rapidement et par écrit. Cela permet de comptabiliser, sans risque d'erreur, les réponses positives.

Réponse affirmative

• Vous répondez positivement à des personnes que vous connaissez peu. Faites-le sur une carte de visite:

M. et Mme Paul Durant,

Très touchés que vous ayez pensé à eux, vous remercient de votre charmante invitation à laquelle ils se rendront avec le plus grand plaisir. Ils vous prient de transmettre tous leurs vœux de bonheur et leurs plus chaleureuses félicitations aux jeunes mariés. Ils vous assurent de leur sincère amitié et se réjouissent de partager ce grand jour avec vous.

• Vous répondez affirmativement à des amis très chers. Une lettre leur fera plaisir:

Chers amis,

Encore quelques semaines et vous aurez marié Béatrice. Le grand jour approche et vous devez avoir beaucoup à faire. Nous nous réjouissons d'être des vôtres le 15 juin, avec les enfants. Seul Pierre ne sera pas en mesure de nous accompagner. Il prépare sa licence et doit "plancher" le 17 au matin. Travail, travail! Quelle joie de savoir Béatrice heureuse. Jean est un garçon charmant et intelligent. Nous souhaitons à ce jeune couple tout le bonheur du monde. Bon courage aux parents pour les derniers préparatifs. Sincères amitiés à tous.

Réponse négative

M. et Mme Paul Durant

vous remercient de votre charmante invitation et regrettent sincèrement de ne pouvoir être présents le 15 mai à Paris pour des raisons familiales. Le mariage d'une jeune nièce les appelle en province ce jour-là. Ils vous prient de transmettre tous leurs vœux de bonheur aux jeunes mariés et vous assurent de leur sincère amitié.

INVITATION À UNE SOIRÉE, À UN DÎNER

Les invitations à un dîner ou à une soirée sont tout de même les plus nombreuses. Une invitation à un dîner en petit comité sera transmise de vive voix ou par téléphone.

En revanche, une invitation mondaine réclame un certain formalisme. Elle sera rédigée dans un style sobre et sur carte de visite:

M. et Mme Paul Durant

seraient heureux de vous recevoir à dîner le samedi 15 mai à 20 h 30 et de faire ainsi la connaissance de Madame Vincent.

Cette formulation est explicite: la présence de madame Vincent y est clairement réclamée. Il n'y aura pas de doute dans l'esprit des invités.

Certaines occasions favorisent les réunions amicales. Il est recommandé de les mentionner:

Pour fêter le retour de Luc et Marie du Canada, nous serions heureux de recevoir leurs amis le samedi 12 mai à 20 h 30.

La réponse se fera impérativement par écrit, la maîtresse de maison ne connaissant pas tous les invités: les amis de Luc et Marie ne sont pas les siens.

Les invitations ne sont pas toujours dépourvues d'originalité; tous les moyens sont bons pour s'amuser.

Carnaval à Paris

Venez déguisés faire la fête avec nous le samedi 10 février à l'occasion du carnaval.

La réponse se fera sur le même ton humoristique:

Carnaval à Paris, oui à cette idée de Carnaval, oui nous serons déguisés... Merci pour cette invitation qui nous fait très plaisir. A très bientôt, méconnaissables!

Les invitations-surprises "en cachette" sont de plus en plus prisées. Elles sont destinées à fêter un événement important de la vie d'un ami. Le style en sera gai et dynamique. Une note de mystère les rend plus amusantes encore:

Chut, c'est un secret...

Pierre a quarante ans. Fêtons-le ensemble et en surprise!

La réponse prendra un ton tout aussi léger et gai, mais attention à ne pas gâcher la surprise par une énorme gaffe! N'oubliez pas que Pierre ne sait rien de tout ce qui se trame, ne lui répondez pas personnellement, cela anéantirait tous les efforts de l'organisateur de la fête. L'invitation doit être lue avec attention, la réponse rédigée avec soin et adressée à qui de droit.

Les félicitations et les compliments

Chacun d'entre nous s'est, un jour ou l'autre, trouvé confronté à ce genre de situation. Comment faut-il féliciter un lauréat par exemple? Est-il préférable d'écrire un petit mot ou de lui passer un coup de téléphone?

Les deux solutions sont envisageables mais seront fonction des circonstances.

A l'occasion d'une remise de médaille, d'une élection ou d'une réussite à un examen, le "héros" recevra nombre de félicitations. L'heureux élu risque fort d'être débordé par les appels de ses amis. Adressez-lui plutôt une petite carte amicale, manuscrite de préférence, qu'il lira tranquillement. Diplomatie et gentillesse sont de rigueur dans la rédaction de ces félicitations.

Les formules humoristiques ne sont pas recommandées, elles pourraient blesser votre ami. Par exemple, évitez à tout prix:

Enfin... tu as réussi. Après tant d'essais infructueux, te voilà interne!

Chi va piano va sano! On peut dire que tu auras mis le temps... Bravo!

Finalement tu as eu raison de te présenter une troisième fois, te voilà élu.

Ces réflexions, plus perfides qu'amicales, ne font rire que vous. Ne faites pas preuve non plus d'obséquiosité et n'exagérez en rien les mérites du lauréat. Le baccalauréat n'est tout de même pas un examen aussi difficile que vous prenez plaisir à le dire! En un mot, soyez simplement admiratif et amical.

De nombreuses autres circonstances appellent des félicitations: une élection, une nomination, une remise de décoration... A l'occasion d'une brillante promotion, louez les mérites de votre ami et exprimez-lui tous vos vœux de réussite dans ses nouvelles fonctions.

Nomination à un poste important

Cher Président,

C'est avec un extrême plaisir que j'ai appris votre nomination au poste de président de la société. Vous en remplirez les fonctions et attributions avec toute la compétence et le professionnalisme qui vous caractérisent. Je vous assure de mes plus sincères félicitations et vous prie de croire, cher Président, à l'assurance de mes sentiments les plus amicaux (ou s'il est votre président, à l'expression de mes sentiments respectueux).

Élection

Cher ami,

C'est avec joie que j'apprends votre brillante élection. Votre compétence, votre attention constante aux problèmes de tous et votre gentillesse vous prédestinaient à de brillantes fonctions au sein de notre ordre. Je vous prie de croire à mes bien sincères félicitations et à mes meilleurs vœux de réussite dans cette nouvelle fonction. Recevez, cher ami, l'assurance de mes sentiments amicaux.

Remise de décoration

Mon cher oncle,

J'apprends avec joie et fierté que vous venez de recevoir les Palmes académiques. C'est une juste récompense au travail que vous avez accompli pendant plus de trente ans dans la fonction publique, travail pour lequel vous vous êtes dévoué sans compter. Patrick se joint à moi, mon cher oncle, pour vous adresser nos plus chaleureuses félicitations et vous assurer de notre sincère affection.

Remise de diplôme et réussite à un concours ou à un examen

Cher François-Xavier,

J'apprends avec émotion ta réussite à l'agrégation de droit. Ton travail et tes efforts sont récompensés et tes mérites reconnus. Quelle joie et quelle fierté ce doit être pour ta femme! Elle aura eu le grand mérite, quant à elle, de te pousser à continuer ton parcours universitaire et celui, plus grand encore, de passer ses soirées seule devant son poste de télévision. Vous avez gagné tous les deux le droit à un repos bien mérité. Partage avec Isabelle mes plus sincères félicitations. Bien à toi.

Des centaines de candidats se présentent au baccalauréat en juin chaque année. C'est la sanction de toute leur scolarité. Ces jeunes bacheliers sont dignes de recevoir nos félicitations:

Félicitations sincères de ta grande sœur... Non seulement te voilà bachelier, mais tu as de surcroît obtenu une mention Très bien. Tu as bien mérité tes prochaines vacances, à toi la plage, le soleil, la planche à voile et le farniente! Profite de cette liberté et repose-toi avant de t'asseoir sur les bancs de la faculté. Affectueux baisers d'une vieille bachelière.

Les remerciements

Il est d'usage de remercier une maîtresse de maison pour la très agréable soirée qu'on a passée chez elle quelques jours auparavant. Mais évidemment, bien d'autres circonstances réclament de votre part des remerciements, sinon émus, du moins sincères. Restez toutefois simple dans la rédaction de ces cartes, snobisme et obséquiosité sont de mauvais aloi. Rien n'est plus désagréable qu'un remerciement contraint ou mal exprimé; mieux vaut parfois s'abstenir que de friser le ridicule! Rédigez donc une carte toute simple:

Chère amie, quelle bonne soirée nous avons passée samedi. Vos amis Raboux sont charmants et ce fut un plaisir de revoir les Durant. Merci mille fois de ce bon moment et toutes nos félicitations à la cuisinière pour ce délicieux festin. Amitiés.

Il est toujours possible de faire livrer des fleurs le lendemain de la réception avec un petit mot de remerciement. Nous vous conseillons cependant de faire envoyer ces fleurs avant la soirée, afin que votre hôtesse puisse les disposer avec art dans son salon et vous en remercier de vive voix.

A l'occasion d'une naissance ou d'un mariage, vous recevrez de nombreux cadeaux. Les gens qui vous gâtent de la sorte doivent en être remerciés. C'est aussi la seule manière d'en accuser réception – ces présents étant le plus souvent livrés à domicile – et de manifester sa joie. Quand bien même il s'agirait de la sixième corbeille à pain que vous recevez, n'en dites rien et affirmez que vous en rêviez. Il en va de même pour les brassières et autres bavoirs de bébé.

Pour remercier d'un cadeau de naissance

Chère tante, vous avez beaucoup trop gâté notre petit Pierre. Patrick et moi l'imaginons déjà trottinant sur la plage dans ce ravissant petit ensemble. C'est un adorable bébé qui fait ses nuits à la grande joie de sa maman. Merci mille fois, chère tante. Très affectueusement.

Pour remercier d'un cadeau de mariage

A quelques semaines de la cérémonie, les fiancés déposent une liste de mariage dans un ou plusieurs magasins. Chacun aura le loisir d'y faire son choix. Cette pratique comporte plusieurs avantages: votre cadeau fera plaisir à vos amis puisqu'ils l'ont eux-mêmes choisi; vous êtes assuré que le paquet leur parviendra et vous n'aurez pas à le leur remettre le jour du mariage. Les remerciements doivent être chaleureux et personnalisés.

Ecartez les phrases trop sibyllines et stéréotypées comme: "Pierre et Anne vous remercient du joli cadeau que vous leur avez offert". Appliquez-vous à laisser manifester votre joie:

Pierre et Anne, très touchés de votre geste, vous remercient du superbe carafon à vin que vous leur avez offert. Ils seront très heureux de l'étrenner en votre compagnie à leur retour de voyage de noces.

La "lettre de château"

Véritable bête noire des enfants au retour d'excellentes vacances chez des amis, cette lettre de château est un exercice d'écriture en général peu apprécié. Soyez sobre, évoquez les bons moments et remerciez avec chaleur. Une courte lettre fera parfaitement l'affaire, il n'est nul besoin d'écrire un roman!

Chère Caroline,

Mille mercis pour ces quelques jours de soleil et de détente à Mougins. Que de choses nous avions à nous raconter! Les enfants gardent un merveilleux souvenir de leur bain de minuit ! Inutile de te dire que nous vous attendons à Noirmoutier avec impatience fin juillet. Affectueux baisers à tous.

Pour remercier d'un service rendu

De tels remerciements nécessitent de votre part un plus grand doigté. La gratuité et la gentillesse sont des valeurs qui se perdent et, s'il vous arrive d'en bénéficier, sachez en remercier l'auteur. Vous pourrez faire parvenir à votre bienfaiteur en guise de remerciement des fleurs, des chocolats, une caisse de vin ou, pourquoi pas, un tableau ou une gravure. Vous joindrez à votre envoi une petite carte explicite mais discrète:

Cher ami,

Je ne sais comment te remercier de la gentillesse et de la disponibilité dont tu as fait montre à mon endroit. Te sachant amateur de bon vin, je me fais une joie de te faire découvrir ce Bourgogne dont je t'ai maintes fois vanté les mérites. Bien à toi.

Monsieur,

En cette fin d'année, nous tenions à vous remercier de vos soins avisés et de l'humanité dont vous avez fait preuve à l'égard de notre mère. Acceptez ce témoignage de notre profonde gratitude. Nous vous adressons nos meilleurs vœux pour cette nouvelle année et vous prions de croire, Monsieur, à l'expression de nos sentiments reconnaissants.

Renseignez-vous auprès des services fiscaux, pour savoir comment inclure ces cadeaux dans la comptabilité de votre entreprise lorsqu'il s'agit de cadeaux faits à titre professionnel. Leur valeur ne devra pas être exagérée et doit rester proportionnelle au service rendu. Pas de tout petit cadeau pour un grand service, cela ferait mesquin et serait vexant pour le destinataire.

Les excuses

Moment délicat et déplaisant que celui où l'on doit reconnaître ses torts et présenter des excuses. Il peut arriver que vous ayez à présenter des excuses avant même de causer désagrément ou dérangement à autrui, par exemple pour excuser l'absence d'un enfant à l'école, justifier un retard ou répondre par la négative à une invitation. La seule règle est l'obligation morale de dire la vérité. Le mensonge ne paie pas et la sincérité honore l'homme droit. Une vérité cachée pourrait voir le jour à un moment ou à un autre, et les dégâts engendrés dans de telles conditions seraient pires que le désagrément. *In vino veritas*, disaient les Latins... l'homme qui boit devient expansif et la vérité lui échappe. La vérité finit toujours par se savoir. C'est donc une marque de respect que de prier autrui d'excuser un acte ou une attitude. Attention aux termes employés: on ne dit pas "je m'excuse", mais "je vous prie de m'excuser". Nul ne peut s'excuser lui-même d'un tort qu'il cause! L'excuse peut être très formelle et relever de la simple politesse. Il est de bon ton d'avertir de son absence, par exemple, ou d'un désagrément momentané que l'on peut provoquer en certaines circonstances. Quelle est la maman qui n'a pas un jour rédigé un mot d'excuse à l'instituteur de son enfant? La carte de visite trouve ici sa juste place, ces petits mots étant toujours manuscrits.

Madame Paul Durant

avec son meilleur souvenir, vous prie d'excuser l'absence de Marie ces trois derniers jours à l'école. Son travail lui a été apporté tous les soirs par une petite amie et elle rattrapera dans la semaine tout ce qui a été fait pendant son absence.

Lorsque l'enfant ne pourra pas participer à telle ou telle activité, vous enverrez à la maîtresse une carte explicite:

Madame Paul Durant

avec son meilleur souvenir, vous prie d'excuser l'absence de sa fille Marie à la fête de l'école le samedi 12 juin. Marie sera, en effet, demoiselle d'honneur au mariage de son parrain ce jour-là en province et ne pourra donc pas participer à la fête. Elle en est désolée et regrette beaucoup de ne pas danser avec toute sa classe.

Vos proches voisins pourraient être gênés par des bruits intempestifs. Il est préférable de les en avertir et même, pourquoi pas, de les inviter à la soirée que vous donnez. Une carte lisible accrochée dans le hall d'entrée de l'immeuble fera très bien l'affaire:

M. et Mme Thomas

vous prient d'excuser le bruit qu'ils pourraient faire le samedi 12 juin au soir. Ils reçoivent quelques amis pour la soirée. Ils vous remercient d'avance de votre compréhension et de votre patience.

Autre formule sur une carte blanche:

Cher Monsieur, chère Madame,

A l'occasion de son anniversaire, notre fille Marie recevra quelques petits amis le samedi 12 juin, de 15 heures à 18 heures. Nous espérons que huit enfants de sept ans ne feront pas trop de chahut! Mais c'est un âge où il est difficile de les raisonner. Nous vous remercions de votre compréhension et de votre patience et vous prions de croire à notre sympathie reconnaissante.

Les réponses négatives à une invitation doivent être justifiées. Ne l'oubliez pas, seule la vérité est acceptable. S'il vous est impossible de vous rendre au mariage de votre meilleur ami, par exemple, vous lui devez la vérité.

Sachez écrire des lettres chaleureuses et montrez combien vous êtes désolé de ne pas être présent au dîner auquel vous ont convié de bons amis:

Chers amis,

Mille mercis pour cette charmante invitation. Nous aurions été ravis de vous revoir et de connaître vos amis Thomas. Malheureusement cela ne sera pas possible cette fois-ci. Nous partons vendredi en vacances à Saint-Malo. Ce n'est que partie remise, je l'espère. Nous vous ferons signe dès notre retour. Croyez, chers amis, à notre sincère amitié.

L'exercice le plus épineux reste la lettre d'excuse proprement dite. Celle que l'on écrit après une gaffe, parce que l'on a blessé un (ou une) ami(e). Ces lettres sont évidemment très personnelles et la feuille semble bien blanche et trop grande. Reconnaître ses torts est difficile, mais c'est faire preuve d'intelligence et de sensibilité. Courage, rien n'est impossible aux gens de bonne volonté! C'est le seul moyen de ne pas perdre un ami, qui est tout prêt à oublier et à pardonner pour peu que vous fassiez le premier pas. Dans les *Chroniques maritales,* Marcel Jouhandeau écrit: "Ce n'est ni l'amitié ni la bonté qui nous manquent, mais nous qui manquons à l'amitié et à la bonté." Ne manquons pas à l'amitié...

Caroline,

Comment te dire à quel point je suis désolée? Loin de moi l'idée de te blesser ou de te peiner. Les mots ont dépassé ma pensée et je me suis sottement emportée. Avec du recul, je dois admettre que tu avais raison. Je souhaite profondément que cette discussion n'entame en rien une amitié à laquelle je tiens beaucoup. Crois bien, Caroline, à mes regrets les plus sincères et à ma fidèle amitié.

Le plus dur est fait... et devait être fait. "Ne savez-vous que l'amitié n'a point d'autre moisson que l'amitié, et que tout ce qu'elle sème, c'est seulement pour en recueillir le fruit?" (Honoré d'Urfé)

La lettre de recommandation

C'est un sujet scabreux que ces lettres de recommandation. Elles mettent le demandeur, comme le destinataire, dans une position embarrassante, délicate. Ces courriers devront donc être rédigés avec le plus grand soin. Quant au destinataire, il reste libre de décider de ce qu'il va faire, car il n'y a aucune obligation de résultat dans ces lettres de recommandation.

Le principe en est simple: il s'agit de rendre un service à quelqu'un et, pour ce faire, d'en réclamer un à quelqu'un d'autre. Le scripteur aura la lourde responsabilité de recommander une personne et devra donc être certain de ne pas se tromper. Il faudra user de diplomatie et accepter d'être par la suite redevable d'un service (attention, "l'ascenseur" fonctionne dans les deux sens). Ces recommandations se font par écrit, laissant ainsi plus de liberté à la personne sollicitée. En revanche, celle-ci pourra vous faire connaître sa réponse aussi bien de vive voix.

• Dans certaines circonstances, des recommandations sont remises aux salariés sous forme de certificat établi par le dernier employeur. Il s'agit de certificats de compétence ou de moralité. Il est d'usage de donner un tel certificat à une femme de ménage. Cela lui sera très utile pour retrouver du travail.

Je, soussigné(e) ... certifie avoir employé Mme X pendant six ans comme femme de ménage. Cette personne s'est occupée de mes enfants avec le plus grand soin. Elle est travailleuse et honnête. Je me sépare de Mme X en raison d'une mutation professionnelle.

• De tels certificats aideront un jeune stagiaire lors d'une embauche ultérieure. L'employeur restera sobre dans ses termes et exposera clairement les aptitudes professionnelles du candidat. Ces certificats de recommandation sont généraux et ne doivent pas être adressés à quelqu'un en particulier.

Réciproquement, un employeur potentiel peut demander des renseignements à un maître de stage:

Monsieur,

Je reçois ce jour M. X pour un poste de conseiller commercial. Le C.V. de ce jeune homme fait état d'un passage dans votre société comme stagiaire pendant six mois. Je vous serais reconnaissant de bien vouloir me dire ce que vous pensez des capacités professionnelles de M. X et de son attitude générale au sein de votre entreprise. Bien entendu, ces renseignements resteront confidentiels. Je vous remercie par avance, et vous prie de croire, Monsieur, à l'expression de mes sentiments distingués.

En revanche, la lettre de recommandation est fréquemment adressée personnellement à un ami pour lui demander un service.

Ces lettres doivent être écrites avec doigté pour n'être pas qualifiées de “piston” et, nous ne saurions trop le répéter, de manière à laisser à chacun sa liberté d'action. Elles ne seront en aucun cas des supplications.

Cher ami,

Je me permets de t'adresser le jeune X, fils d'un de mes bons amis, qui recherche un stage en entreprise dans le cadre de ses études. En dernière année de l'école des Mines, ce jeune homme doit faire un stage de six mois dans le domaine qui est le tien. Je le crois travailleur et entreprenant bien qu'encore très jeune. Je sais que tu lui as fixé un rendez-vous le 24 et te remercie de le recevoir. Il ne pourra que tirer profit de votre entretien quel qu'en soit le résultat. Bien amicalement.

Ce genre de lettre de recommandation attend une réponse, soit par courrier, soit de vive voix. Ces réponses seront courtoises, quel qu'en soit le contenu.

Mon cher ami,

J'ai reçu le jeune X que tu as bien fait de m'adresser. Ce jeune homme me semble effectivement très compétent et très prometteur.

Malheureusement, je viens de recruter deux jeunes cadres et ne peux me permettre de prendre en plus un stagiaire rémunéré. Je me suis permis de le recommander à un de mes amis qui recherche un candidat dans la même partie.

Ou bien:

Je te remercie d'avoir pensé à moi et je tiens à te faire savoir que nous avons fait affaire.

Bien amicalement.

De telles situations doivent rester peu fréquentes. Est-ce réellement un bon service à rendre à un jeune que de le recommander de la sorte? La recherche d'un emploi n'est aisée pour personne et mieux vaut l'apprendre jeune.

La lettre officielle

Dans cette catégorie, nous avons répertorié un certain nombre d'exemples de lettres adressées à des personnalités. Les circonstances de la vie nous obligent parfois à écrire à nos représentants et cet exercice n'est évident pour personne.

Ces personnes, que le peuple a élues, sont des êtres comme les autres et parlent le même langage que nous.

Les termes employés seront donc courtois, le style simple et sobre et le ton respectueux. Si vous n'avez pas les mêmes opinions politiques, respectez tout de même la fonction et le titre de l'élu en question: que vous ayez voté pour lui ou non n'a strictement aucune importance.

De même, sachez que, la plupart du temps, votre courrier sera lu par un collaborateur qui suivra le dossier, et non par le ministre en personne.

Ces personnalités sont toujours entourées de secrétaires et d'assistants qui font très bien leur travail; mais la correction veut que ce soit au maire en personne que l'on adresse une demande de permis de construire.

Notez correctement et lisiblement vos coordonnées, car on vous adressera toujours une réponse.

AU PRÉSIDENT DE LA RÉPUBLIQUE

Vous pourrez envoyer vos faire-part de naissance au Palais de l'Elysée, 75008 Paris. Vous recevrez une réponse par retour de courrier; conservez-la, ainsi que l'enveloppe à en-tête. Ces félicitations seront du plus bel effet dans l'album de bébé ou dans le "Livre de bébé".

A UN MINISTRE

Les décisions que prennent nos ministres ont parfois des répercussions fâcheuses pour nous et chacun a le droit d'exprimer son désaccord. La façon de le manifester est tout aussi importante que le fond du problème. Restez courtois, mettez toujours en exergue le côté positif de la situation (mais s'il y en a un!), puis expliquez simplement votre position.

Cela ne changera sans doute rien, mais au moins aurez-vous utilisé votre droit à la parole.

Par exemple, vous écrirez au ministre de l'Environnement pour vous plaindre de l'inefficacité de sa politique sur le terrain, c'est-à-dire dans votre département:

Monsieur le Ministre,

Comme chacun, j'ai suivi avec intérêt la conférence mondiale de Rio sur l'environnement et j'adhère complètement aux idées qui sont les vôtres. Je considère donc comme normal de vous féliciter de votre action positive en ce qui concerne le problème des déchets toxiques.

Mon seul regret est que vos décisions ne soient pas toujours mises en application dans nos départements français. J'en veux pour preuve le problème de la décharge de X dans le département Y. C'est avec attention que je suivrai les enquêtes qui seront effectuées dans notre région.

Je vous prie de croire, Monsieur le Ministre, à l'expression de ma très haute considération.

Cette lettre sera envoyée directement dans le service concerné qui étudiera la situation dans le département concerné.

• Lettre de protestation au ministre du Budget:

Monsieur le Ministre,

En ce mois de février, je viens de remplir ma déclaration d'impôts. Mes trois enfants étant scolarisés, j'ai espéré obtenir une réduction d'impôts. Quel ne fut pas mon étonnement, voire ma déception, lorsque j'ai constaté que je n'avais droit à rien, mes enfants étant encore en primaire. Or, Monsieur le Ministre, vous le savez, la scolarité coûte cher, même à l'école publique: livres, sports, sorties de classe... Je me plie à votre décision mais souhaiterais en connaître les motifs.

Je vous prie d'agréer, Monsieur le Ministre, l'assurance de ma haute considération.

Cette lettre de protestation, très courtoise, exprime néanmoins votre mécontentement.

A UN DÉPUTÉ

A un député, il est possible de poser plus ouvertement des questions. Son rôle est de vous aider et de servir au mieux les intérêts de ses concitoyens.

Un problème plus concret peut lui être soumis et, dans certains cas, il appuiera votre demande.

Monsieur le Député,

Propriétaire d'un appartement à X, j'ai été avisé par des panneaux de l'existence d'une enquête d'utilité publique dans notre commune. Le projet propose l'élargissement de la nationale qui sépare la commune en deux. Je ne doute pas du bien-fondé de cette enquête, mais ce projet me paraît présenter quelques inconvénients majeurs pour notre commune (coût exagéré des travaux, sécurité des enfants et personnes âgées, revêtement au sol bruyant...). Quelques-uns de vos administrés se sont regroupés en association pour défendre leurs intérêts et se demandent si ces travaux sont nécessaires.

Je vous remercie par avance de l'attention que vous voudrez bien accorder à ma lettre et vous prie de croire, Monsieur le Député, à l'assurance de mes sentiments les plus respectueux.

Votre député sera averti et tiendra compte de vos protestations. C'est l'un des seuls moyens dont disposent les citoyens pour faire entendre leur point de vue, et il ne faut pas hésiter à en user.

La lettre de réservation

Une réservation est effective dès réception de la confirmation, soit par courrier, soit par fax. Ce dernier est, en effet, beaucoup plus rapide et engage les deux parties instantanément. Les mauvaises surprises et déconvenues écartées, vous partirez tranquillement en vacances. Tous les bureaux de poste mettent à la disposition de l'usager des fax dont l'utilisation est simple. Ces réservations peuvent être confirmées par courrier.

Avant de considérer quelques exemples de réservation, il est bon de clarifier les notions d'acompte et d'arrhes (toujours au pluriel): l'acompte est un paiement partiel qui engage les parties; les arrhes servent lors de la réservation d'une marchandise. Toutes les sommes que vous verserez à la réservation d'un hôtel seront des arrhes. Soyez donc très vigilant quant aux termes que vous utiliserez.

RÉSERVATION DE CHAMBRES D'HÔTEL

Monsieur,

Votre hôtel m'a été chaudement recommandé par Monsieur X. Comme je vous l'ai déjà fait savoir, je souhaiterais y résider la semaine du 2 au 9 juillet. Je vous confirme ma réservation pour deux chambres doubles, si possible avec vue sur la mer. Je vous remercie par avance et vous prie de croire...

RÉSERVATION AUPRÈS D'UNE AGENCE DE VOYAGES

Madame,

Je vous serais reconnaissant de bien vouloir m'établir un billet et une réservation pour un aller simple Rennes-Lyon le 12 mai par le TGV de 8 h 56.

Vous remerciant par avance, je vous prie de croire à l'expression de mes sentiments distingués.

RÉSERVATION, OPTION D'ACHAT SUR UNE VOITURE

Je, soussigné X, m'engage à verser la somme de ... francs pour la réservation d'une 205 Peugeot immatriculée ... Le paiement se fera par chèque bancaire dès la réception du certificat de non-gage par le vendeur.

Fait à ..., le ... Signature

La lettre de réclamation

Nous nous contenterons de rappeler ici quelques notions générales et non d'étudier des exemples précis. Toute lettre de protestation doit être signée: les lettres anonymes n'ont aucune valeur et ne méritent pas que l'on y attache une quelconque importance. Le but, la raison d'être d'une lettre de protestation est de porter le différend devant la personne concernée, celle à qui appartient la décision finale. Exposez clairement la situation, listez les avantages et les inconvénients et plaidez votre cause avec calme. Ces lettres ne doivent évidemment pas faire preuve d'agressivité, ce qui vous desservirait et anéantirait tous vos efforts. Même si vous êtes absolument furieux, ayez suffisamment de bonne foi pour reconnaître les côtés positifs de l'affaire. Le plus souvent, la personne à qui vous écrivez n'a pas généré le conflit et remplit le rôle d'arbitre. Dans les services administratifs, par exemple, on voit de très beaux spécimens de lettres insultantes et grossières. Ces échantillons de bêtises font le tour des services et contribuent à l'élaboration d'un bêtisier. Mais c'est leur seul intérêt. En revanche, si vous écrivez une lettre polie et claire, elle sera étudiée avec attention et le destinataire en examinera avec soin les détails.

La lettre à un directeur d'école

Il est des circonstances où le directeur de l'école doit être avisé des problèmes de ses élèves. C'est à lui qu'incombent certaines décisions. Tenez-le au courant des faits avec le plus de rigueur possible. Voici quelques exemples de ces courriers:

Monsieur le Directeur,

Je souhaiterais obtenir de votre part un rendez-vous pour discuter d'un problème concernant mon fils Pierre Thomas, élève de 4e D. Je vous remercie de bien vouloir me fixer un rendez-vous et vous prie de recevoir, Monsieur le Directeur, l'assurance de mes sentiments les meilleurs.

Monsieur le Directeur,

Comme vous le savez, ma fille Marjolaine a été victime d'un accident pendant le cours d'éducation physique. La corde à nœuds était mal fixée au portique. Marjolaine est tombée et s'est cassé la jambe. J'ai fait une déclaration d'accident à mon assurance mais il est nécessaire, je crois, que vous le fassiez aussi. Je vous remercie de votre gentillesse à l'égard de Marjolaine. Votre visite à l'hôpital l'a beaucoup touchée.

Veuillez croire, Monsieur le Directeur, à l'expression...

Madame la Directrice,

Ancienne élève de votre école-collège (douze ans dans vos murs), je souhaite que mes filles profitent à leur tour de votre enseignement. Je sollicite de votre part un rendez-vous pour vous présenter les dossiers d'inscription de Blandine (CP, née le 7/11/19..) et de Mathilde (CE2, née le 26/11/19..). Dans l'espoir d'une réponse positive de votre part, je vous prie de recevoir, Madame la Directrice, l'assurance de mes sentiments les plus respectueux.

Monsieur le Directeur,

Cela fait cinq ans que ma fille Marjolaine est inscrite dans votre école et je n'ai eu qu'à me féliciter de l'instruction qu'elle y a reçue, tant sur le plan scolaire que sur le plan moral.

Je me trouve aujourd'hui face à un problème que je ne peux que vous soumettre. Marjolaine est victime de racket et ce depuis quelques semaines. Un "grand" de CM2 demande aux autres enfants une "participation" de 20F pour les faire entrer dans sa bande. Je ne peux que protester devant ce terrorisme en cour de récréation.

Je suis certaine que vous y mettrez rapidement bon ordre et vous remercie par avance des mesures que vous prendrez. Je vous prie d'agréer...

La lettre à un directeur de journal

Ces lettres seront lues et étudiées par le service des relations publiques du journal et non par son directeur.

Celui-ci ne peut lire tout le courrier qui lui est adressé et ne lui parviendront que les lettres importantes. Certaines seront publiées dans le courrier des lecteurs et feront l'objet d'une réponse publique, à l'exemple de celles-ci:

Monsieur le Directeur,

J'ai suivi avec intérêt votre série d'articles sur la Roumanie. La situation de ce pays m'émeut profondément et je souhaiterais aider ces pauvres gens. Serait-il possible que votre journal publie les adresses des organismes où nous pourrions déposer nos dons?

Vous remerciant par avance, je vous prie de recevoir, Monsieur le Directeur, l'expression de mes sentiments distingués.

Monsieur le Directeur,

Nous sommes quelques amis très intéressés par la chronique de l'un de vos journalistes, M. X, et nous regrettons vivement que celle-ci ait été supprimée. Ce journaliste a un talent particulier pour décrire la vie des peuples d'Amérique du Sud. Ces reportages sont remplacés par la rubrique santé que nous lisons avec beaucoup d'intérêt, mais moins de plaisir. Ne serait-il pas possible de publier les deux?

Nous vous en serions très reconnaissants et vous prions d'agréer...

Si le lecteur se plaît à critiquer, il ne lui est pas non plus interdit de féliciter ou d'approuver le choix de telle ou telle rubrique. Au contraire, les journalistes aiment à savoir ce qui recueille le plus grand nombre de suffrages. N'hésitez pas à mettre vos idées par écrit...

Monsieur le Directeur,

Lectrice assidue de votre journal, je tiens à vous féliciter pour cette nouvelle rubrique parue dans votre hebdomadaire. Ces conseils pratiques s'adressent à toutes les femmes et portent sur tous les problèmes de la vie quotidienne. Enfin une journaliste qui propose des recettes réalisables et rapides aux mamans stressées de notre siècle! Je vous remercie, Monsieur le Directeur, d'avoir créé cette rubrique dynamique et réaliste et lui souhaite longue vie! Je vous prie de croire...

La lettre à un assureur

Beaucoup de nos contrats d'assurance sont obligatoires. Libre à vous de faire des études comparatives (rapport qualité/prix), mais ne signez jamais un contrat sans l'avoir lu en détail au préalable. Vous savez bien que les assureurs ont la manie des petites clauses en bas du contrat et plus d'un s'y est fait prendre. Attention donc aux mauvaises surprises! Se faire cambrioler pendant les vacances, être victime de catastrophes naturelles ou se faire voler sa voiture sont des situations pénibles à vivre. Ces mauvais hasards, déjà désagréables en eux-mêmes, entraînent toute une série de formalités astreignantes, mais obligatoires. Il faut en effet déclarer à votre assureur le sinistre. Cette déclaration devra être détaillée et comporter une liste des dégâts et dégradations subis. Il sera indispensable de fournir toutes les factures en votre possession, ainsi que les devis des travaux à effectuer. La loi donne un délai de quelques jours pour estimer l'importance des dommages et faire parvenir cette déclaration à la compagnie d'assurances.

Dans un premier temps, une lettre explicative sera envoyée à l'assureur pour l'avertir de l'existence du dommage. Gardez des photocopies de toutes les pièces que vous lui procurerez et constituez-vous un dossier complet. Dans chacun de vos courriers, vous rappellerez le numéro de votre contrat et, par la suite, le numéro de sinistre et le nom de la personne en charge de votre dossier. Cela simplifiera la procédure et activera la régularisation de la situation. Une lettre claire devra comporter en en-tête vos nom, prénom, adresse, téléphone et numéro de contrat, de même que l'objet de votre demande. L'assureur ne peut pas deviner ce qui vous arrive! Faites des paragraphes pour chaque point précis: les faits, l'étendue des dégâts, l'objet de votre réclamation, etc.

Nom, prénom — *Date et lieu*

Adresse complète — *Destinataire*

N° de contrat

Objet de la lettre

Nom de la personne responsable du dossier

Lettre recommandée avec accusé de réception

Monsieur,

Je vous informe qu'un incendie s'est déclaré cette nuit à mon domicile (adresse). Il a pu être circonscrit rapidement grâce à l'intervention de la brigade de pompiers de Lyon. Les causes du sinistre ne sont pas encore déterminées. Je souhaiterais connaître la procédure à suivre dans ces circonstances.

Dans l'espoir d'une réponse rapide de votre service sinistre, je vous prie de croire...

Bien entendu cette déclaration écrite n'exclut pas la possibilité de discuter de vive voix avec l'assureur, mais elle est obligatoire. Même chose en ce qui concerne un vol de voiture. Celui-ci doit être déclaré au commissariat de police dans un premier temps, puis à votre assureur. Vous lui ferez parvenir la déclaration de vol le plus vite possible; le délai imparti est généralement de cinq jours, mais peut être raccourci contractuellement. La présentation est la même que précédemment, et toujours en lettre recommandée avec accusé de réception.

Monsieur,

Je vous avise du vol de mon véhicule 405 Peugeot, immatriculé 4444 XX 78 et assuré par vos soins sous le numéro de contrat 12584796ZX23. Je joins la photocopie de ma déposition auprès des services de police.

Je vous prie de croire...

Toute modification du risque devra être notifiée par lettre recommandée avec accusé de réception à l'assureur, qui révisera le contrat et vous avertira d'une éventuelle augmentation ou diminution de prime, ou de la résiliation du contrat.

Monsieur,

Je vous avise de la vente de mon véhicule (références) assuré par vos soins depuis le 12 mai 19... Je vous serais reconnaissant de bien vouloir résilier mon contrat. Je joins la photocopie du contrat de vente en date de...

Je vous remercie d'en prendre bonne note et vous prie d'agréer...

De même, toute résiliation du contrat de votre fait devra être notifiée dans les délais. Ceux-ci figurent dans le contrat. Ne laissez pas passer la date sous peine de payer un mois supplémentaire. Toute résiliation ou modification de contrat devra être faite par lettre recommandée avec accusé de réception. Vous en ferez une photocopie et garderez précieusement le récépissé de la poste.

Ces documents seront la preuve que vous avez résilié le contrat et la date ne sera pas discutable.

La lettre de candidature et le curriculum vitæ

Ce paragraphe sera très succinct. Il existe en effet de très bons ouvrages spécialisés dont la lecture est judicieuse, si vous souhaitez aller plus loin.

Cependant, vous trouverez dans la troisième partie de cet ouvrage, dans le chapitre "Lettres de demandes d'emploi", des exemples de lettres de candidature. Dans votre lettre de candidature seront mentionnées vos motivations. Cette lettre sera obligatoirement manuscrite, de manière à soumettre votre écriture au jugement du responsable de recrutement. Vous joindrez un C.V. récent, avec ou sans photo (c'est en général stipulé dans l'annonce), qui comportera un certain nombre de rubriques:

– votre état civil (nom, prénom, date de naissance, situation familiale, adresse);
– vos diplômes (baccalauréat, études supérieures, etc.);
– votre expérience professionnelle (stages, emplois précédents);
– vos loisirs.

Cette dernière rubrique a plus d'importance qu'on ne le croit, car elle laisse apparaître une facette du caractère du candidat. Toutes les informations seront exactes. Sachez qu'il est facile de les faire vérifier et certains employeurs ne s'en privent pas. Mais peut-on le leur reprocher?

La lettre à un professionnel

Nous entendons par là les professions juridiques et médicales, en particulier. Cependant, les exemples de lettres ne seront pas très nombreux car on a plutôt l'habitude d'exposer ses problèmes de vive voix. Servez-vous de votre téléphone pour obtenir un rendez-vous. Si vous avez à écrire une lettre, soyez extrêmement précis. Rappelez toujours l'affaire qui vous intéresse, le numéro de votre dossier, la date de votre dernière visite; bref, tout ce qui concerne votre dossier. Les médecins, avocats et notaires ont des milliers de dossiers, soit en cours, soit en archives. Il se peut aussi que vous ayez des homonymes et les secrétaires ne pourront vous différencier qu'avec vos coordonnées complètes. Vos courriers devront donc être précis, donner tous les détails utiles. Les dates et faits mentionnés devront être exacts, sans interprétation de votre part. Laissez ce soin aux spécialistes... Faites preuve de rigueur et n'écrivez pas un roman!

Les notes d'honoraires de vos médecins ainsi que celles des avocats et notaires sont à conserver quelques années. En revanche, l'usage de la lettre recommandée ne s'impose pas, sauf à l'occasion de situations exceptionnelles. Au bas de la lettre ou de la première feuille, vous mentionnerez les pièces jointes: attestations, certificats médicaux, photocopies, etc.

LETTRE À UN MÉDECIN

Docteur,

Je reçois les résultats des analyses faites la semaine dernière. Comme nous en étions convenus, je vous les fais parvenir et ne reprendrai rendez-vous qu'à la fin du traitement prescrit.

Veuillez croire, Docteur, à l'expression de mes sentiments distingués (les meilleurs).

LETTRE À UN AVOCAT

Maître,

En réponse à votre courrier du 12 courant, je vous fais parvenir les pièces demandées. Je vous confirme mon désir de tenter une transaction dans l'affaire qui m'oppose à la société X, dans les conditions définies lors de notre dernier entretien.

Dans l'attente d'un résultat rapide, je vous prie de croire, Maître, à l'expression de mes sentiments distingués.

LETTRE À UN NOTAIRE

Maître,

Je reçois ce jour les estimations faites par vos services dans la succession de mon oncle M. X. Elles me semblent acceptables et le partage envisagé me donne toute satisfaction.

Je vous remercie de votre diligence et je vous prie de croire, Maître, à l'expression de mes sentiments distingués.

LETTRE À UN BANQUIER

Qui n'a pas eu un jour recours à son banquier? C'est un homme comme les autres et, si la gestion de vos comptes se fait sur informatique, il y a toujours quelqu'un en charge de votre dossier. Un simple coup de téléphone suffit à régler un problème, mais tout ordre donné devra être confirmé par écrit. Il est toujours préférable de prévenir son banquier d'un éventuel découvert ou d'un retrait important. S'il vous arrive d'être dans l'impossibilité de vous rendre à la banque pour y déposer des chèques, vous les endosserez (signature au dos du chèque), et vous les enverrez par la poste avec une carte portant vos nom et numéro de compte. Vérifiez toujours sur les relevés mensuels qu'ils ont bien été portés à votre crédit. Tout changement d'adresse sera notifié à votre banque par lettre simple.

Monsieur,

Je vous avise de mon changement d'adresse à dater du... Je vous serais reconnaissant de bien vouloir me faire parvenir mes relevés de compte à cette adresse et de me faire établir de nouveaux chéquiers le plus rapidement possible. Je vous en remercie par avance et vous prie de croire, Monsieur...

Les déclarations de perte ou de vol de chéquiers et carte bleue se feront par téléphone avec confirmation par lettre recommandée avec accusé de réception.

Conjointement, il sera indispensable de porter plainte auprès du commissaire de police. Lors d'une remise de carte bancaire, il vous sera donné un numéro de téléphone à utiliser en cas de vol. N'oubliez jamais de prévenir, sinon, vous seriez tenu d'honorer les chèques émis par le voleur. Le banquier vous expliquera la marche à suivre dès qu'il aura connaissance du problème.

Exemple de déclaration de vol à la banque

Monsieur,

J'ai l'honneur de vous informer du vol de mon chéquier série n°... et de ma carte bancaire n°... Je joins une photocopie de ma déclaration de vol auprès du commissariat de police de X. Je vous serais reconnaissant de me faire savoir quelles sont les formalités à remplir pour faire opposition aux chèques.

Je vous en remercie par avance et vous prie de croire, Monsieur...

Demande d'ouverture (ou de fermeture) de compte

Les formalités pour ouvrir un compte bancaire sont assez simples. Il vous sera néanmoins nécessaire de vous rendre en personne à l'agence, afin de produire toutes les pièces utiles et de signer les papiers. La fermeture d'un compte peut être demandée par courrier; dans ce cas, faites-le par lettre recommandée avec accusé de réception, en indiquant le nom de votre nouvelle agence ou de votre nouvelle banque.

Monsieur,

Je vous demande de bien vouloir clôturer à dater du.... le compte n°..., dont je suis titulaire dans votre établissement.
Je vous remercie de virer au crédit du compte joint n °... le solde en ma faveur à votre succursale de Paris (adresse).

Je vous remercie par avance et vous prie de croire, Monsieur...

Réclamation à la banque

A l'ère de l'informatique, il est légitime d'espérer des comptes sans erreur. Hélas, même l'ordinateur a droit à l'erreur. Il peut se faire que votre compte soit débité par deux fois d'une même somme, ou que les chèques envoyés n'aient pas été versés au crédit de votre compte. Dans ce cas, une lettre s'impose. Il est normal que vous réclamiez votre dû. Donnez bien toutes les informations dont vous disposez: dates, montants, erreurs, etc. et demandez une enquête ou une rectification. Les banquiers sont des hommes intelligents et admettent très volontiers une erreur, surtout si elle est due à l'ordinateur. Les régularisations sont parfois plus longues que vous ne le souhaiteriez. Prenez patience! Ce genre de problème finit toujours par s'arranger et il sera peut-être possible de trouver un arrangement pour vous éviter de payer des agios.

Monsieur,

Je viens de recevoir les relevés de mon compte n°... et je constate une erreur. En effet, je vous ai fait parvenir le 2 de ce mois un chèque de X francs. Vous m'en avez accusé bonne réception mais ce chèque n'a pas été versé au crédit de mon compte à ce jour. Il s'agit bien évidemment d'une erreur que vous voudrez bien rectifier le plus rapidement possible. Par avance, je vous en remercie et vous prie d'agréer, Monsieur, l'expression de mes sentiments distingués.

Les lettres à l'EDF et aux Télécom

Tout changement d'adresse doit être notifié aux Télécom et à l'EDF. Cette procédure est indispensable pour clôturer vos contrats avec ces organismes. En effet, vous seriez autrement tenu de continuer à régler les factures afférentes à l'abonnement, les taxes et les consommations. Ces lettres sont très simples à rédiger:

Messieurs,

Je vous avise de ma nouvelle adresse à dater du... et vous demande de résilier mon contrat n°...(n° de l'abonnement et n° de téléphone) à la même date. Ma nouvelle adresse est ... et vous voudrez bien m'y adresser la facture de ce dernier mois. Je vous remercie d'en prendre note et vous prie d'agréer...

Ces courriers ne nécessitent pas de recommandé mais gardez-en une photocopie. Il est possible de faire suivre son courrier pendant un an; pour cela, il suffit de se rendre au bureau de poste du quartier et de remplir un formulaire spécial. Les postes téléphoniques et les Minitel doivent être rapportés à l'agence des Télécom. Il faut se déplacer pour restituer ces appareils avant la clôture des contrats. Les quittances EDF-GDF sont à conserver plusieurs années, celles des Télécom ne vous encombreront qu'un an. Les abonnés disposent d'un droit de réclamation s'ils considèrent leurs factures comme anormalement élevées: les Télécom accordent pour cela un délai d'un an. Un numéro vert (3658) et un service consommateurs sont mis à la disposition des usagers. En aucun cas, vous ne pourrez contester une facture sans en payer une partie, sous peine de voir votre ligne coupée sans autre forme de procès. Il est indispensable de régler au minimum l'abonnement et une partie de la facture: faites une moyenne de vos consommations des six derniers mois et acquittez-vous-en.

RÉCLAMATION POUR UNE FACTURE ERRONÉE

Monsieur,

Je reçois ma facture pour les mois de juin et juillet et je m'étonne de la trouver si importante. Absent de mon domicile pendant ces mois d'été, je n'ai laissé ma clef à personne. Je n'ai pas non plus fait transférer mes appels, étant à l'étranger pour des stages professionnels.

Je vous serais reconnaissant de bien vouloir faire les recherches nécessaires et de me tenir au courant de vos investigations. Je vous adresse un règlement partiel de la facture n° X, m'acquittant ainsi de l'abonnement et d'une partie de ma facture, calculée en fonction des factures des six derniers mois.

Je vous remercie par avance des mesures que vous prendrez pour régler ce problème et vous prie de croire, Monsieur...

Le même type de lettre sera envoyé à l'EDF-GDF pour toute réclamation. Pour toute opposition concernant le vol ou la perte d'une carte Pastel, un coup de téléphone suivi d'une lettre d'opposition mettront l'usager à l'abri des mauvaises surprises.

Les lettres à la SNCF

Ces lettres de protestation ou de réclamation seront envoyées à l'adresse suivante:

Service des consommateurs SNCF
10, place de Budapest
75463 PARIS Cedex 09

Chaque gare a son propre service de réclamations, dont il ne faut pas oublier l'existence. Les réclamations portant la plupart du temps sur des retards, il est possible à chaque usager de s'y rendre dès sa sortie du train en question.

Ces courriers seront détaillés et mettront en évidence le préjudice subi. Attention, toutefois, à ne pas abuser de cette liberté; certains sont coutumiers de ce genre de réclamation, espérant ainsi voyager aux frais de la SNCF. Aucun billet ne prévoit de remboursement ou d'indemnisation. La SNCF prévoit une compensation sous forme de Bon Voyage pour tout retard d'un TGV de plus de 30 minutes, sauf cas de force majeure. Depuis le 3 juillet 1995, un contrat régularité a été mis en place sur la ligne Paris-Valence.

Les usagers adresseront leurs réclamations à:

SNCF Régularité TGV
37, avenue de Lyon
31503 Toulouse Cedex

ainsi que l'original du billet et leurs coordonnées complètes. Pour les autres régions, il faudra se reporter au guide TGV ou aux bureaux des réclamations de la SNCF.

Messieurs,

Le 12 mai, j'ai pris le TGV n° 96584 Paris-Valence de 8 h 06 en première classe. Ce TGV est arrivé en gare de Valence avec 1 h 30 de retard en raison de travaux effectués sur la voie. Je n'ai pu être à l'heure à mon rendez-vous. Ce retard m'a causé un préjudice important.

Je crois savoir que la SNCF peut faire un geste à l'égard de ses usagers dans de telles circonstances. Dans l'espoir d'une prompte réponse, je vous prie de croire, Messieurs, à l'expression de mes sentiments distingués.

Rien n'empêche un voyageur d'envoyer de telles réclamations à une compagnie aérienne. Ces billets ne sont pas remboursés eux non plus, mais la compagnie peut éventuellement avoir un geste à l'endroit du voyageur mécontent. Ce geste n'est ni plus ni moins qu'une forme de publicité, que l'usager appréciera à sa juste valeur.

Les lettres à l'administration fiscale

Chacun d'entre nous est soumis à cette obligation: remplir sa déclaration de revenus. Celle-ci aura pour conséquence le paiement des impôts, soit par tiers provisionnels, soit par prélèvements mensuels. Dans un cas comme dans l'autre, une erreur est toujours possible. Tout citoyen est en droit de contester le montant de ses impôts. Il lui faut alors écrire à son percepteur pour l'en informer et contester le montant des sommes qui lui sont réclamées. Il lui faudra produire tous les justificatifs et garder des photocopies des pièces et courriers pour constituer un dossier complet.

Si l'on refuse de payer les sommes réclamées, il est indispensable de demander un sursis de paiement par lettre recommandée avec accusé de réception, demande qui devra être motivée. Un service de renseignements est à la disposition de chacun pour répondre à toutes les questions: quels sont les revenus exonérés? Quelles sont les situations donnant lieu à réductions d'impôt? Etc. Les inspecteurs des impôts sont des travailleurs comme les autres et, comme nous, ils payent des impôts sur le revenu. Ils savent aussi renseigner l'usager et comprennent ses angoisses et ses questions. Evitez de vous en prendre à l'inspecteur chargé de votre dossier. Restez poli et courtois, le percepteur n'est pas responsable de vos problèmes. Au contraire, il fera tout pour les résoudre.

Tous vos courriers devront donc être empreints de la plus extrême correction et comporter un certain nombre de mentions: nom, prénom, adresse, nature de l'impôt, année d'imposition, identification de l'avis. L'erreur devra être clairement établie et les justificatifs seront joints à la demande. Enfin, vous n'oublierez pas de remercier l'inspecteur des impôts des mesures qu'il prendra à votre égard.

Dernière recommandation: soyez de bonne foi ! N'espérez pas gagner du temps en émettant des doutes qui n'ont pas lieu d'exister, ce genre de manœuvre dilatoire vous nuirait plus que vous ne pourriez le supposer.

ENVOI DE PIÈCES JUSTIFICATIVES

Monsieur l'Inspecteur,

Lorsque j'ai rempli ma déclaration d'impôt pour l'année 19.., je n'ai pu y joindre le certificat de scolarité de ma fille, interne en province. Ce document vient de me parvenir, il avait été égaré par les services postaux. Je vous l'expédie maintenant et vous demande de bien vouloir tenir compte de ces dépenses de scolarité et de la réduction d'impôt qu'elles entraînent.

Veuillez agréer, Monsieur l'Inspecteur, l'expression de mes sentiments distingués.

DEMANDE DE SURSIS

Monsieur l'Inspecteur,

Pour des raisons médicales, je sollicite de votre bienveillance un délai supplémentaire pour vous faire parvenir ma déclaration d'impôt sur le revenu pour l'année 19.. . Hospitalisé depuis le 18 janvier et pour un délai encore indéterminé, je suis dans l'impossibilité de remplir ma déclaration. Je vous joins un certificat médical du chirurgien attestant de mon hospitalisation pour des raisons sérieuses.

Je vous remercie par avance de votre compréhension et vous prie de croire, Monsieur l'Inspecteur, à l'expression de mes sentiments distingués.

Ces courriers seront envoyés en recommandé avec accusé de réception. Les membres d'une famille sont habilités à faire ce genre de demande si l'état du contribuable l'impose.

Les citoyens ne s'acquittent pas seulement de l'impôt sur le revenu. Il ne faut pas oublier la redevance de l'audiovisuel, la "redevance télé". Mise en recouvrement dans le courant du dernier trimestre de l'année, elle est à acquitter avant le 31 décembre. C'est le vendeur de l'appareil qui doit faire la déclaration au service de l'audiovisuel. En revanche, les changements de domiciliation doivent être notifiés à l'administration fiscale.

Les quittances sont à conserver trois ans. Les courriers portent presque toujours sur des erreurs: vous avez déjà réglé l'impôt, le montant vous paraît excessif.

RÉCLAMATION SUR LE MONTANT D'IMPOSITION

En vertu du fait que cet impôt est le même pour tous, le contribuable est en droit de s'interroger sur un montant inhabituel: l'ordinateur a pu se tromper et mettre un zéro de plus. Toutes les réclamations se feront par lettre recommandée avec accusé de réception.

Monsieur,

Je reçois de vos services un avis m'imputant une pénalité de 10% pour non-paiement de la redevance TV. Il s'agit là, je pense, d'une erreur. Je me suis acquitté de cet impôt par chèque CCP n°... en date du 8 décembre. Ce chèque a par ailleurs été encaissé par vos services le 28 décembre. Je vous joins une photocopie de mes relevés bancaires. Je vous remercie de rectifier cette erreur et vous prie de croire, Monsieur...

En principe ce genre d'erreur est très rapidement résolu.

Les lettres aux Assedic

Dans chacun de vos courriers aux Assedic, il faut rappeler vos nom, prénom, date de naissance et adresse. A ces mentions, vous ajouterez impérativement votre numéro de dossier et votre numéro d'allocataire. Ces lettres seront adressées à la personne en charge de votre dossier si vous connaissez le nom ou le numéro matricule de votre correspondant; vous écrirez alors: "à l'attention de M. X".

Cela simplifiera les choses, vous aurez toujours affaire à la même personne. Celle-ci connaît le dossier et cela ira beaucoup plus vite pour tout le monde.

De même, il est possible de vous rendre au centre dont vous dépendez; c'est plus rapide et tous les problèmes seront abordés en une seule fois. Résultat: moins de courrier et un règlement plus rapide des indemnités. Tous les courriers reçus ou envoyés seront conservés plusieurs années, ne jetez aucune des lettres que vous recevrez et gardez copie de tout ce que vous envoyez.

RÉPONSE À UNE DEMANDE DE RENSEIGNEMENTS

Nom, prénom *Date*
adresse
n° de dossier *Destinataire*
n° d'allocataire
à l'attention de Madame X

Madame,

J'ai bien reçu votre demande de renseignements concernant la période du ... au ... Licencié par la société X le ..., je suis inscrit à l'ANPE depuis cette date. Je joins à ma lettre le questionnaire dûment rempli et les photocopies des papiers demandés.

Dans l'espoir d'un règlement rapide, je vous prie de croire, Madame, à l'expression de mes sentiments distingués.

RELANCE PAR ÉCRIT

Ces services reçoivent quotidiennement des lettres d'interrogation, des demandes d'explications. La situation des allocataires est le plus souvent précaire et ils ont raison de le rappeler. Il y a tant de dossiers en cours, tous plus urgents les uns que les autres. Vos demandes seront prises en considération, n'hésitez cependant pas à vous manifester.

Monsieur,

Inscrit à l'ANPE depuis six mois, je m'inquiète de ne pas recevoir mes indemnités. Dans un précédent courrier, je vous ai fait parvenir les documents demandés. La situation est de plus en plus difficile pour moi et j'espère un règlement rapide des sommes qui me sont dues. Veuillez agréer, Monsieur...

Le meilleur conseil que nous puissions vous donner ici est de vous déplacer et d'aller discuter avec le responsable de votre dossier.
Ces personnes comprennent les situations difficiles que vivent les chômeurs.

La lettre aux Allocations familiales

Tout changement de situation familiale doit impérativement être notifié immédiatement à la CAF (caisse d'allocations familiales) dont vous dépendez: mutation, déménagement, naissance, mariage, décès... Cette nouvelle situation entraînera un changement des prestations sociales. La lettre recommandée ne s'impose pas, sauf contestation de votre part.

Messieurs,

Je vous avise de mon départ pour Lyon pour raisons professionnelles à dater du 26 décembre 19... Ma nouvelle adresse est...
Je vous serais reconnaissant de bien vouloir transmettre mon dossier à la caisse d'allocations familiales de Lyon (69) et de m'informer des formalités à remplir à l'occasion de ce transfert. Je vous en remercie par avance et vous prie de croire...

Messieurs,

Je constate que mes allocations familiales n'ont pas été versées en février à mon compte n° ... Ma situation familiale n'ayant pas changé, je pense qu'il s'agit d'une erreur. Je vous remercie des dispositions que vous prendrez pour rectifier les choses et vous prie de croire...

Les lettres à l'Urssaf

La loi oblige l'employeur à déclarer les salariés travaillant pour lui. Cette loi s'applique autant à un entrepreneur qu'à un particulier employant une femme de ménage.

C'est, pour le salarié, le droit à une couverture sociale, à des points de retraite, etc. L'employeur est lui aussi intéressé: en cas d'accident du travail il est couvert et ne risque pas d'amende pour fraude à la législation du travail.

Il faut déclarer son nouvel employé dès son embauche par lettre recommandée; c'est le seul moyen d'être sûr que l'Urssaf a bien reçu votre déclaration.

Dans ce courrier, vous noterez avec exactitude vos coordonnées personnelles, votre numéro de Sécurité sociale, ainsi que votre numéro d'immatriculation si vous en avez un. L'état civil du salarié (sans faute d'orthographe) et son numéro de Sécurité sociale figureront dans la déclaration.

DÉCLARATION D'UN SALARIÉ
(En recommandé avec accusé de réception)

Vous ferez une photocopie de cette lettre.

Messieurs,

Je vous avise de mon intention d'employer Mme X, épouse Y (n° de Sécurité sociale) à dater du... comme femme de ménage. Je vous serais reconnaissant de me faire parvenir tous les formulaires nécessaires à mon immatriculation. Je souhaiterais, par la même occasion, recevoir les renseignements nécessaires pour remplir les déclarations trimestrielles et pour calculer les congés payés que je dois à mon salarié. En vous remerciant par avance, je vous prie de croire...

LETTRE DE RÉSILIATION D'UN SALARIÉ
(En recommandé avec accusé de réception)

Date
URSSAF

Nom, prénom
Adresse
n° d'immatriculation
Lettre recommandée avec accusé de réception

Monsieur,

Je vous avise de mon intention de ne plus employer Mme V, épouse R (n° de Sécurité sociale) à dater du ... Je ne souhaite pas, dans l'immédiat, remplacer cette personne. Je vous remercie d'en prendre bonne note et vous prie de croire...

LETTRE DE PROTESTATION POUR MAJORATION DE 10%
(En recommandé avec accusé de réception)

Monsieur,

Je reçois ce jour un courrier de vos services m'avisant d'une majoration de 10% pour non-paiement des charges sociales du troisième trimestre de l'année en cours.

Je me suis acquitté de mes cotisations sociales par chèque n°... en date du .... J'ai donc respecté les délais qui m'étaient impartis. De plus, ce chèque a été encaissé par vos services le ...; je joins la photocopie de mes relevés bancaires. Je vous remercie de faire les recherches qui s'imposent et vous prie de croire, Monsieur, ...

Vous garderez les photocopies de tous ces courriers et les accusés de réception plusieurs années. On a déjà vu des employeurs tout mettre à la poubelle le lendemain du licenciement d'un salarié. C'est une erreur grave, et qui peut avoir des conséquences importantes.

La lettre à la Sécurité sociale

A l'exception d'un changement de domiciliation, tous les courriers envoyés à la Sécurité sociale ont pour objet de rectifier des erreurs ou de contester des décisions considérées comme arbitraires. Lorsqu'un dossier vous est retourné par un agent, il est toujours fait mention du problème. Le papier manquant, l'attestation de soins qui fait défaut sont explicitement définis et réclamés. Il n'y aura aucun doute quant au document à fournir. En revanche, un refus de prise en charge ne sera pas forcément explicité. La Sécurité sociale utilise une codification que des néophytes ne saisiront pas et chacun est en droit de réclamer des explications. Pour ce faire, la personne affiliée pourra se rendre directement à la caisse dont elle dépend, ou téléphoner à l'agent dont le nom et le numéro figurent sur le dossier, ou encore écrire à ce même agent. Un dossier n'est jamais retourné sans une lettre d'explications, lettre que vous renverrez avec les pièces justificatives. Tout courrier à l'organisme payeur portera mention de vos nom, prénom, adresse et numéro d'affiliation. Ce numéro est attribué dès la naissance à chaque citoyen français. Le règlement des soins est plus ou moins rapide selon la caisse à laquelle vous êtes affilié. Pour accélérer les remboursements, il est possible de se rendre sur place.

Monsieur,

Je vous avise de mon déménagement le ... prochain et vous demande de transmettre mon dossier à la caisse d'assurance maladie de Lyon dont je dépendrai. Ma nouvelle adresse est ...

En vous remerciant par avance, je vous prie de croire...

Monsieur,

Le 2 mai, je vous ai avisé de mon changement de domiciliation. Ma nouvelle adresse est la suivante: ...

La caisse primaire d'assurance maladie de Lyon (69) refuse de me rembourser des soins, arguant du fait que mon dossier ne lui est jamais parvenu. Je vous remercie de faire les recherches qui s'imposent et de m'en tenir informé.

Veuillez croire, Monsieur, ...

La lettre à un propriétaire

Les rapports entre locataire et propriétaire ne sont pas toujours des plus harmonieux. Le premier refuse les augmentations de loyer et réclame des travaux absolument indispensables, l'autre ne supporte plus de payer ces mêmes travaux que lui considère comme superflus. La loi française protège chacune des deux parties et donne à chacun des devoirs et des obligations. Le bail signé garantit au locataire une certaine sécurité. Il ne sera pas mis à la porte – sauf situation particulière – s'il remplit son obligation principale: le paiement régulier du loyer et des charges qui lui incombent. Un propriétaire est soumis à un préavis de six mois avant de récupérer son appartement, le locataire, lui, ne doit que trois mois de préavis. Ces mois de loyer sont dus, la caution n'étant restituée qu'après l'état des lieux contradictoire.

Ces lettres de congé seront envoyées en recommandé avec accusé de réception. Deux types de lettre sont envisageables, aussi valables l'un que l'autre.

Je soussigné, Jean Thomas, locataire d'un appartement sis 12, rue des Ajoncs, Paris 14e, déclare donner mon congé dudit appartement, en date du ...

Fait à .... le ... *Signature*

Cette lettre de congé est envoyée trois mois avant la date de départ et, le plus souvent, est destinée aux agences immobilières et organismes de location. Pour un particulier, on choisira de préférence la formule suivante:

Monsieur,

Je vous avise de mon intention de quitter l'appartement que j'occupe actuellement (12, rue des Ajoncs, Paris 14e). Je souhaite vous donner mon congé pour le 30 mars prochain, à la fin des trois mois de préavis prévus par la loi. Je vous prie d'agréer, Monsieur, l'expression de mes sentiments les meilleurs.

Mais ce que les propriétaires craignent le plus, ce sont les demandes de travaux. Il n'est pas toujours aisé de déterminer l'urgence autant que la nécessité des travaux.

Un locataire, par principe, se plaint de la vétusté des locaux et autres troubles de jouissance. Ces demandes de travaux se font par écrit et par lettre recommandée avec accusé de réception. La preuve, toujours la preuve!

Monsieur,

Je vous signale que la chaudière de la maison que je loue depuis trois ans ne fonctionne plus. Il semble que ce soit irréparable. Nous en avions déjà parlé l'an dernier et vous aviez remis les travaux à plus tard. Aujourd'hui, ces travaux sont indispensables: je n'ai plus ni eau chaude ni chauffage. Ces réparations incombant au propriétaire, je souhaiterais que vous fassiez le nécessaire le plus rapidement possible.

Je vous remercie par avance de toutes les mesures que vous voudrez bien prendre et vous prie d'agréer, Monsieur...

De nombreux locataires tentent d'obtenir des améliorations de leurs propriétaires. Ces demandes auront à être justifiées et raisonnables, ne l'oubliez pas, si vous espérez arriver à vos fins. Certains locataires sont amenés à demander des reports de paiement pour des raisons qui leur sont personnelles. Ces demandes seront écrites et, autant que possible, motivées. D'ailleurs, les propriétaires sont prêts à aider leurs locataires dans des circonstances particulières: licenciement, difficultés financières passagères, ennuis de santé. En revanche, un voyage aux Canaries ne constitue pas un motif valable pour l'obtention d'un délai de paiement.

Agissez avec discernement et circonspection en ayant toujours en mémoire qu'un propriétaire a lui aussi des échéances à respecter.

Les lettres à un entrepreneur, à un déménageur

Pour tous travaux dépassant un montant de 1 000 francs, un devis est obligatoire. Ce devis détaillera les frais de déplacement, les taux horaires, le temps prévu, les prix TTC (toutes taxes comprises)... Cette règle vaut autant pour des travaux de fond que pour de simples dépannages. Quel que soit le montant, supérieur ou non à 1 000 francs, l'existence d'un devis est une sécurité pour le client. L'entrepreneur sera lié par ce devis et ne pourra effectuer que les travaux prévus et acceptés par son client.

DEMANDE DE DEVIS

Monsieur,

Comme nous en étions convenus, je vous confirme mon intention de faire effectuer des travaux dans mon appartement, salle de douche et cuisine. Je souhaiterais que vous me fixiez un rendez-vous afin d'établir un devis pièce par pièce. Veuillez agréer, Monsieur, l'expression de mes sentiments distingués.

A la réception du devis, il appartient au client de l'accepter le plus rapidement possible et de le confirmer par écrit:

Monsieur,

Je reçois ce jour le devis établi par vos soins pour les travaux de mon appartement. Après réflexion j'ai décidé de ne faire que la salle de douche. Votre devis me paraît satisfaisant tant sur le coût des travaux que sur les dates d'exécution. Je vous confirme en effet mon désir que tout soit achevé pour le 15 juin. Veuillez croire, Monsieur...

Le devis doit être conservé jusqu'à l'établissement de la facture. Il est votre seule preuve et aucune contestation ne sera possible. Les factures doivent être conservées pendant au moins deux ans. Les paiements sont en général étalés dans le temps: un tiers sera versé à titre d'acompte, puis un tiers à la réception du matériel, et le solde à la fin des travaux en principe, mais il n'existe pas de véritable règle en la matière. Ces versements se feront plutôt par chèques dont vous noterez les numéros sur le reçu fourni par l'entrepreneur. En effet, en cas de contestation, vos recherches pour retrouver les numéros de chèques s'en trouvent facilitées.

A L'OCCASION D'UN DÉMÉNAGEMENT

Voici une liste des organismes à prévenir obligatoirement en cas de déménagement:

- le centre des impôts;
- EDF-GDF;
- la Compagnie des eaux;
- les PTT et le centre de chèques postaux;
- la Sécurité sociale;
- les Allocations familiales;
- l'Urssaf;
- la compagnie d'assurances;
- le centre de redevance télévision à Rennes (35);
- les écoles (délivrance d'un certificat de radiation de l'enfant);
- le service des cartes grises à la préfecture;
- le service des listes électorales;
- le Livret militaire.

Vos deux adresses et numéros de téléphone doivent être mentionnés dans chacun de vos courriers.

Le déménageur choisi dressera un inventaire détaillé et descriptif de vos biens. En fonction des conditions du déménagement (ascenseur, kilométrage important...) et de vos souhaits, il établira (gratuitement) un devis. Il est de plus en plus fréquent de faire établir des devis comparatifs, ce qui permet de choisir en connaissance de cause. Les différences de prix, de temps et de prestations peuvent d'ailleurs surprendre.

Les déménageurs ne se chargent pas de travaux supplémentaires comme des travaux de plomberie ou d'électricité. A la fin du déménagement, vous signerez un document sur lequel vous êtes en droit d'émettre toutes les réserves qui vous paraissent opportunes. Un délai de trois jours vous est accordé pour confirmer ces réserves par lettre recommandée avec accusé de réception.

Monsieur,

Je vous confirme les réserves émises à la fin de mon déménagement. En effet, plusieurs de mes meubles ont été abîmés pendant le transport: éclats, marbres fêlés. Je souhaiterais connaître les formalités à remplir pour faire la déclaration à l'assurance. Je vous rappelle que j'ai souscrit une assurance complémentaire importante. Le montant de celle-ci figure au devis. Dans l'espoir d'une prompte réponse, je vous prie de croire, Monsieur...

Ne vous fâchez pas dès la première lettre, cela aurait pour seule conséquence d'aggraver la situation. L'erreur est humaine, la maladresse est excusable, alors un peu de calme et tout s'arrangera!

Les lettres à l'Institut national de la consommation (INC), et aux journaux spécialisés

L'INC est un établissement public à votre service pour vous donner toutes les références, informations et conseils dont vous auriez besoin. Le conseil d'administration de l'INC est composé en majorité d'associations de consommateurs. Les consommateurs peuvent s'adresser à l'INC pour résoudre leurs différends avec tel ou tel professionnel. Ces derniers n'apprécient guère cette forme de publicité plutôt négative et ont tendance à agir vite pour arranger les choses à l'amiable.

Il existe de nombreuses publications en la matière, et toutes mettent à la disposition du consommateur une rubrique "courrier des lecteurs". Les conflits sont très souvent résolus dès la publication de votre lettre de protestation, ce qui permet d'apprécier l'importance, autant que l'efficacité, des associations de consommateurs. Celles-ci feront de leur côté les recherches nécessaires. Nombre d'infractions plus ou moins caractérisées ont ainsi été étalées au grand jour. Les conseils donnés, de même que la marche à suivre dans certaines circonstances, épargnent bien des désagréments aux consommateurs et leur donnent le sentiment de s'être fait entendre.

Exemple de lettre adressée au courrier des consommateurs:

Messieurs,

Le 15 mars, j'ai acheté une platine laser à la société X. Quelques jours plus tard, l'appareil est tombé en panne. La réparation m'a privé de ma platine plus de sept semaines. En vertu de la loi du 18 janvier 1992, j'ai demandé à la société X de prolonger la garantie de l'appareil pour une durée équivalente. Le vendeur s'y refuse absolument.

Je souhaiterais savoir de quels moyens je dispose pour obliger la société X à respecter la loi de 1992 et ses engagements à mon égard. Je vous remercie de votre réponse et vous prie de croire, Messieurs, à l'expression de mes sentiments reconnaissants.

Cet éternel sujet de discorde que pose le délai de garantie est fréquemment soumis à l'INC.

La chronologie des faits doit être exactement relatée dans votre courrier et le conflit clairement établi. Attention, le recours aux journaux de consommateurs ne garantit pas un résultat systématique, pas plus d'ailleurs qu'une solution en votre faveur.

La lettre recommandée ou pli recommandé: une bonne précaution

La lettre recommandée constitue une bonne précaution chaque fois que l'on veut être certain qu'un courrier parviendra entre les mains de la personne intéressée. C'est la preuve que vous l'avez écrite et qu'elle est parvenue à son destinataire. Dans certaines circonstances, on lui préférera le pli recommandé (lettre pliée sans enveloppe), nul ne pourra ainsi contester l'existence de son contenu. Les lettres de licenciement, par exemple, font l'objet de plis recommandés; le salarié ne pourra pas prétendre que l'enveloppe était vide. (Cela s'est déjà vu!)

Il est bon de garder une photocopie de ces courriers recommandés ainsi que le reçu remis lors de l'envoi et l'accusé de réception. Les délais courent à dater de la présentation de la lettre au destinataire. Libre à lui de ne pas aller la chercher au bureau de poste ou de la refuser, il a été averti de son expédition et le délai court dès ce moment.

La loi ou les circonstances exigent parfois l'envoi d'un recommandé. C'est le cas en matière d'assurance (résiliation ou modification de contrat), en matière de copropriété (convocations et comptes rendus d'assemblées générales) et pour tout ce qui a trait aux baux d'habitation (congé donné par un locataire ou un propriétaire). Pour chaque contrat litigieux, dans toute situation conflictuelle, l'usage du recommandé avec accusé de réception est fortement conseillé. Il constituera une preuve et pourra être produit devant un tribunal.

Deuxième partie

La correspondance commerciale et d'affaires

PAR L. ALBERT

Conseils généraux

Rédiger

La rédaction d'une lettre d'affaires ne diffère pas fondamentalement de celle de quelque texte que ce soit. Elle doit répondre à des impératifs de respect de la langue française, de clarté et de concision. Le français est une langue riche et complexe, obéissant à quantité de règles et d'exceptions. Il n'est pas de notre propos de rappeler ici les règles de grammaire et d'orthographe auxquelles est soumise la langue francaise. On rédigera avec toujours à portée de main un dictionnaire des difficultés de la langue française, un dictionnaire des synonymes, des noms propres et communs.

Les traitements de texte permettent une correction automatique. Pourvus de vérificateurs d'orthographe et de dictionnaires intégrés, ils rendent certains services. Toutefois, ils ne peuvent se substituer à un travail de rédaction attentif et ne dispensent pas d'une relecture.

LES FAUTES À ÉVITER

Impossible de passer en revue tous les pièges de la langue française, mais nous allons survoler quelques-uns de ses principaux écueils.

Les pléonasmes

Ce sont des fautes très courantes qui, si elles peuvent passer inaperçues à l'oral, ne seront pas tolérables à l'écrit. Le pléonasme consiste en une juxtaposition inutile de termes ayant le même sens: comparer ensemble, entre eux; monter en haut; puis ensuite; s'entraider mutuellement; achever complètement; erreur involontaire; hasard imprévu; monopole exclusif; panacée universelle; prévoir d'avance; première priorité; le maximum de son apogée; refaire encore; tous sont unanimes; topographie des lieux; s'avérer vrai; car en effet; évaluer la valeur; préférer plutôt; faux prétexte; voire même; but final...

Les néologismes et barbarismes

Ce sont des fautes de langage qui consistent à utiliser des mots forgés de toutes pièces ou altérés.

Les solécismes

Ce sont des fautes contre les règles de syntaxe. Ces erreurs sont parfois difficilement repérables car passées dans le langage courant.

On ne dit pas	*On dit*
compresser quelque chose	comprimer
au point de vue	du point de vue
pécunier	pécuniaire
réajuster, réapprendre	rajuster, rapprendre
il s'en suivit une erreur	une erreur s'ensuivit
remplir un but	atteindre un but
clore un débat	clôturer un débat
comme de juste	comme il est juste
ne m'en voulez pas	ne m'en veuillez pas
poursuivre un but	tendre à un but
veillez que ceci	veillez à ce que ceci
un magasin bien achalandé	un magasin bien approvisionné
hésiter entre deux alternatives	hésiter entre deux partis
s'avérer inexact	se révéler inexact
dans le but de	dans le dessein de
une affaire conséquente	une affaire importante
nous avions convenu	nous étions convenus
c'est de sa faute	c'est sa faute
vous n'êtes pas sans ignorer	vous n'êtes pas sans savoir
malgré que	bien que
pallier à un inconvénient	pallier un inconvénient
je m'en rappelle	je me le rappelle
je me le souviens	je m'en souviens
se baser sur	se fonder sur
solutionner un problème	résoudre un problème
réduire les risques au maximum	réduire les risques au minimum

On évitera également, dans une lettre d'affaires, d'employer des expressions à la mode et des anglicismes.

En ce qui concerne ces derniers, il sera parfois difficile de les éliminer totalement car de nombreux mots n'existent pas en français ou pas avec la même force ou précision. Bon nombre de concepts et techniques commerciales ont été élaborés outre-Atlantique, puis importés avec leur terminologie. On veillera malgré tout à ne pas surcharger la lettre de mots anglais.

LES PRINCIPES D'UNE BONNE RÉDACTION

Il est recommandé de ne pas se lancer dans la rédaction d'une lettre sans préparation. Prendre le temps de rassembler ses idées, de bien cerner son sujet et de réunir tous les éléments chiffrés ou autres devant figurer dans le courrier constitue une étape préliminaire essentielle.

Pour obtenir le maximum d'impact, on écrira une lettre par sujet. Elle sera ainsi mieux reçue. Traitez plusieurs sujets dans une même lettre et vous pouvez être certain qu'il y aura des confusions, des oublis de la part de votre correspondant; cela risque fort d'engendrer des malentendus qui seront imputables à vous seul.

Commencez donc par réfléchir, ciblez votre propos, prenez des notes, faites un brouillon, rayez ce qui est inutile, recommencez.

Le plan

Une fois que l'on sait précisément ce que l'on veut dire et que l'on a couché sur le papier toutes les informations nécessaires, il faut ordonner ces éléments et structurer son discours.

Pour le courrier d'affaires, un plan simple et classique convient parfaitement: introduction, développement, conclusion.

Dans l'introduction sera exposé le motif de la lettre; dans le cas d'une réponse à un précédent courrier on en rappellera les termes. Une formule d'introduction un peu originale et accrocheuse est possible dans le cadre d'une première prise de contact, d'une proposition de produits ou de services. Elle est indispensable pour une lettre à caractère publicitaire. Dans le développement seront présentées avec précision et dans un ordre rigoureux les informations que l'on désire obtenir ou transmettre.

On argumentera toujours les propositions ou demandes que l'on formule. La conclusion rappellera brièvement le propos de la lettre, mettra l'accent sur un point particulièrement important. Elle sera suivie des formules de politesse.

Grâce à une structure solide et logique, vous êtes au moins assuré que votre lettre sera lue et comprise. Elle échappera à la corbeille à papier, ce qui est déjà un bon point.

Clarté, précision, concision

La rédaction d'une lettre commerciale n'est pas un essai littéraire. Mettez de côté métaphores, lyrisme, aphorismes, formules alambiquées... Une écriture simple dans un français correct suffit amplement.

On veillera à la précision et à la véracité des éléments exposés. Ni litote ni hyperbole, soyez honnête. A travers une lettre votre responsabilité est engagée, une promesse que vous ne pourrez pas tenir, un tarif offert (sous certaines conditions non précisées dans le texte) et non appliqué peuvent vous coûter cher. On fera mention dans la lettre de tous les détails pratiques nécessaires sans omettre les tarifs, les garanties, les délais... Dans un souci de précision n'employez jamais le pronom indéfini "on" (qui parle?).

Le style devra être clair, sans ambiguïté, ne prêter à aucune confusion. On aura toujours intérêt à écrire des phrases courtes, sans tomber dans le style télégraphique. Si à une lettre correspond un unique sujet, une phrase véhiculera une seule idée.

Chaque idée ne sera évoquée qu'une fois; les redites marquent une absence de fermeté dans le propos et sont rapidement exaspérantes. Pour éviter les phrases longues et les lourdeurs de style, il est bon de traquer les adjectifs et adverbes inutiles, les mots et les expressions passe-partout ainsi que les *qui, que, mais, et, donc, car...* à répétition. Mieux vaudra si possible séparer nettement les propositions en construisant plusieurs phrases.

Le facteur humain

Même si une lettre commerciale apparaît comme dénuée de tout sentiment, il ne faut pas lors de la rédaction négliger le facteur humain.

Il s'agit certes de contrats, de factures, d'échanges de biens et de services mais ces opérations sont réalisées par l'intermédiaire de deux personnes. Une lettre se doit d'être toujours respectueuse, honnête et amicale sans être familière. Développer un minimum de rapports humains est un gage de bon déroulement des transactions.

Dans un premier temps, il est nécessaire de savoir à qui l'on s'adresse. Evitez toujours d'envoyer une lettre à une firme sans qu'elle soit destinée à une personne en particulier. Il faut faire l'effort de rechercher la personne susceptible d'être concernée par votre courrier, éventuellement se renseigner sur elle. En fonction de cette personne et de l'identité de la société, on adaptera son style pour être plus convaincant. On essaiera de se placer sur la même longueur d'onde, de mettre en confiance, de susciter l'intérêt. Comprendre et répondre aux besoins et motivations de son interlocuteur est essentiel, surtout lors des premières prises de contact et de la conclusion d'une affaire. Soyez à l'écoute des arguments de l'autre, faites toujours preuve de souplesse sans perdre de vue les intérêts propres de votre firme. N'hésitez pas, lors d'une première prise de contact, à mettre en avant dans votre lettre les qualités que l'on reconnaît à l'entreprise en question. Par la suite, n'hésitez pas non plus à soutenir et féliciter vos correspondants lorsqu'ils remportent un succès, modernisent leur usine... Votre interlocuteur doit avoir la sensation en lisant votre lettre qu'il a quelqu'un à qui parler, conciliant et ouvert, aimable. On a toujours plus de plaisir à traiter une affaire avec une personne sympathique.

Dans le cas de relations tendues consécutives à un litige, un non-respect des termes d'un contrat, restez malgré tout correct. Accusations, menaces, agressivité, injures sont à proscrire quelles que soient les circonstances, elles ne feraient qu'envenimer les choses. Soyez ferme et clair, ne sortez pas du cadre de la loi et du respect d'autrui. Il faut de plus tenir compte du fait qu'une lettre engage votre responsabilité et que l'on peut s'en servir contre vous. Des injures ou menaces couchées sur le papier portant votre signature peuvent dans certains cas vous mener devant les tribunaux.

Lorsqu'on vous demande des renseignements sur telle personne ou telle firme, si vous n'en êtes pas satisfait exprimez vos reproches par téléphone, par écrit cela peut être considéré comme diffamatoire. De la même façon, dans une lettre d'offre de produits ou de services, lorsque vous avancez des tarifs particulièrement intéressants, n'utilisez pas d'arguments comparatifs en avançant que telle autre société vend plus cher que vous.

La relecture

La lettre achevée, une relecture attentive est indispensable. Un simple survol ne suffit pas, les fautes d'orthographe, les coquilles, les erreurs de présentation vous échapperaient. Tout doit être relu mot à mot, de l'adresse du destinataire à la formule de politesse finale. La relecture permet également de vérifier si tous les éléments que l'on désirait évoquer sont présents, de s'assurer que la lettre est claire, que toutes les idées s'y enchaînent logiquement et qu'elle est agréable à lire.

QUELQUES FORMULES CLÉS

Le langage adopté pour les lettres commerciales est riche de tournures types. Il n'est pas inutile d'en connaître certaines qui faciliteront le travail de rédaction.

Formules d'appel

Elles sont nombreuses et doivent être choisies avec soin. Les premiers mots que le destinataire lira lui indiqueront tout de suite le ton avec lequel on souhaite s'adresser à lui: cordial, professionnel, sec...

La formule la plus classique est: *Monsieur*, *Madame*, *Mademoiselle* ou *Messieurs*. Pour une femme, si on ignore si elle est mariée ou non, on emploiera le terme *Madame*.

Lorsqu'on écrit à une entreprise pour la première fois, sans connaître le nom de la personne qui lira la lettre, il est d'usage d'utiliser l'appellation générale *Messieurs* ou bien *Monsieur, Madame*.

A une personne avec qui on est déjà en affaires et dans de bons termes, on écrira *Cher Monsieur*, *Chère Madame*, *Cher Client*. Si vous entretenez des relations amicales avec le destinataire, vous pouvez écrire *Cher ami*, mais seulement dans ce cas-là. L'ajout de l'adjectif *Cher* confère à la lettre un ton plus chaleureux et instaure un rapport de confiance mutuelle. D'ailleurs, en écrivant à un éventuel client, on peut commencer par *Cher Monsieur* même si on ne l'a jamais rencontré.

L'expression *Mon cher Monsieur* est lourde et malhabile, évitez-la.

Ecrivez toujours *Monsieur*, en toutes lettres, dans la formule d'appel, les abréviations sont ici irrespectueuses. Généralement, on n'ajoute pas le nom de famille à la formule d'appel, on ne dira pas *Cher Monsieur Vidal*. Une exception cependant si votre destinataire est anglo-saxon ou allemand; il est en effet d'usage pour eux de s'adresser aux correspondants par leur patronyme.

Lorsque vous vous adressez à une personne qui travaille avec vous ou exerce la même profession, vous pouvez commencer par *Cher Collègue*, *Cher Confrère*.

Lorsque le destinataire de la lettre porte un titre, vous devez impérativement le mentionner dans la formule d'appel. Si votre correspondant occupe plusieurs fonctions et porte plusieurs titres, choisissez le plus élevé pour vous adresser à lui.

Le titre prend toujours une majuscule: *Monsieur le Préfet*, *Monsieur le Président...*

Bon nombre de fonctions ne possèdent pas de dénomination féminine, inutile d'en inventer, on laissera le titre au masculin, article compris: *Madame le Maire*, *Madame le Juge...* La langue française fonctionne de telle façon qu'en féminisant un titre on parle d'une femme dont le mari exerce la fonction en question. Madame la maréchale est la femme d'un maréchal. On pourra, en revanche, écrire *Madame la Directrice* puisque ce féminin existe.

Le français évolue lentement à ce niveau-là et, pour éviter toute ambiguïté, il sera préférable de s'en tenir au masculin.

Les titres nobiliaires ne sont généralement pas mentionnés, cela serait d'une politesse souvent jugée obséquieuse. On n'utilisera *Monsieur le Baron*, *Madame la Duchesse*, que si l'on est employé par eux.

Les hommes de loi, notaires, avocats, avoués, huissiers, sont appelés *Maître*. Il est bon de se conformer à cet usage, un avocat pourrait trouver irrévérencieux qu'on ne l'appelle pas ainsi. On peut également appeler *Maître* des personnalités des arts, mais le titre est dans ce cas-là à manier avec précaution.

Pour les juges, procureurs, substituts, on écrira *Monsieur le Procureur*, *Monsieur le Président de la Cour d'appel*.

Les titres militaires sont eux aussi toujours mentionnés. On écrira *Monsieur le Maréchal*, *Mon Général* (*Général* suffit si c'est une femme qui écrit), *Mon Colonel*, *Mon Commandant*. Au-dessous de ces grades, on appelle les officiers *Monsieur*.

Les fonctions administratives sont toujours précisées à partir d'un certain degré de responsabilité. On n'écrira pas *Chère Secrétaire de direction*, c'est tout à fait inutile et ce serait pris pour de l'ironie. En revanche, on écrira obligatoirement: *Monsieur l'Ambassadeur*, *Monsieur le Ministre*, *Monsieur le Conseiller*, *Monsieur le Professeur*...

Formules d'introduction

- *En réponse à votre lettre...*
- *Comme suite (ou suite) à notre entretien téléphonique... ("Comme suite" est une expression critiquable mais admise).*
- *Nous avons le regret de vous faire savoir...*
- *Conformément à votre demande du...*
- *Vous avez bien voulu porter à notre connaissance...*
- *Nous avons le plaisir de vous informer...*
- *Nous étions convenus...*
- *J'ai l'honneur d'appeler votre attention...*
- *Par votre lettre visée sous référence...*
- *Nous accusons réception de votre lettre du...*

Formules d'exposition

- *Je note, observe, précise, souligne, confirme, rappelle...*
- *Je me permets de...*
- *Je crois devoir...*
- *Je prends acte...*
- *Je serais conduit, appelé, amené à...*
- *Je prends la liberté de...*
- *Je ne suis pas sans savoir...*
- *D'une part,..., d'autre part...*
- *Compte tenu de...*
- *Considérant que...*

Formules de conclusion

- *Vous remerciant par avance...*
- *Dans l'attente de vous lire...*
- *Nous regrettons vivement de ne pouvoir vous être utile en cette circonstance...*
- *Je vous prie de...*
- *Je vous serais obligé, reconnaissant de bien vouloir...*
- *En souhaitant que vous ne nous tiendrez pas rigueur...*
- *Nous espérons que vous pourrez donner une suite favorable à notre proposition...*
- *Vous réitérant nos excuses...*
- *Mes collaborateurs et moi-même restons à votre entière disposition pour vous apporter toute information complémentaire...*

Formules finales de politesse

On se doit de terminer une lettre par une formule de politesse ou de courtoisie. Ces formules, très stéréotypées quoique offrant de nombreuses nuances, paraissent souvent désuètes et inutiles aux dires des intéressés eux-mêmes. Mais ne nous y fions pas trop, si beaucoup prétendent n'attacher aucune importance à ces formules et s'en tenir au seul contenu de la lettre, ils se sentent piqués au vif si vous ne concluez pas par une manifestation de respect ou de confiance comme le veut l'usage. Ces formules sont absolument essentielles, elles sont la marque de l'attention que l'on porte à ses affaires et à ses correspondants. Elles humanisent, même de façon extrêmement codifiée, une correspondance un peu froide et matérielle qui fait peu de cas des individus. Entretenir de bons rapports avec ses correspondants, clients, fournisseurs est le gage d'un bon déroulement des affaires.

Sachez qu'il faut toujours reprendre dans la formule finale le terme utilisé dans la formule d'appel.

La tournure la plus fréquemment employée est “Veuillez agréer, Monsieur, l'expression de nos salutations distinguées”. Véritable passe-partout de la courtoisie, elle sera toujours bien reçue mais reste, par son caractère commun, un peu impersonnelle. Si elle convient parfaitement à des imprimés de facture ou à une lettre de refus d'embauche, elle est déconseillée dès que l'on entre dans des relations plus personnelles ou suivies. Il est toujours bien vu de faire l'effort d'en sortir, de la personnaliser afin que chaque correspondant sente dans la formule finale la nature de vos relations, l'intérêt que vous lui portez précisément à lui.

Il existe un certain nombre de mots clés et phrases types que vous pourrez moduler en fonction du destinataire de la lettre.

QUELQUES MOTS

• Agréer: ce verbe est sans doute le plus fréquemment employé dans les formules de politesse. “Veuillez agréer”, “Je vous prie d’agréer”, cette dernière expression étant plus respectueuse encore.

• Accepter, recevoir: ces verbes ont la même fonction qu’agréer tout en étant moins solennels et distants.

• Croire: plus cordial encore que les deux précédents, il peut être également très respectueux. Si on agrée ou reçoit l’expression, on croit à des sentiments, à de la sympathie.

• Salutations: ce terme, respectueux, peut être assez distant et impersonnel.

• Assurance, expression: ces deux mots introduisent la fin de la phrase. “Expression” est cependant plus fort et personnel qu’“assurance”.

• Considération: on dit également “haute considération” ou “très haute considération”. Ces expressions sont très respectueuses et un peu solennelles, on les utilisera pour des fonctionnaires et dignitaires de l’Etat ou bien des supérieurs hiérarchiques.

• Hommages: on l’utilise essentiellement lorsqu’on s’adresse à une femme. Ce terme, en perte de vitesse, a un caractère un peu pompeux et on en choisira souvent un autre de préférence.

• Sentiments: ce terme marque sincérité et confiance qui seront toujours très appréciées, on le réservera pour les relations d’égal à égal. On n’emploiera pas cette expression dans une relation entre un homme et une femme, cela pourrait prêter à confusion. Ce serait certes avoir l’esprit un peu tordu que d’y voir une ambiguïté mais l’usage est ainsi fait. Les sentiments peuvent être respectueux, dévoués, sincères, les meilleurs...

• Respect: on utilisera l’expression “respect” ou “profond respect” pour s’adresser à un supérieur ou à une personne que l’on estime particulièrement.

• Amitié, sympathie: termes à réserver à des relations plus personnelles que le simple contact d’affaires, mais pourquoi pas, si vous avez des rapports amicaux ou de longue date avec l’un de vos correspondants.

EXEMPLES DE FORMULES

• A un supérieur:

Je vous prie d’agréer, Monsieur, l’expression de ma très haute considération.

Je vous prie d'agréer, Monsieur, l'assurance de ma respectueuse considération.

Veuillez accepter, Monsieur, l'expression de mes sentiments dévoués.

Recevez, Monsieur, l'expression de ma parfaite considération. (assez froid)

Je vous prie d'agréer, Monsieur, l'expression de mon profond respect.

Veuillez recevoir, Monsieur, l'assurance de ma considération distinguée.

• A une femme:

Je vous prie de recevoir, Madame, l'hommage de ma très vive considération.

Je vous prie de croire, Madame, à mon profond respect.

Veuillez agréer, Madame, l'expression de ma respectueuse sympathie.

• Autres:

Croyez, Monsieur, à l'assurance de mes sentiments cordiaux.

Recevez, Monsieur, l'assurance de mes sentiments les meilleurs.

• Se répandent de plus en plus des formules de politesse très brèves telles que:

Sincèrement

Cordialement vôtre

Respectueusement vôtre

Amicalement

Votre dévoué

Le papier de la lettre commerciale

Support de la lettre, le papier est un élément qu'il ne faut pas négliger. Un papier de qualité, agréable au toucher et qui attire le regard, constitue l'un des premiers moyens de capter l'attention du lecteur. Il est le signe du soin que vous portez à votre correspondance et de l'attention que vous manifestez à vos interlocuteurs. Il véhicule, par ailleurs, l'image de marque de l'entreprise. Un papier trop fin, rugueux ou terne ne fait que rarement bonne impression.

LE FORMAT

Plusieurs formats standard sont disponibles dans le commerce. Les plus courants sont:
- A3 (42 cm x 59,4 cm);
- A4 (21 cm x 29,7 cm);
- et A5 (14,8 cm x 21 cm).

Les papiers aux formes plus originales, oblongue, ronde, triangulaire, sont à proscrire. Le genre fantaisie ne convient guère à une correspondance d'affaires sérieuse, vous risquez avec eux de perdre tout crédit. Le format que l'on adoptera avec le plus d'avantages est le format A4.

Classique, il est le plus employé, le plus pratique et correspond aux normes françaises et européennes. Très fonctionnel, il se plie facilement en trois pour les enveloppes longues et en quatre pour les enveloppes rectangulaires courtes. Si vous utilisez des enveloppes à fenêtre, en inscrivant le nom et l'adresse du destinataire dans le tiers supérieur droit, vous n'aurez pas besoin de les répéter sur l'enveloppe elle-même. De plus, le papier A4 facilite le classement, les dossiers, classeurs, meubles de rangement, photocopieuses étant adaptés à ce format universel. Le format A5 pourra éventuellement être utilisé pour des lettres plus personnelles, à moins qu'un souci d'économie ou d'esthétique ne motive son emploi.

On réservera le format A3 pour les pièces jointes, la présentation des tableaux, graphiques et documents, mais jamais pour la lettre elle-même. Si tout format hors A4 est à déconseiller pour le courrier commercial courant, il en ira autrement pour les publicités et mailings, qui se doivent d'être attractifs et pour lesquels l'originalité de présentation constitue un gage de lecture et de bonne réception du message.

LA COULEUR

Choisissez un papier blanc ou éventuellement d'un beige léger. Toutes les autres teintes, même claires, sont déconseillées pour une lettre commerciale à laquelle elles risqueraient de retirer tout son sérieux. Les papiers colorés sont à réserver au courrier à caractère publicitaire.

La feuille sera unie, sans ligne ni quadrillage. Pas de papier d'écolier! Si le courrier est manuscrit, pour ne pas risquer d'écrire de travers, ce qui est toujours du plus mauvais effet, on placera sous la première feuille une autre, munie de lignes, qui servira de repère.

LE GRAMMAGE

Aucune norme particulière ne concerne le grammage du papier. Il doit malgré tout répondre à certains impératifs: suffisamment épais pour ne pas être transparent, résister aux pliages et manipulations de toutes sortes, ne pas se froisser ou se déchirer, avoir une certaine résistance à l'air et à l'humidité, ne pas se gondoler ou jaunir. Le papier de 80g semble parfaitement adapté.

On le choisira, par ailleurs, ni trop lisse (pas d'aspect glacé) ni trop rugueux ou duveteux.

LE PAPIER PRÉIMPRIMÉ

Largement utilisé par les entreprises, il permet un gain de temps et une présentation très soignée. Sur ce type de papier figurent en haut et bas de page les mentions obligatoires suivantes: le nom, la raison sociale ou dénomination de la société; son statut juridique et le montant du capital social; l'adresse géographique du siège social; le numéro d'inscription au registre du commerce et des sociétés ou le numéro d'immatriculation au répertoire des métiers. Il est vivement conseillé de faire également mention des numéros de téléphone, de fax et télex, de Siret et de code APE. On imprimera aussi, s'il existe, en haut de la page, le graphisme publicitaire ou logo de l'entreprise. Les mentions légales sont le plus souvent composées en petits caractères, éventuellement de couleur.

La présentation de la lettre commerciale

Une lettre commerciale doit offrir un aspect clair, sobre et aéré tout en contenant toutes les informations nécessaires. Une présentation nette et standardisée permet au lecteur de repérer immédiatement dans la lettre les éléments qui l'intéressent.

La feuille sera divisée en plusieurs zones contenant chacune un certain type d'information (voir page suivante). Quelques légères variantes sont malgré tout possibles tant que tous les éléments s'organisent logiquement.

Zone 1: il s'agit de l'en-tête. Cette partie essentielle permet au lecteur d'identifier tout de suite l'expéditeur. Elle comporte les informations que nous avons mentionnées précédemment (nom, siège social, numéro d'inscription au registre du commerce, etc.).

Zone 2: elle comporte des informations complémentaires sur la société expéditrice ou la personne de qui émane le courrier. C'est également ici que l'on place habituellement le logo s'il y a lieu.

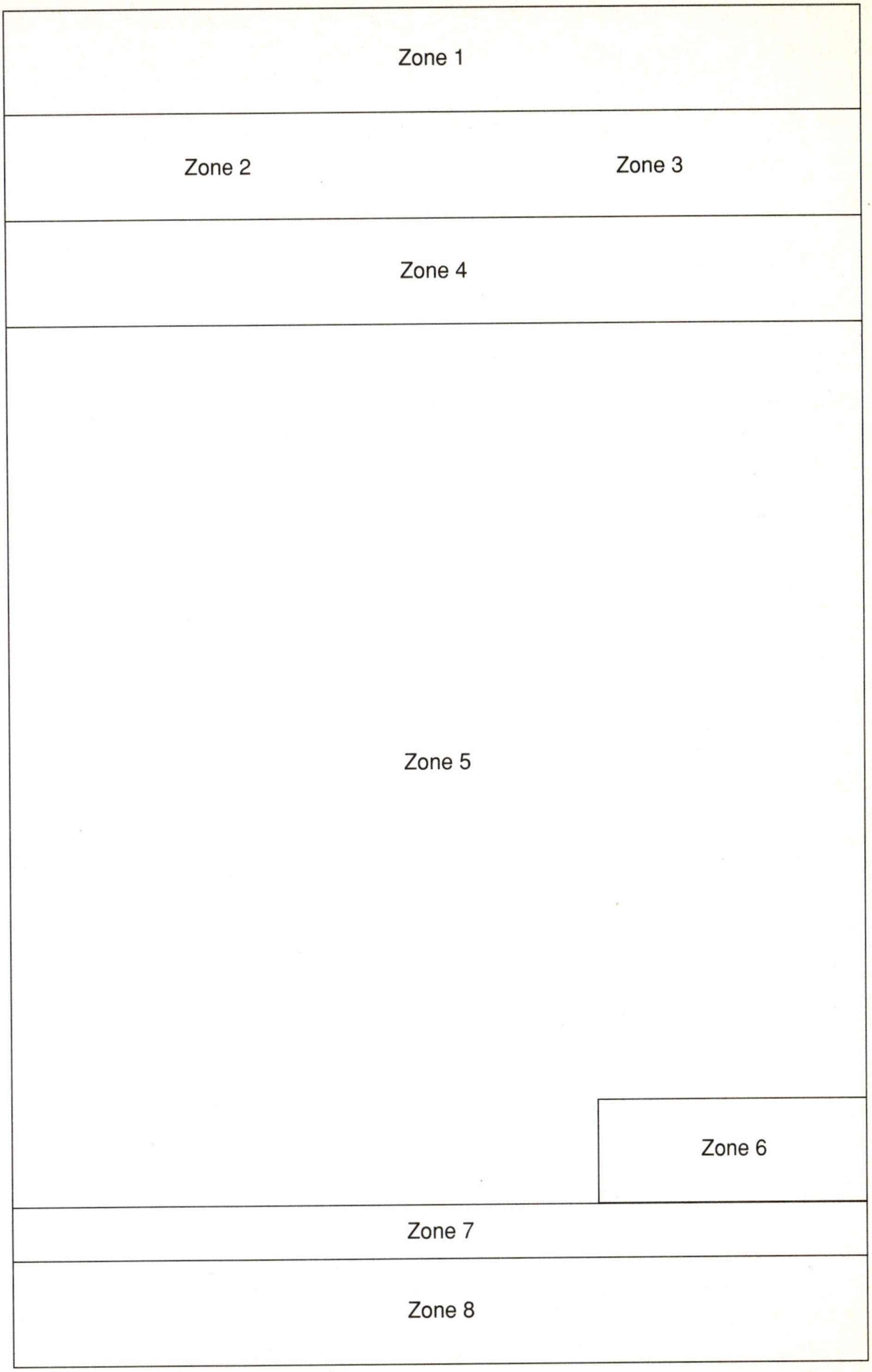
Zone 1
Zone 2
Zone 3
Zone 4
Zone 5
Zone 6
Zone 7
Zone 8

Zone 3: la suscription, y figurent le nom et l'adresse complète du destinataire. On l'inscrira en toutes lettres. On n'écrira pas:

M. J. Durandin
Sté Infograph
12, pas. A. Blanqui
75013 Paris

mais:

Monsieur Jacques DURANDIN
Société INFOGRAPH
12, passage Auguste-Blanqui
75013 Paris

Une ligne pour chaque élément. Lorsqu'on n'utilise pas d'enveloppe à fenêtre, cette zone peut se trouver à gauche à la place de la zone 2.

Zone 4: elle comprend le lieu et la date de l'expédition. Mieux vaut inscrire la date de départ de la lettre que celle à laquelle on l'a écrite.

Cela n'intéresse et ne concerne personne de savoir qu'elle est restée quatre jours sur votre bureau.

On place une virgule après le lieu et on écrit le jour et l'année en chiffres arabes et le mois en toutes lettres, pas de "10/05/93".

Dans le côté gauche, on inscrit impérativement la référence de la lettre. Elle se compose le plus souvent de lettres et de chiffres: le numéro de la lettre et les initiales de la personne qui l'a écrite. Ces annotations sont indispensables, elles permettent d'identifier et de retrouver facilement une lettre. Lorsque l'on répond à un précédent courrier on indique également les références de celui-ci. La lettre porte alors deux numéros de référence, par exemple: n. réf. (notre référence): DV/IS/1275 et v. réf. (votre référence): CP/8916.

Sous les références, on indique l'objet de la lettre. Cela n'est pas obligatoire mais vivement recommandé, le destinataire sait ainsi au premier coup d'œil de quoi il s'agit. Une formule brève et claire suffit. Par exemple: demande de documentation; notre commande n° 321, etc.

Il est indispensable de mentionner le nombre et la nature des pièces que l'on joint à la lettre. Cela pour garder une preuve que des documents ont bien été envoyés et afin que le destinataire puisse vérifier si toutes les pièces lui sont parvenues.

P.J.: un devis; P. J.: bilan 1995.

Conformément aux instructions générales de l'administration de La Poste, l'emploi d'épingles, agrafes, trombones pour assembler les différentes pages d'une lettre ou d'un document est interdit en raison des risques de détérioration du matériel d'oblitération.

Lorsque dans la zone 3 ne figure que le nom d'une entreprise ou d'un service, si vous désirez que le courrier parvienne à une personne en particulier, soit qu'elle vous ait été recommandée, soit que vous soyez déjà en relation avec elle mentionnez-le par la formule "A l'attention de...".

Zone 5: elle constitue le corps de la lettre. On veillera à laisser quelques lignes entre la zone précédente et celle-ci et à équilibrer les marges.

Contre la marge de gauche, on inscrit la formule d'appel. S'il s'agit d'une personne importante, on place la formule au centre de la page. Elle figure généralement au tiers de la page. On ne peut envisager de lettre sans cette formule que l'on reprendra dans la formule de politesse finale. Si on débute par "Monsieur le Président", on ne finit pas avec "Veuillez agréer, cher Président"... Après l'appellation, on laisse une ou deux lignes avant de commencer à écrire le texte lui-même.

Voici le corps de la lettre. On y respecte les marges, on découpe le texte en paragraphes pour plus de clarté. On peut ou non sauter une ligne entre chacun d'eux et les faire débuter ou non par un alinéa.

La formule de politesse clôt le courrier. Elle est précédée d'un double interligne. Il existe de nombreuses formules types que l'on nuance selon le ton de la lettre, les rapports hiérarchiques...

Zone 6: cette zone, située en bas à droite, est réservée à la signature. Pour qu'une lettre ait une valeur juridique il est indispensable que la signature y soit apposée. Par ailleurs, les règles les plus simples de la politesse exigent que l'on signe son courrier. Au-dessus de la signature elle-même, on précisera le titre de l'expéditeur: "Responsable du service après-vente" et son nom: "Jean-Claude Henry".

Pour qu'une lettre soit valable, il faut qu'elle soit signée par une personne habilitée à engager la responsabilité de l'entreprise. Les courriers d'une importance secondaire seront signés par un employé avec la mention "p.p." (par procuration). Dans le cas d'une lettre rédigée sur les instructions d'un supérieur, la personne signera de son nom précédé de la formule "par ordre de..." ou de l'abréviation "p. o.".

Zone 7: cette partie, sous la signature, est réservée aux éventuels *nota bene* et *post-scriptum.* Peuvent y figurer également les pièces jointes si elles n'ont pas été mentionnées en zone 4.

Le *nota bene* rappelle un point précis et important déjà évoqué dans le texte en y apportant une information supplémentaire. Il est recommandé d'en faire un usage parcimonieux. Le *post-scriptum* expose un point qui n'a pas été abordé dans la lettre. Il sera toujours concis, comme le *nota bene,* et ne dépassera pas deux lignes. Il est préférable de bien relire son texte pour ajouter ce qui y manque plutôt que de créer *in extremis* un *post-scriptum.* Lorsqu'on ne peut l'éviter, on veillera en tout cas à n'en faire qu'un seul par lettre, sinon mieux vaut recommencer intégralement la rédaction du texte en agençant différemment les divers éléments.

Zone 8: dans cette zone appelée “pied de page” figurent, généralement en petits caractères, les nom, adresse, numéro de téléphone et de fax de la société.

Voilà donc la présentation classique d’une lettre d’affaires. On voit qu’elle est extrêmement codifiée, dans un souci de clarté et de précision. Lorsque la lettre ne tient pas sur un seul feuillet, il est déconseillé de la poursuivre au verso. On continuera la rédaction sur une autre feuille du même papier où l’on rappellera en abrégé les références de l’expéditeur, la date de la lettre à gauche et le numéro de la page à droite.

L’enveloppe de la lettre commerciale

Premier habillage de la lettre, l’enveloppe doit répondre comme le papier à des exigences de qualité et d’esthétique. Blanche, assez épaisse, d’un décachetage facile, elle pourra comporter ou non une fenêtre, le nom et l’adresse y seront en tout cas parfaitement lisibles. Les enveloppes sont de format standard, courtes ou longues, l’usage veut que les enveloppes courtes soient plutôt réservées à une correspondance personnelle. Il est possible de faire apposer sur l’enveloppe le logo de l’entreprise, ou plus simplement son nom (le préimprimé vaut mieux que le tampon).

Le pliage de la lettre peut sembler un détail mais les petits détails, on le sait, ont leur importance. Un pliage correct contribue à donner à votre courrier un aspect net et soigné qui, s’il passe inaperçu, sera toujours désagréablement noté s’il fait défaut.

Le pliage dépend du format de l’enveloppe. Pour les enveloppes courtes, il se fait en quatre, bord à bord de façon à ce que la lettre soit divisée en parts égales. Il est possible de la plier de telle sorte que le côté écrit soit visible, cela évite que la lettre se referme devant le lecteur. On place le côté plié au fond de l’enveloppe afin que la lettre ne soit pas coupée lors du décachetage. Pour les enveloppes longues, le pliage en trois est de rigueur. La partie supérieure de la lettre comportant les nom et adresse du destinataire doit rester apparente. Pour les enveloppes à fenêtre, on veillera bien entendu à ce que l’adresse y apparaisse intégralement et bien centrée.

La typographie de la lettre commerciale

Une typographie lisible, élégante et percutante se révèle indispensable. Pour cela, on choisira avec soin les polices de caractères, le corps des lettres, on étudiera l’utilisation des gras et italiques. On prendra garde également aux marges, interlignes, alinéas, césures des mots...

LES MARGES

On n'utilise jamais un papier à lettre sur toute sa surface. En fonction de la longueur du texte, on veillera à ce qu'il soit centré et on établira ainsi les marges. On se soumettra à des impératifs d'impression, de reprographie et bien sûr d'esthétique.

Les normes de présentation des lettres éditées par l'Afnor (Association francaise de normalisation) imposent des marges minimales de 1 cm en haut, 0,75 cm en bas, 2 cm à droite et à gauche.

LES INTERLIGNES

L'espace entre deux lignes d'écriture est de 4,233 mm conformément à la norme. Cet espace est préprogrammé sur les machines à écrire et traitements de texte. On utilise le plus souvent un interligne simple. Le double interligne, trop espacé, correspond mal à ce type de correspondance; il servira à détacher les différentes parties du texte.

LES ALINÉAS

S'il est indispensable de passer à la ligne pour séparer les paragraphes ou les idées exposées dans un texte, il n'est pas obligatoire de créer un renfoncement à chaque début de paragraphe. Les alinéas clarifient et aèrent le texte mais si vos phrases ou paragraphes sont courts et ne dépassent pas deux lignes, les alinéas donnent alors au texte un aspect chaotique. Quoi qu'il en soit, que vous décidiez ou non de faire des alinéas, suivez impérativement la règle que vous vous êtes fixée pour toute la longueur du texte.

LES CÉSURES

Les coupures de mots sont à éviter dans la mesure du possible, elles cassent le rythme de lecture du texte. On coupera donc de préférence une phrase entre deux mots. Les traitements de texte permettent de ne jamais couper les mots, mais il arrive qu'on y soit obligé pour rétablir l'équilibre entre une ligne trop blanche et une trop dense.

Attention, une bonne présentation typographique veut qu'un paragraphe ne se termine pas sur une ligne comprenant moins d'un mot ou cinq signes. Dans le cas de lettres sur plusieurs feuillets, le début d'un paragraphe en fin de page comprendra au moins deux lignes. On ne rejette pas la dernière ligne d'un paragraphe à la page suivante. On veillera, s'il y a des coupures de mots, à ce que pas plus de deux lignes consécutives se terminent par un mot divisé.

On coupe les mots par syllabes, entre deux consonnes: com/mercial; entre une voyelle et une consonne: fourni/tures; entre deux voyelles à condition que la césure corresponde à un préfixe: co/opérateur; après un trait d'union lorsqu'il s'agit d'un mot composé: avant-/première. A l'endroit de la coupure, on place bien sûr un tiret qui ne sera jamais rejeté à la ligne.

On ne divise jamais les noms propres, surtout lorsqu'ils comportent une lettre abréviative: M./ Dubois ou M. Du/bois. On ne coupe pas non plus les chiffres arabes des mots auxquels ils se rapportent ni les chiffres eux-mêmes: 3 500/mètres, ou 2/300 francs. Même principe pour les dates, on ne fera pas: 12/février. On ne divise pas après la première syllabe si celle-ci n'est composée que d'une seule lettre: a/cheteur. On ne coupe pas non plus les sigles: SN/CF. Il faut se souvenir également qu'on ne renvoie jamais un signe de ponctuation à la ligne.

LES CAPITALES

L'usage des capitales répond à des règles précises.

La composition d'un mot intégralement en capitales est à éviter, sauf pour les noms de sociétés, les noms propres dans une adresse... On préférera l'impression en italique, gras ou souligné pour mettre un point en valeur. On met une capitale à la première lettre du premier mot d'une phrase. A la première lettre des noms propres, noms de pays, de marques, de sociétés, de partis politiques. Aux noms de peuples lorsqu'ils ont valeur de substantif: on écrira "Ce produit est particulièrement apprécié par les Américains", mais "L'industrie américaine". On mettra une capitale également aux noms de voies, de monuments ou d'établissements publics: "rue des Ormes", "près de la Bourse". Une majuscule s'impose aussi à la première lettre des mots employés dans un sens absolu, ayant une signification particulière: "l'Etat français", "un versement au Trésor". Les titres des journaux ou des livres prennent une capitale: "les Echos", "Du contrat social", une impression en italique est d'ailleurs ici la bienvenue.

On ne met pas de capitales après les deux points et point-virgule, ni aux jours et mois d'une date: on écrira "le mardi 12 février".

LES NOMBRES

Les nombres sont composés en chiffres arabes, romains ou en toutes lettres.

En chiffres arabes:

– les longueurs, surfaces: 50 mètres, 32 millions de tonnes, 230 kilomètres à l'heure (ou km/h);

– les quantités physiques, électriques: 38 °C, 120 volts;

– les sommes: 6,18 francs pièce;
– les heures: à 15 h 30;
– les pourcentages: 58% des foyers;
– les dates: le 28 septembre 1987;
– les numéros d'immeubles: 21, rue des Fontaines;
– les numéros d'articles de lois: article 212 du code de commerce.

En toutes lettres, on écrira les âges: il a trente ans. Cela dit, dans une publicité il est préférable d'écrire "100 ans d'existence" que "cent ans", moins accrocheur visuellement. Dans le corps de la lettre, l'usage veut que l'on compose le plus souvent les chiffres en toutes lettres. Mais dans le courrier commercial on pourra écrire indifféremment sans choquer: "un délai de trois mois" ou "un délai de 3 mois". Fréquemment d'ailleurs, on juxtaposera, pour les sommes surtout, les deux écritures afin d'éviter toute confusion: "Vous recevrez la somme de deux mille six cent cinquante-trois francs (2 653,00 francs)."

Les chiffres romains sont réservés aux arrondissements, siècles, chapitres de livres: dans le XVIIIe, tome V, chapitre XII, le XXe siècle.

LES CARACTÈRES

La plupart des machines à écrire et des traitements de textes offrent actuellement une grande variété de polices de caractères. Sans entrer dans des détails trop techniques et des nuances de typographe, on distingue les caractères en fonction de leur dessin et de leur force de corps. Le dessin repose essentiellement sur la présence et la forme de l'empattement des lettres: triangulaire, filiforme, rectangulaire, fantaisie. Ne choisissez pas un dessin trop fantaisiste qui conviendrait mal à la sobriété d'une lettre d'affaires. N'optez pas non plus pour des lettres carrées et massives, trop proches du formulaire administratif. Un dessin simple et élégant est parfaitement adapté. Lorsque le dessin a été choisi, il ne faut pas en changer même pas pour attirer le regard sur tel ou tel passage, le résultat obtenu est confus et complique la lecture.

Le corps des lettres correspond à leur hauteur. Il en existe de très nombreux.

Des caractères de corps médium, 10 ou 12, sont les plus adaptés, ils sont lisibles, agréables sans être trop gros.

LES STYLES D'ÉCRITURE

Plusieurs styles sont disponibles pour chaque police de caractères sur les traitements de textes: standard, italique, gras, souligné, ombré, condensé. Pour attirer l'attention sur une idée, un mot, on jouera sur les italiques et les gras, les autres styles étant un peu prétentieux pour une lettre d'affaires. Le gras est particulièrement indiqué, on réservera l'italique aux noms propres et citations. “Nous avons le plaisir de vous informer que nous exposerons au **13e Salon de l'agro-alimentaire**.”

LES CORRECTIONS

Les corrections sont à effectuer dans la mesure du possible avant de sortir le texte. Autrement, un trait de blanc sur un élément à supprimer puis une photocopie conviennent et ne laissent pas de traces. En cas de collage, il vaut mieux employer du scotch transparent que de la colle qui risque de baver et de laisser des auréoles.

LA LETTRE MANUSCRITE

La très grande majorité des lettres d'affaires est tapée à la machine. Il peut arriver cependant que l'on soit amené à écrire une lettre à la main. Par exemple pour un courrier d'ordre administratif moindre, ou bien lorsqu'on joint un petit mot plus personnel à un envoi de documents, ou encore pour les cartes de vœux. Si vous voulez personnellement féliciter l'un de vos clients, lui envoyer un mot pour un départ à la retraite ou une mutation, n'envoyez pas de courrier tapé à la machine, vous casseriez l'effet souhaité.

Les lettres manuscrites s'écrivent au stylo à plume. Veillez à ne faire ni tache ni rature, à écrire droit et le plus lisiblement possible. Rien de plus exaspérant qu'un petit mot que l'on met un quart d'heure à déchiffrer!

LES ABRÉVIATIONS

Les abréviations sont à proscrire impérativement dans le corps de la lettre qu'elle soit d'affaires ou à caractère plus personnel. C'est la moindre des choses que de prendre le temps de s'exprimer en toutes lettres et en bon français. Certains mots très usuels peuvent être abrégés sans que soient atteints le style et la correction de l'écriture mais des abréviations répétées peuvent être perçues comme une négligence et un manque de respect, on les réservera donc aux notes de bas de page, aux indications de références.

Seuls les télégrammes, télex et petites annonces peuvent être rédigés intégralement en abréviations.

Il va sans dire que l'on n'invente pas des abréviations de toutes pièces. Le but de l'écriture, même abrégée, est de communiquer efficacement. A cette fin, il existe un certain nombre d'abréviations conventionnelles à respecter, fixées par la loi (unités de mesure, par exemple) ou par l'usage (noms, titres de civilité, points cardinaux).

• On abrège en conservant la lettre initiale et en remplaçant la fin du mot par un point. Par exemple:
– M. pour Monsieur;
– ou E. pour Est.

• On peut abréger en conservant la première syllabe d'un mot en minuscules, la fin étant remplacée par un point. Par exemple:
– suppl. pour supplément;
– préf. pour préfecture;
– arr. pour arrondissement;
– ch.-l. pour chef-lieu;
– ex. pour exemple;
– etc. pour *et cœtera.*

• On abrège également en ne conservant que la première et la dernière lettre d'un mot. Ces abréviations ne nécessitent pas de point final. Par exemple:
– bd pour boulevard;
– Ets pour établissements;
– Mme ou Mlle pour Madame ou Mademoiselle.

• On peut abréger en conservant la lettre initiale et en composant les dernières lettres du mot en lettres supérieures. Par exemple:
– Cie pour compagnie;
– Dr pour docteur;
– M^{e} pour Maître.

• Les adverbes et adjectifs numéraux s'abrègent ainsi:
– 1er pour premier;
– 2e pour deuxième;
– 1° pour *primo*;
– 2° pour *secundo*...

• Les abréviations des mesures légales sont fixées par la loi du 3 mai 1961. Elles ne sont jamais suivies d'un point. On trouvera, par exemple, pour les plus courantes:
– cm pour centimètre;
– °C pour degré Celsius;
– h pour heure;
– kg pour kilogramme;
– F pour franc.

Pour les francs, il faut préciser FF, francs français, lorsque c'est nécessaire pour éviter toute ambiguïté. Il existe également des abréviations par signes conventionnels. Par exemple:
– % pour "pour cent";
– § pour paragraphe;
– $ pour dollar;
– £ pour livre sterling...

• Les sigles sont des abréviations à tel point passées dans le langage courant qu'on les utilisera de préférence aux mots eux-mêmes. On repérera plus facilement dans un texte le sigle SNCF que l'appellation Société nationale des chemins de fer. Les sigles sont des abréviations composées des initiales de chaque terme du nom. On les écrira soit en capitales sans point entre les lettres: SNCF, CNPF, RPR..., soit, lorsque l'ensemble des initiales peut être prononcé comme un nom propre, en minuscules avec la première lettre en capitale: Assedic, Unicef, Opep.

• Quelques abréviations conventionnelles parmi les plus courantes:

Abréviation	***Signification***
arr.	arrondissement
p.c.c.	pour copie conforme
art.	article
p.o.	pour ordre
B.P.F.	bon pour francs
P.P.	port payé
bd	boulevard
p.p.	par procuration
C.Q.F.D.	ce qu'il fallait démontrer
R.C.	registre du commerce
c-à-d.	c'est-à-dire
réf.	référence
cf.	*confer*
s.e.o.	sauf erreur ou omission
Ets	Etablissements
S.G.D.G.	sans garantie du gouvernement
etc.	*et cœtera*
s.l.n.d.	sans lieu ni date
ex.	exemple
St	Saint
f°	folio
Sté	Société
ibid.	*ibidem*
S.A.	Société anonyme
id.	*idem*
S.A.R.L.	société à responsabilité limitée
N.D.L.R.	note de la rédaction
suppl.	supplément
n°	numéro
V.	voir

Les petites annonces sont souvent composées en abréviations. C'est une question de place et de coût, les petites annonces étant facturées à la ligne. Pour uniformiser ce type d'abréviations et les rendre lisibles, un véritable langage d'annonces s'est élaboré.

Sous l'impulsion de l'agence Publiprint, un lexique a été mis au point en mars 1976. Il est toujours en vigueur. Pour éviter toute imprécision ou confusion qui nuirait à l'image d'une société et ferait perdre tout le bénéfice d'une annonce claire et précise, mieux vaut s'y référer.

La correspondance commerciale et d'affaires tend de plus en plus à s'internationaliser, suivant en cela la mondialisation croissante des échanges.

C'est pourquoi, pour réussir votre courrier à "l'import-export", il est indispensable de maîtriser un certain nombre de formules et de sigles. Et tout d'abord les monnaies. Elles ont toutes un sigle reconnu internationalement:

Sigle	*Signification*
Esc	Escudos portugais
DM	Deutschemark allemand
FB	Franc belge
DDR	Couronne danoise
Pta	Peseta espagnole
FF	Franc français
DR	Drachme grecque
£IR	Livre irlandaise
Lit	Lire italienne
FL	Franc luxembourgeois
Fl	Florin des Pays-Bas
£	Livre sterling, Royaume-Uni
$	Dollar US

En matière d'échanges commerciaux, il est bon de connaître les sigles des plus importants transporteurs internationaux:

sigle	*signification*
AEA	Association des transporteurs Aériens Européens, qui réunit 21 compagnies
IATA	International Air Transport Association
AI	Air India
BA	British Airways
SAS	Scandinavian Airlines System
UA	United Airlines
PANAM	Pan American Airlines
TWA	Trans World Airlines
UAT	Union Aéromaritime de Transport

Au plan économique, certains organismes ou institutions sont plus connus par leur sigle, celui-ci étant souvent lié au logo. Ainsi:

Sigle	*Signification*
AELE	Association Européenne de Libre Echange
AFRESCO	Association Française de Recherches et Statistiques Commerciales
BC	British Council
BENELUX	Union Douanière pour Belgique, Nederland et Luxembourg
BRI	Banque des Règlements Internationaux
FSAI	Fonds Spécial d'Adaptation Industrielle
INAO	Institut National des Appellations d'Origines
OPEP	Organisation des Pays Exportateurs de Pétrole à ne pas confondre avec l'OPAEP
OPAEP	Organisation des Pays Arabes Exportateurs de Pétrole
OIE	Organisation Internationale des Employeurs
ONU	Organisation des Nations Unies
UAMCE	Union Africaine et Malgache de Coopération Economique
UDAO	Union Douanière de l'Afrique de l'Ouest
UE	Union européenne
UEO	Union de l'Europe occidentale
UNESCO	United Nations Educational Scientific and Cultural Organisation

Chaque pays utilise une abréviation symbolisant son nom, ce sont les lettres qui figurent sur l'immatriculation automobile internationale. Cette abréviation est également usitée sur certains listings commerciaux. Attention, en France une certaine habitude à traduire les noms de pays (exemple Hollande pour Pays-Bas ou Néderland) peut vous conduire à de fausses interprétations. Il est donc nécessaire de retenir la liste, non exhaustive, suivante:

Sigle	*Signification*
A	Autriche
BR	Brésil
AUS	Australie
CDN	Canada
CH	Confédération Helvétique pour la Suisse
DK	Danemark
DZ	Algérie
GB	Royaume-Uni de Grande-Bretagne et d'Irlande du Nord
E	Espagne
I	Italie
IL	Israël
IRL	Irlande
IS	Islande
J	Japon
L	Luxembourg
NL	Pays-Bas
PL	Pologne
RC	République Nationale de Chine
ROK	République de Corée
UK	United-Kingdom pour le Royaume-Uni
USA	Etats-Unis
V	Saint-Siège
YV	Venezuela
ZA	Afrique du Sud

Enfin, en matière d'échanges internationaux, un certain nombre de sigles sont employés dans les échanges épistolaires, quelle que soit la langue maternelle de votre correspondant:

Sigle	*Signification*
B/R	veut dire Bills Receivable (Effets à recevoir)
C&F	signifie Cost and Freight (coût et fret);
CAF ou CIF	signifient coût assurance fret (on parle de prix CAF ou CIF);
CWO	veut dire "paiement à la commande"
DIN	en allemand, est l'abréviation pour Deutsche Industrie Norm (norme industrielle allemande)
FAA	signifie Free of All Average (franc d'avarie)
FOB	est la contraction de Franco on Board (chargé sans frais à bord d'un navire)
FRN	veut dire Floating Rate Nots (obligations internationales à taux variables);
NOW	est l'abréviation de Négociated Order of Withdrawal (chèque émis sur un compte à terme)
O/O	signifie Order of (à l'ordre de), c'est une abréviation très communément utilisée, y compris dans la correspondance française
P/C	est l'abréviation de Price Current (prix courant)
S&FA	veut dire Shipping and Forwarding Agent (un transitaire)
STD	est l'abréviation de Standard et W/W celle de Warehouse-Warrant
XP	signifie Express Paid
X-STRE	veut dire littéralement Ex Store, c'est-à-dire "disponible"

La ponctuation

Savoir rédiger, c'est également savoir ponctuer. La ponctuation est un élément déterminant de la langue française qu'on ne saurait négliger. Elle est la respiration du texte; visuellement elle l'aère, marque les pauses nécessaires à sa lisibilité. Elle structure la phrase et lui donne son sens. Un texte sans ponctuation ou à la ponctuation fantaisiste peut se révéler complètement incompréhensible et provoquer nombre d'obscurités, voire de contresens.

C'est grâce à la ponctuation que l'on nuance une phrase, elle permet de faire correctement passer une idée et de la mettre en valeur par un enchaînement logique entre les différentes propositions.

Le **point** marque toujours la fin d'une phrase. Les titres isolés, les noms de projets ou de sociétés ne prennent pas de point final.

La **virgule** sert à séparer les différents éléments d'une phrase non liés par et, ou, ni... Dans le cas d'une énumération on écrira: 200 robinets de modèle V231, 300 de modèle V232, 150 de modèle V253. Il est inutile de répéter trois fois "robinets" en les séparant à chaque fois par la conjonction de coordination "et", cela alourdit la phrase. A l'intérieur d'une phrase, lorsqu'on insère des informations entre le sujet et le verbe, on les encadre par des virgules. Par exemple: "Notre commande du 13 janvier, référencée sous le numéro 6578, s'élevait à...". La virgule séparera deux propositions dans une même phrase: "Compte tenu des excellentes relations que nous entretenons depuis plusieurs années, nous consentons bien volontiers à vous accorder un délai..."

Le **point-virgule** sépare deux phrases qui pourraient être indépendantes de par leur structure mais qui ont un lien de sens. On l'utilisera avec parcimonie, lui préférant dans la mesure du possible le point dans un souci de clarté et pour éviter les phrases trop longues.

Le **deux-points** précède une énumération, une explication, une citation. Par exemple: "Nous vous prions de joindre les pièces suivantes: ..."

Les **guillemets** encadrent une citation ou un mot qui n'appartient pas à la langue régulière. On peut les remplacer par la composition en italique pour les termes empruntés à des langues étrangères.

Les **parenthèses** isolent une information à l'intérieur d'une phrase, le groupe de mots ainsi encadré n'a pas de rapport syntaxique avec la proposition principale. Il est préférable d'en éviter l'usage ou du moins de ne pas abuser du procédé. Les parenthèses coupent la phrase et l'obscurcissent. Dans le cas où on ne peut éviter les parenthèses, elles peuvent être avantageusement remplacées par des tirets qui marquent une séparation moins brutale.

Les **points de suspension** suivent une énumération que l'on ne veut pas prolonger ou signifient un sous-entendu, une remarque connue des deux interlocuteurs. Dans une lettre commerciale il n'y a pas de place pour les allusions et les non-dits, les points de suspension sont donc exceptionnellement usités. Attention, lorsqu'on écrit "etc.", on n'ajoute pas de points de suspension.

Pour la rédaction de lettres non manuscrites, un certain nombre de règles de composition sont à respecter. On consultera avec bénéfice le *Code typographique,* édité par la Fédération de la communication, ouvrage qui a l'avantage d'être exhaustif. Il est toutefois peu maniable, difficilement consultable et, pour la plupart des sociétés, il suffira d'en posséder un abrégé.

En voici brièvement les quelques points incontournables:

– les signes de ponctuation ne sont jamais rejetés à la ligne;

– le point final est collé au signe qui le précède et suivi d'une espace avant la majuscule de la phrase suivante;

– le point abréviatif est collé au signe qui le précède et suivi d'une espace. En fin de phrase, il tient lieu de point final;

– la virgule est collée au signe qui la précède et suivie d'une espace;

– le tiret en début d'alinéa est suivi d'une espace. A l'intérieur d'une phrase, il est placé entre deux espaces;

– les parenthèses ouvrantes sont précédées d'une espace et collées au texte qui suit, les fermantes sont collées au texte qui les précède et suivies d'une espace;

– le trait d'union et l'apostrophe sont collés aux signes qui les précèdent et les suivent;

– l'appel de note est collé au groupe de mots auquel il se rapporte, avant le signe de ponctuation.

Le suivi d'une lettre commerciale

Le bon fonctionnement d'une entreprise implique la conservation et le classement de la correspondance. Non seulement cela est indispensable au suivi des affaires mais la loi l'exige. On gardera donc toujours la trace d'une lettre. On en fait un double ou plusieurs si la pièce est à ranger dans différents dossiers.

A toute lettre envoyée, on attribue une référence qui permettra de la retrouver au besoin. Toute lettre reçue pourra recevoir également un numéro comprenant la date de réception et un numéro d'enregistrement composé de chiffres et (ou) de lettres.

LES DIFFÉRENTS TYPES DE CLASSEMENT

Le classement alphabétique

Nombre de lettres et documents sont relatifs à des personnes ou des entreprises, ce type de classement se révèle donc efficace et logique. L'Afnor a établi des normes pour le classement alphabétique (norme Z

44-001). Le courrier se classe à partir de la première lettre du nom "directeur" du premier nom propre ou du sigle. Les établissements Trans-Europ seront classés à T, l'atelier de photogravure Michel et Valet sera classé à M.

Le classement numérique

Chaque lettre reçoit un numéro d'ordre grâce auquel elle est classée. Les documents sont alors immédiatement localisables, mais encore faut-il disposer, par ailleurs, d'un registre alphabétique pour retrouver un papier, le numéro en soi étant peu évocateur.

Le classement analytique

Le classement par matières, thèmes et sous-thèmes peut être très pratique mais il exige une organisation rigoureuse et une définition précise des thèmes de classement. Avec ce type de classement une lettre peut se trouver reproduite dans plusieurs dossiers.

Le classement chronologique

Lorsqu'on reçoit beaucoup de courrier, se retrouver dans un classement chronologique n'est pas toujours aisé mais, combiné avec le classement alphabétique, par exemple, celui-ci est efficace.

Le classement géographique

Combiné au classement alphabétique, il rend de grands services pour les envois de tracts publicitaires, les abonnements, les services de transport...

LETTRES DE RELANCE

Il est fréquent que l'on ait à écrire à intervalles réguliers plusieurs lettres de même objet pour obtenir une réponse.

On pourra relancer un client avec qui on n'a pas travaillé depuis un certain temps et avec qui on souhaiterait reprendre les affaires, à qui on propose un nouveau produit ou service. On rappellera, dans la lettre, sur le ton de la sympathie et de la confiance, les relations qui ont uni les deux entreprises et on exposera sa proposition en offrant éventuellement des avantages réservés aux anciens clients.

Avec un client potentiel, il arrive souvent qu'une première lettre de proposition de vente reste sans réponse. Soit que le produit n'intéresse pas la société contactée, soit qu'elle hésite ou que la lettre soit passée inaperçue. Il ne faut pas dans ces cas-là hésiter à envoyer plusieurs lettres à la suite en variant la présentation et les termes du texte, en mettant l'accent sur tel ou tel point ou avantage pour se montrer plus convaincant.

Une autre catégorie de lettres de relance concerne le règlement des factures impayées, les retards de livraison, les demandes de documentation non satisfaites... Ne soyez pas agressif dès la première lettre de relance, surtout si vous avez toujours entretenu avec votre correspondant de bons rapports. Il s'agit peut-être d'un oubli, d'un problème d'acheminement du courrier... Marquez votre étonnement, rappelez les termes du contrat, sans plus. Prenez soin d'écrire à la personne concernée et responsable et, pour toute relance, contactez toujours la même personne! Nous verrons plus loin des exemples concrets de ces lettres de relance.

La relance peut également s'effectuer par téléphone. Le téléphone permet un contact plus direct et chaleureux, de personne à personne. L'un de ses avantages est le *feed-back* direct, il permet aussi de moduler la demande, de donner les précisions souhaitées, d'avancer en fonction des réactions de l'interlocuteur les arguments qui peuvent convaincre. L'exercice exige des talents d'orateur certains et plus de temps que le simple envoi d'une lettre. S'il est pour le correspondant plus facile de ne pas répondre à un courrier que de vous raccrocher au nez, évitez malgré tout de pratiquer un harcèlement rédhibitoire. Gardez toujours une trace d'un entretien téléphonique, constituez une note sur sa teneur afin de ne pas commettre d'impair par la suite. Rappeler une personne qui vous a déjà opposé un refus net et catégorique est des plus malhabiles et c'est peut-être encore pire dans le cas d'un accord verbal. Comment faire confiance à une société dont on a accepté d'étudier les propositions et d'y donner suite, qui vous rappelle pour vous demander si vous avez bien reçu son premier courrier et s'apprête à vous exposer une nouvelle fois ses arguments de vente? Il y a des fautes qui ne pardonnent pas!

Les outils de communication

Il existe actuellement de nombreux outils et techniques modernes à la disposition des entreprises pour mieux communiquer et optimiser leurs relations avec leurs clients et fournisseurs... Nous en examinerons brièvement la nature et les fonctions d'un point de vue essentiellement pratique, sans aborder les techniques de communication au sens large qui se développent autour de ces outils. Stratégie, psychologie, techniques de vente, de publicité sortent du cadre de cet ouvrage et font l'objet de bien d'autres. Nous débroussaillerons donc seulement le terrain de la bureautique et de la télématique dans leurs applications à la vie quotidienne d'une entreprise, et particulièrement pour son service courrier.

La bureautique est “l’ensemble des techniques et moyens tendant à automatiser les activités de bureau et principalement le traitement de la communication, de la parole, de l’écrit et de l’image.” (*Journal officiel* du 17 janvier 1982).

Les développements de la bureautique par le biais des micro-ordinateurs et traitements de texte ont bouleversé le service du courrier en l’améliorant sensiblement. On réalise plus de tâches, plus vite, mieux et à un moindre coût.

LES MICRO-ORDINATEURS

Sont présents sur le marché deux grands constructeurs: Apple (Macintosh) et IBM (PC), auxquels s’ajoutent sous-marques, clones et copies. Leurs performances sont équivalentes et ils se présentent de façon identique: écran, clavier, unité centrale, disque dur, disquettes... Leurs systèmes d’exploitation, en revanche, sont différents: DOS pour IBM et compatibles, Système 7 pour Macintosh.

Le Macintosh a la réputation d’être plus convivial, les formules des commandes des fonctions étant avantageusement remplacées par des icônes ou symboles visibles sur l’écran et des menus déroulants sur lesquels on clique. IBM s’est doté d’une interface à peu près équivalente, optionnelle, appelée DOS sous Windows.

En fonction des travaux que vous aurez à effectuer, de vos besoins et de vos moyens, il vous faudra vous renseigner très précisément sur les nuances, subtilités et fonctions qu’offrent les deux types d’instrument. D’autant plus que l’investissement, s’il est rapidement amorti, reste important et que les systèmes IBM et Macintosh ne sont pas toujours compatibles, il faudra équiper l’entreprise intégralement avec l’une ou l’autre marque.

Le système d’exploitation peut être monotâche, multifenêtre (avec possibilité de passer d’une application à l’autre, plusieurs pouvant être lancées en même temps mais une seule activée) ou multitâche (avec possibilité d’exécution de plusieurs tâches simultanément).

En fonction des besoins de l’entreprise, toujours, on choisira d’équiper les ordinateurs avec tel ou tel logiciel. Il existe des logiciels à une seule application, qui ne savent faire qu’une seule chose (traitement de texte, tableur, ou base de données). Ce sont généralement d’excellents spécialistes, très performants. Les logiciels intégrés cumulent plusieurs disciplines et environnements de travail, ils sont de bons généralistes mais moins pointus que les mono-applications.

Dans le cadre d’une entreprise, les différents postes de travail sont souvent connectés à un site informatique central dont ils partagent mémoire, logiciels... Cette constitution en réseau permet d’échanger des informations, de transmettre des documents d’un bureau à l’autre, de disposer d’archives communes avec droit d’accès ou non à certaines informations.

La correspondance et l'ordinateur

La frappe du texte s'effectue de la même façon que sur une machine à écrire classique, le clavier est identique (avec quelques touches de fonctions supplémentaires malgré tout). Le texte saisi s'affiche au fur et à mesure sur l'écran. Il est indispensable de le sauvegarder régulièrement afin qu'il ne s'efface pas. Le texte une fois achevé, on peut par une touche ou une série de clics sur des icônes l'enrichir, le dupliquer, l'imprimer, le classer dans des dossiers ou fichiers par nom, thème, n° de téléphone..., et le conserver en mémoire sur disque dur ou sur disquette afin de pouvoir le réutiliser ultérieurement. Il est possible à tout moment de modifier la justification et les caractères d'un texte, de le centrer, de déplacer des mots ou des paragraphes entiers, de l'augmenter ou le réduire, d'importer des paragraphes d'autres textes, des tableaux, un logo.

Toutes les corrections s'effectuent alors avec une grande facilité et un sérieux gain de temps. Le traitement de texte se révèle un outil très précieux pour le travail sur lettres types. On garde, par exemple, en mémoire le modèle d'un devis et, pour chaque client, on a juste à remplir les blancs avec les noms, références, tarifs particuliers et date.

On peut également avoir en mémoire des feuilles blanches avec en-tête et pied de page fixes sur lesquelles il ne reste qu'à taper le texte. L'ordinateur contrôle de lui-même la césure des mots, la numérotation des pages. Les logiciels de traitement de texte sont pour la plupart dotés de dictionnaires et vérificateurs d'orthographe qui facilitent grandement la tâche des secrétaires.

Il existe des logiciels de traduction assistée sur ordinateur qui, s'ils ne peuvent véritablement remplacer le travail d'un traducteur, fournissent une aide rapide et ponctuelle.

Les tableurs servent à la création de tableaux avec des capacités remarquables de calcul automatique, opération arithmétique sur colonnes de nombres, calcul des pourcentages, réalisation de devis et facture complets avec taux de TVA... Les tableaux se frappent ligne par ligne ou colonne par colonne.

Plusieurs innovations sont vraisemblablement amenées à se développer dans les années à venir. Le principe de la dictée automatique ou de l'écriture sur écran par exemple, sans compter évidemment les variantes des logiciels actuels qui sont toujours susceptibles d'être améliorés.

La dictée automatique utilise un procédé déjà ancien de commande vocale. L'ordinateur reconnaît phonétiquement les syllabes et les traduit en mots, phrases qu'il trace sur l'écran. Le système français Parsyfal, encore perfectible, connaît environ cinquante mille mots qu'il transcrit avec une marge d'erreur de 10 seulement.

L'écriture directe sur écran consiste à écrire avec un stylo spécial directement sur l'écran de l'ordinateur qui affiche automatiquement les signes correspondants.

Le gain de temps apporté par le micro-ordinateur par rapport à la machine à écrire électrique peut être évalué à 30% pour les entrées de texte, 80% pour les corrections et modifications, 40% pour la réalisation de tableaux chiffrés et 85% pour les lettres répétitives.

Les imprimantes

Il n'est pas nécessaire, loin de là, de disposer d'une imprimante par micro-ordinateur. Plusieurs postes peuvent être sans problème connectés sur la même imprimante. Lors du choix d'une imprimante, il convient de considérer la question des pilotes d'imprimante incorporés dans les logiciels utilisés et de s'assurer de la compatibilité des uns avec les autres.

Il existe trois types d'imprimantes. Les **imprimantes matricielles** ont une qualité de reproduction moyenne; elles sont à déconseiller en cas de travaux très soignés et précis comportant, par exemple, des dessins.

L'avantage est leur faible coût; de plus, elles peuvent parfaitement convenir pour l'impression en série de formulaires, circulaires, modèles de factures... Les **imprimantes à jet** ou bulle d'encre réalisent un travail de qualité très bien adapté à la bureautique courante. D'un prix encore très abordable, elles sont malheureusement assez lentes et un peu bruyantes. Les **imprimantes laser** rapides, silencieuses, font un travail de précision et d'une qualité irréprochable. Elles sont évidemment bien plus chères et ne sont pas toujours indispensables surtout pour les petites structures et les entreprises qui n'ont à imprimer que des lettres et documents courants sans tableaux ni dessins élaborés.

LES PHOTOCOPIEUSES

Si pour certaines attributions le couple ordinateur-imprimante a pris le relais, la photocopieuse reste un outil très utilisé (copie d'articles de presse, de lettres à distribuer dans différents services, collage de documents). On fabrique actuellement d'excellentes photocopieuses qui réalisent des copies impeccables, sont peu encombrantes et d'un prix très abordable. Il est toujours préférable de faire circuler des copies de lettres et documents et de conserver en sûreté les originaux qui, seuls, ont une valeur officielle.

LA TÉLÉMATIQUE

Le terme télématique a été créé en 1977 par Simon Nora et Alain Minc dans leur rapport sur l'informatisation de la société. Il désigne des techniques alliant informatique et télécommunications. La télématique est très présente dans l'entreprise et ses applications sont multiples.

Le télex

1 800 000 abonnés dans le monde échangent des messages par télex. Le télex est un appareil de transmission très sûr. La rédaction du message se fait au moyen d'un clavier qui imprime une bande de papier, le message est reçu par le récepteur sur papier également. Pour économiser du temps on peut écrire en style télégraphique, mais c'est de moins en moins nécessaire grâce au récent système de codage des messages par bandes perforées.

Le télex arrive instantanément au destinataire de façon sûre, de plus il peut avoir valeur de preuve juridique.

D'autres procédés de transmission plus performants ou plus rapides tendent cependant à prendre le pas sur le télex.

La télécopie

La télécopie est un système de transmission de copie d'un document d'un poste émetteur à un poste récepteur à travers le réseau téléphonique. C'est une sorte de procédé de photocopie à distance, on l'appelle aussi fax (fac-similé). Il est difficile aujourd'hui pour une entreprise de faire l'économie d'un télécopieur, de plus en plus indispensable. Il existe des télécopieurs professionnels qui ont une excellente résolution et une vitesse de transmission de quelques secondes seulement, mais ils restent chers et ne sont pas indispensables.

De nombreux autres télécopieurs plus simples suffisent et sont abordables (10 000F). Sont également disponibles sur le marché des cartes électroniques fax incorporables aux ordinateurs permettant d'envoyer, recevoir, conserver un fax à partir du micro-ordinateur. La solution est avantageuse et c'est aussi la moins chère. Précisons qu'il faut toujours téléphoner au correspondant pour annoncer l'envoi d'un fax et que le fax n'a pas de valeur juridique.

La téléconférence

Un système de réseau France Télécom permet à ses abonnés de tenir des conférences à distance entre deux à quatre groupes de une à six personnes. Le coût étant indépendant de la distance, on peut tenir des réunions internationales à peu de frais. La société prend en charge le coût total de la réunion (réservation et communication) ou bien juste la réservation, chaque participant payant sa propre communication. Le son est excellent et l'expérience démontre que la téléconférence induit des réunions plus denses et des décisions plus rapides que les débats en face-à-face. Les Télécom offrent également la possibilité, à partir de la location ou de l'achat de studios spéciaux, de tenir des vidéoconférences où les participants se voient par l'intermédiaire d'écrans.

Le vidéotex

Le vidéotex est un moyen peu coûteux et très simple qui permet d'interroger et de consulter des banques de données, de dialoguer avec un service interactif. Il existe deux grands systèmes vidéotex: Antiope et Télétel.

Antiope diffuse par ondes hertziennes, à partir d'un émetteur vers les antennes de télévision des usagers, différents types d'informations sur des pages-écrans. L'usager, muni d'un décodeur, demande le numéro de la page qu'il désire. Le système reste d'utilisation marginale contrairement au Télétel.

Télétel est un vidéotex interactif. On le connaît sous l'appellation Minitel, le Minitel étant en réalité le terminal informatique du système. Le Minitel est connecté *via* le réseau téléphonique commuté à des points d'accès vidéotex intermédiaires (Pavi) permettant l'utilisation du réseau Transpac. Le réseau Transpac a été mis en service en 1978, il assure la transmission de données et répond à une grande partie des besoins téléinformatiques (saisie des données, connexion de terminaux Minitel, connexion de micro-ordinateurs). Les informations sont codées, tronçonnées et chaque paquet accompagné d'indications permettant de l'identifier et de trouver son destinataire.

D'une utilisation extrêmement simple et d'un faible coût, le Minitel offre une gamme étendue de services. Autant d'avantages qui ont fait de lui le compagnon de bien des bureaux. On compte actuellement 5 800 000 Minitel en France pour plus de 16 000 services. Le Minitel peut être facilement raccordé à un micro-ordinateur ou à une imprimante, ce qui élargit encore le champ de ses performances. A l'aide de périphériques connectables sur la prise Din du Minitel, il est possible de reproduire sur papier des écrans-textes et graphiques, de stocker des écrans sur cassettes, disquettes, de transférer des écrans dans la mémoire d'un ordinateur... Le Minitel est compatible avec de nombreux autres produits Télécom tels que le télex, le téléphone, la télécopie.

L'annuaire électronique est conçu comme un annuaire papier classique mais donne également des informations administratives sous forme d'un guide des droits et démarches. La possibilité est offerte aux entreprises d'y figurer plusieurs fois sous différentes appellations: nom, marque, type d'activités... A son nom, l'entreprise peut adjoindre un module publicitaire de deux ou trois lignes. De plus, une flèche permet d'avoir accès à partir du nom de la société à de véritables dossiers la concernant pouvant inclure, par exemple, un exposé détaillé des produits et services, les tarifs, les délais de livraison, les devis, un plan d'accès.

Le Minitel est un excellent outil de promotion et de marketing direct. La création d'un serveur télématique accessible 24 heures sur 24 permet donc à la société de garder un contact permanent avec ses clients qui peuvent se renseigner sur elle et passer des commandes. Dans le domaine de la vente à distance, certaines entreprises réalisent au moins 30% de leur chiffre d'affaires à partir de commandes passées par Minitel.

Grâce aux messageries s'établit entre les entreprises un dialogue qui n'exige pas la présence simultanée des deux intervenants. Des boîtes aux lettres électroniques accessibles par mot de passe sont à disposition pour envoyer et consulter le courrier que l'on peut ensuite classer, transmettre à un tiers ou détruire.

Le système de reroutage facilite encore la manipulation du Minitel en créant des passerelles directes entre les différents services télématiques. Par exemple, après avoir passé une commande, on s'orientera vers un service de télépaiement (banque) qui se chargera d'effectuer les opérations nécessaires sur les comptes concernés.

Les lecteurs de cartes à mémoire permettent de mettre en œuvre de multiples fonctions. Ce sont des périphériques connectables au Minitel qui apportent à l'utilisateur d'importants atouts en termes de sécurité, confort d'utilisation et autonomie. La carte à mémoire permet la connexion automatique à un service Télétel, le contrôle d'accès par authentification et vérification du code-porteur, la confidentialité des échanges par chiffrement/déchiffrement des données transmises, le calcul de signature électronique qui assure de l'intégralité du message reçu et la certification des écritures et lectures effectuées dans la carte. Beaucoup d'entreprises, particulièrement dans les domaines de la banque, des assurances, des transports, ont développé des services où le recours à la carte est obligatoire.

Le kiosque professionnel accessible par les 3616 et 3617 a été ouvert en 1987. Il est réservé aux applications professionnelles.

Quelques exemples de services:

3616 JOEL	journaux officiels. Information législative et réglementation.
3616 CD	informations boursières et financières en temps réel. Bourses étrangères.
3616 BASES	répertoire des banques de données Télétel pour l'entreprise.
3616 INSEE	chiffres clés, études et indices de l'Insee.
3617 EURIDILE	identification des entreprises immatriculées au registre du commerce et diffusion d'informations les concernant.
3617 SIRENE	répertoire national des entreprises et de leurs établissements.
3616 CCINFO	informations des chambres du commerce et de l'industrie de France.

3617 AJP	aide juridique pratique, solutions aux problèmes juridiques, indications des démarches à effectuer et présentation de modèles de lettres types.
3614 TACCI	renseignements et calculs des taxes d'apprentissage.
3616 FISCATEL	questions-réponses sur la fiscalité.
3617 DALLOZ	le Code du travail mis à jour.
3617 LIAISONS	informations sociales, droit du travail et recrutement des entreprises.
3616 TINFO	publications et renseignements sur les conventions collectives.
3616 INFOURSSAF	législation sur le recouvrement des cotisations de Sécurité sociale et d'Allocations familiales.
3614 PNS	informations de l'Urssaf pour les travailleurs indépendants.
3616 INPI	guide et réglementation de l'Institut national de la propriété industrielle.
3616 ANCE	Agence nationale pour la création et le développement des nouvelles entreprises. Guide de l'entrepreneur (formes juridiques, démarches administratives), des aides à la création (incitations fiscales, financières, sociales).
3616 PVOPLUS	présentation, location de fichiers. Téléadresses, Insee, Euro Data Bank (fichiers européens).
3616 SECRET	assistance aux secrétaires.
3616 MITRAD	traduction sur vocabulaire spécialisé.
3614 LA POSTE	le courrier, les tarifs...
3615 INFO	toute l'actualité en flashes 24 h sur 24. Dossiers par thèmes, par pays...
3614 MINITELEX	envoi et réception de télex par Minitel.
3616 SCRIP	annuaire télécopie, télex, télétex.
3656	envoi de télégrammes par Minitel.
3612 MINICOM	courrier par Minitel, boîtes aux lettres électroniques.
3616 MGS	annuaire des services Minitel.
11	annuaire électronique, 28 millions d'abonnés. Informations sur France Télécom.

Il existe, en plus du réseau Transpac utilisé par le Minitel, d'autres réseaux France Télécom. Numéris ou réseau numérique à intégration de services (RNIS) a été ouvert en 1988. Ce système met en relations ses abonnés (environ trois millions d'entreprises sont concernées) et permet le transfert de fichiers, l'accès à des réseaux locaux, l'échange de textes, de plans, d'images fixes, la consultation de serveurs photographiques ou multimédias. Son débit est très élevé: Numéris peut transmettre une image en trois secondes.

Transfix est complémentaire des services Numéris et Transpac. Les liaisons numériques Transfix relient 24 heures sur 24 et 7 jours sur 7 des terminaux et systèmes informatiques.

La correspondance

S'informer

Le courrier des entreprises ne se limite pas à la seule exécution des affaires. Une large part de la correspondance se situe en amont. Préambule indispensable à toute collaboration, les demandes de renseignements donnent lieu à un échange de lettres important.

Ces lettres demandent une attention particulière, surtout s'il s'agit d'une première prise de contact. Elles doivent également être précises afin d'obtenir des informations permettant d'apprécier valablement les produits et services offerts par les sociétés contactées. Fréquemment, on enverra le même type de lettres à différentes firmes pour obtenir un large éventail de propositions et faire son choix dans les meilleures conditions.

Une entreprise nouvellement créée ou qui élargit le champ de ses activités doit savoir à quelles sociétés elle peut s'adresser pour traiter tel ou tel type d'affaires.

Elle peut consulter l'annuaire professionnel dans un premier temps et envoyer un courrier à la chambre de commerce ou des métiers pour obtenir la liste des firmes susceptibles de devenir ses clients ou fournisseurs.

A la chambre de commerce

Messieurs,

Notre société est spécialisée dans le commerce de gros de sacs à main et articles de maroquinerie. Nous sommes bien implantés sur la région bordelaise et nos affaires sont en hausse constante.

Afin de répondre à la demande de nos clients nous souhaiterions élargir la gamme des produits que nous offrons et proposer des valises et sacs de voyage en cuir pleine peau.

Nous vous serions obligés de bien vouloir nous communiquer une liste de fabricants auprès desquels nous pourrions nous fournir, sachant que nous ne commercialisons que des articles de luxe et que nos commandes s'élèveraient à une centaine de ces articles par mois.

Nous vous remercions par avance...

Pour les renseignements sur les sociétés étrangères, on peut s'adresser au service économique de l'ambassade de France sur le territoire concerné.

Monsieur,

Notre société est spécialisée dans la fabrication d'aliments surgelés et nous sommes désireux d'élargir la gamme de nos produits, notamment dans le secteur des poissons et crustacés.

Nous vous serions reconnaissants de bien vouloir nous faire parvenir une liste d'entreprises avec lesquelles nous pourrions traiter sur des volumes importants pour l'importation de soles, crabes et crevettes.

Avec nos remerciements anticipés...

Une entreprise à la recherche de fournisseurs éventuels va contacter par lettres un certain nombre de sociétés afin de pouvoir effectuer son choix en toute connaissance de cause et au mieux de ses intérêts. En fonction du volume de la commande envisagée, des besoins et exigences de l'entreprise et de la nature des produits ou services concernés, elle pourra proposer sa collaboration, demander le catalogue des produits, les tarifs ou des échantillons.

Demande de documentation

Messieurs,

Nous sommes une entreprise de fabrication de carrelages basée en Ile-de-France et nous souhaitons équiper les nouveaux bureaux de notre siège social de machines distributrices de boissons.

Nous vous serions reconnaissants de bien vouloir nous faire parvenir une documentation sur les appareils que vous proposez ainsi que sur leurs tarifs et conditions de vente.

Dans l'attente de vous lire...

Demande d'échantillons

Monsieur,

Mon magasin commercialise des produits alimentaires naturels fabriqués selon toutes les règles de la tradition.

Toujours à la recherche d'articles de qualité, je souhaiterais mieux connaître votre production d'huile de noix pour assaisonnement.

En conséquence, je vous serais reconnaissant de consentir à me faire parvenir des échantillons de vos produits.

Avec tous mes remerciements...

Lorsque, la commande éventuelle est importante, il est préférable de le signaler. La possibilité de vendre trente bureaux et non trois est stimulante pour le fournisseur; il apportera plus de soin à répondre à votre demande et vous fera peut-être une proposition intéressante.

Messieurs,

Nous envisageons de renouveler les meubles de nos bureaux de Clichy avant la fin de cette année.

Nos besoins porteraient sur une trentaine de meubles de rangement et de sièges, et une vingtaine de bureaux.

Nous souhaiterions prendre connaissance des articles que vous fabriquez et vous serions reconnaissants de bien vouloir nous adresser votre catalogue.

Dans l'attente de votre réponse...

Si l'entreprise cliente connaît déjà le fournisseur sans avoir jamais traité avec lui, elle le signale.

Elle peut avancer la réputation irréprochable du fournisseur, se recommander d'une société amie. Elle aura intérêt également à préciser si elle a appris l'existence du fournisseur par une annonce, lors de la visite d'un salon, etc.

Ces éléments permettent d'établir un premier contact plus chaleureux et de s'assurer de la part du fournisseur une réponse prompte et engageante.

La marque évidente d'intérêt manifestée par une telle lettre, ainsi que le rapport de confiance qu'elle instaure immédiatement laisse supposer au fournisseur un réel désir de traiter avec lui, aussi répondra-t-il rapidement, avec précision et en proposant peut-être des avantages particuliers dans l'espoir d'une commande ferme et importante et d'une collaboration durable.

A une société de transports, sur recommandation

Monsieur,

Notre société est spécialisée dans la fabrication de boîtes métalliques à usage alimentaire. Le volume des marchandises que nous sommes amenés à livrer sur la région s'est considérablement accru ces derniers mois. La société de transports Lubac à laquelle nous faisions appel n'est plus en mesure d'en assurer l'acheminement et nous a recommandé votre maison.

Nous vous serions reconnaissants de bien vouloir nous communiquer vos tarifs et les délais de livraison que vous proposez.

Dans l'attente de vous lire...

A une société présente à un Salon

Messieurs,

Lors du dernier Salon du jouet qui s'est tenu au Parc des expositions, porte de Versailles, du 10 au 15 mars dernier, votre maison a particulièrement retenu notre attention par la qualité et l'originalité de ses peluches.

Les hôtesses qui tenaient votre stand nous ont réservé le meilleur accueil et remis une documentation sur votre société et sa production.

Nous souhaiterions, dans l'éventualité d'une collaboration durable et fructueuse pour nos deux maisons, recevoir de plus amples informations sur vos peluches, les tarifs que vous appliquez et vos conditions générales de vente.

Nous attendons votre réponse...

A une firme étrangère réputée

Messieurs,

La réputation de vos produits n'est plus à faire et nous avons pu goûter en France à la qualité de vos confiseries.

Notre société, en pleine expansion, est solidement implantée sur le marché national avec 95 boutiques.

Nous ne commercialisons que des produits haut de gamme et nos magasins proposent des confiseries très diversifiées de fabrication locale, présentées dans des stands attractifs par pays d'origine.

Nous sommes désireux de vous compter parmi nos fournisseurs privilégiés, vos confiseries à base de miel et d'amandes nous intéressent tout particulièrement.

Nous vous serions reconnaissants de nous faire savoir si notre proposition de collaboration vous intéresse, et dans l'affirmative de nous communiquer vos tarifs C.A.F.[1] pour Lyon.

Dans l'attente de votre réponse...

[1] C.A.F.: coût assurance et fret.

A une société réputée

Monsieur,

Les produits de votre maison jouissent d'une haute réputation et sont appréciés tant des professionnels que du grand public.

Nous souhaiterions vivement qu'ils soient présents sur nos linéaires.

Nous sommes particulièrement intéressés par vos fils de coton pour tapisserie et vous serions obligés de bien vouloir nous communiquer vos tarifs et nous adresser des échantillons que nous nous engageons à vous retourner.

Nous vous remercions par avance...

A une firme étrangère sur recommandation

Monsieur,

Votre maison nous a été vivement recommandée par les Etablissements Sannos pour son sérieux et sa compétence, et nous avons eu l'occasion d'apprécier par nous-mêmes la saveur et la qualité de vos produits.

Bien implantés sur le marché de gros de l'épicerie fine, nous vous serions reconnaissants d'accepter de nous faire une offre portant sur vos anguilles fumées.

Notre commande concernant ce produit porterait sur 150 kg conditionnés en paquets de 250 g.

Dans l'espoir de traiter avec vous pour notre satisfaction mutuelle...

> Pour certaines marchandises onéreuses ou complexes d'utilisation du fait des technologies qui entrent dans leur fabrication, une société peut solliciter du fournisseur le passage d'un représentant ou bien l'essai du matériel pour une période déterminée en vue d'apprécier les qualités du produit et d'effectuer un choix.

Demande de passage d'un représentant

Monsieur,

Notre société commercialise du gros et petit outillage de jardinage. Nous sommes présents tout particulièrement dans la région nîmoise avec quatre grandes surfaces.

Je sais la très haute estime dans laquelle M. Carles, directeur des Etablissements Carles, l'un de vos clients de longue date, vous tient pour la qualité de votre matériel et le sérieux de votre maison.

Je souhaiterais faire mieux connaissance avec votre entreprise, aussi je serais heureux de recevoir l'un de vos représentants.

Je vous serais reconnaissant de bien vouloir me contacter afin que nous convenions d'une date que j'espère très proche.

Dans l'attente de votre réponse...

Demande de rendez-vous

Monsieur,

J'ai bien reçu le catalogue de votre dernière collection de linge de maison et vous en remercie. Je l'ai consulté avec la plus grande attention et suis particulièrement intéressé par vos nappes en coton imprimé.

Je souhaiterais m'entretenir avec vous d'un probable achat portant sur six modèles différents pour mes cinq magasins. Je vous remercie de me faire savoir le jour et l'heure qui vous conviendraient pour un rendez-vous.

Dans l'attente de vous rencontrer...

Demande de matériel à l'essai

Monsieur,

Nous accusons réception de votre courrier du 6 courant auquel vous avez bien voulu joindre le catalogue de vos derniers produits et nous vous remercions de cet envoi. Notre laboratoire envisage de remplacer certains de ses microscopes par des modèles plus performants. Nous sommes intéressés par votre microscope OX 316.

Afin de déterminer s'il pourrait parfaitement répondre à nos besoins, nous souhaiterions pouvoir disposer d'un de ces appareils pour une période d'essai d'un mois, sans engagement de notre part.

Dans l'espoir d'une réponse positive de votre part...

Une entreprise, qui sait déjà très précisément ce qu'elle désire et ce que le fournisseur peut lui offrir, enverra un courrier plus bref, soit pour une demande de renseignements supplémentaires sur les tarifs et délais, soit pour l'établissement d'un devis. La lettre sera concise et précise sans être trop sèche. Elle peut éventuellement contenir des éléments sur la société demandeuse afin de mettre le fournisseur en confiance.

Demande de prix et délais

Monsieur,

Nous vous prions de bien vouloir nous indiquer les conditions de prix et de délais que vous pourriez nous offrir pour 800 vitres de 1 m x 1,50 m, épaisseur 7 mm, de qualité classique 2, destinées à la pose de portes-fenêtres.
Ces marchandises devront nous être livrées franco de port à notre chantier à l'adresse suivante: Lotissement Les Marais, Romorantin. Nous souhaitons que la livraison s'effectue en quatre envois de 200 vitres tous les mois à compter du 1er juillet prochain.
Nos conditions de paiement sont: par traites à 60 jours fin de mois de livraison.

Nous souhaitons pouvoir traiter avec vous et attendons vos propositions.

Demandes de devis

Monsieur,

Votre entreprise nous a été recommandée par l'un de vos clients, la société Angrelis.
Nous vous prions de bien vouloir nous établir un devis pour la fabrication et la pose de meubles de rangement et cabines d'essayage dont vous trouverez ci-joint les plans cotés.
Notre magasin sera fermé à la clientèle la première semaine de mars, aussi souhaitons-nous que les travaux puissent s'effectuer durant cette période.

Nous vous serions reconnaissants de tenir compte de ces impératifs de pose et de temps. Dans l'attente de votre réponse et avec nos remerciements anticipés...

Monsieur,

Nous participerons en tant qu'exposant au 17e Salon du matériel agricole en octobre prochain. Pour cette occasion nous désirons faire imprimer 1 500 plaquettes sur papier glacé blanc, format 16 cm x 29 cm, en quadrichromie selon le modèle ci-joint.

Nous vous serions reconnaissants de nous établir un devis pour ce travail et de nous préciser dans quel délai il pourrait être effectué.

Dans l'attente de votre réponse...

Avant de conclure une affaire, surtout si elle porte sur des sommes importantes, il est bon de se renseigner sur la société avec laquelle on s'apprête à traiter pour la première fois. On enverra une lettre sollicitant des informations précises sur les affaires traitées, l'état de la trésorerie, etc. Ces demandes devront toujours se formuler avec tact. La recherche d'informations peut se faire auprès de la société elle-même, d'une entreprise tierce en relation avec elle ou des banques. Il est souvent bon de rédiger une petite lettre et de joindre un formulaire ou une fiche où figurent les questions auxquelles on souhaiterait une réponse afin de faciliter la tâche du destinataire et par souci de discrétion.
Les renseignements réunis ainsi permettent de conclure en toute tranquillité d'esprit, d'octroyer sans crainte certains délais de paiement même si les appréciations obtenues sont toujours à considérer avec mesure et prudence.

A la société elle-même

Monsieur,

Nous vous remercions de votre commande n° 347 du 13 février dernier. Soyez certain que nous apporterons les meilleurs soins à son exécution.

Toutefois, conformément à notre dernier entretien téléphonique et compte tenu du montant élevé de votre ordre, avant de vous ouvrir un compte nous sommes contraints de vous demander des renseignements dont vous trouverez l'énoncé sur le formulaire ci-joint. Vous voudrez bien le remplir et nous le retourner.

Nous vous assurons du plaisir que nous avons eu à traiter avec vous et souhaitons vivement que notre collaboration se révèle durable et avantageuse pour nos deux sociétés.

A la banque

Monsieur,

Nous sommes sur le point de traiter une affaire importante avec les Etablissements Morin & Fils, à Marseille. Cette société souhaite nous passer une commande de 550 000 francs de ciment, dont le règlement s'effectuera par paiements mensuels sur un an. Nous ne pouvons prendre le risque de conclure définitivement cette affaire avant d'avoir obtenu un certain nombre d'informations sur cette société.

Nous vous serions reconnaissants de nous confirmer son sérieux et sa solvabilité.

Recevez, Monsieur, nos remerciements anticipés.

A des sociétés tierces

Cher Monsieur,

Les Etablissements Henriksen sont entrés en contact avec moi et semblent désireux de mettre sur pied une future collaboration.

J'ai appris que vous aviez traité à plusieurs reprises avec cette entreprise. Avant d'engager des relations plus étroites avec elle, je me permets de solliciter votre appréciation sur son sérieux.

Compte tenu de l'ancienneté et de la qualité de nos rapports, j'espère que vous voudrez bien me renseigner.

Je vous remercie par avance. Sincèrement vôtre.

Monsieur,

La société Grumberg, domiciliée à Vanves, souhaite nous passer une commande d'un montant particulièrement élevé.

Afin de ne pas prendre d'engagement à la légère, nous nous permettons de nous adresser à vous. Nous vous serions reconnaissants de nous fournir toute information sur cette société qui vous a cité parmi ses fournisseurs.

Bien entendu, nous vous garantissons notre entière discrétion.

En vous remerciant par avance de l'aide précieuse que nous apportera votre réponse...

A la banque de la société avec qui on va traiter

Monsieur,

Nous envisageons de traiter avec les Imprimeries Martial qui souhaitent nous passer une importante commande de papier glacé s'élevant à cinquante-quatre mille francs (54 000 francs).

Cette société étant l'un de vos clients, nous désirons savoir si vous honorerez les douze traites mensuelles de quatre mille cinq cents francs (4 500 francs) recouvrables à compter du 31 septembre prochain.

Avec nos remerciements et dans l'attente de votre réponse...

Informer

Les produits et services offerts par les entreprises sont en très grand nombre sur le marché et il n'est pas une société qui n'ait à lutter contre la concurrence pour se faire connaître, vendre ses produits, garder ses clients. Les entreprises consacrent beaucoup d'énergie et de moyens pour informer et inciter à l'achat.

Le courrier peut se révéler un remarquable outil. Adressé à des clients ou à des prospects, il précède une demande ou y répond. Dans tous les cas, il faut lui accorder l'attention qu'il mérite. Nous présenterons plus loin, dans le chapitre consacré aux lettres de vente, les lettres de relance et les mailings.

Ici, faisant logiquement suite aux demandes de renseignements, nous verrons des exemples de réponses.

Une entreprise tirera le plus grand profit à répondre à tout courrier formulant une demande même si elle ne peut la satisfaire (le produit n'est plus fabriqué, par exemple). Elle profitera de ce courrier qui lui est adressé pour se faire connaître et présenter ses produits, incitant l'expéditeur à faire appel à elle en d'autres circonstances. De façon générale, la réponse devra être rapide; on ne fait pas patienter un acheteur éventuel qui ne manquerait pas alors de s'adresser à un concurrent. Elle sera courtoise et remerciera toujours du courrier auquel elle fait suite. La société apportera avec précision toutes les informations qui lui sont demandées sur tel ou tel produit ou service, en n'hésitant pas, même si cela ne lui est pas expressément demandé, à joindre à la lettre de réponse une plaquette, un catalogue ou à proposer le passage d'un représentant ou un rendez-vous.

Réponse à une demande de renseignements: catalogue et représentant

Monsieur,

Nous accusons réception de votre courrier du 30 mars dernier et vous remercions de l'intérêt que vous portez à nos nouveaux correcteurs électroniques intra-canalaires.

Nous vous transmettons une documentation détaillée sur nos différents modèles.

Tous sont élaborés à partir des derniers progrès de la technologie en ce domaine. Efficaces et discrets, ils s'adaptent parfaitement au creux de l'oreille car ils sont personnalisés à partir de l'empreinte du conduit auditif externe et de l'audiogramme délivré par le médecin.

Nous nous proposons, si cela vous agrée, de vous envoyer un représentant afin que vous puissiez apprécier toutes les qualités des produits de nos laboratoires.

Dans l'espoir de pouvoir répondre à votre attente et nous tenant à votre entière disposition...

Réponse à une demande de renseignements: catalogue et promotion

Monsieur,

J'ai bien reçu votre lettre du 5 novembre et vous en remercie.

Conformément à vos vœux, je vous adresse sous ce pli le dernier catalogue de nos produits.

Vous y découvrirez une gamme complète de détergents industriels à des prix très avantageux.

J'ai le plaisir de vous informer que les produits suivants: Siros 15 et Carror, derniers-nés de nos laboratoires, font l'objet, jusqu'au 30 novembre prochain, d'une offre de lancement et sont vendus avec 20% de remise quel que soit le volume de la commande.

Je souhaite que la qualité de nos produits retienne votre attention et nous permette d'obtenir la faveur de vos ordres.

Me tenant à votre entière disposition...

Réponse à une demande de tarifs

Monsieur,

Nous accusons bonne réception de votre courrier du 21 courant et vous en remercions.

Nous vous prions de bien vouloir trouver ci-joint les tarifs que nous appliquons pour le transport de marchandises dans la région.

Nous nous tenons à votre disposition pour vous communiquer toute information complémentaire concernant nos services.

En espérant avoir répondu à votre attente...

Réponses à une demande de passage de représentant

Monsieur,

Nous accusons réception de votre lettre du 6 courant et vous remercions de l'intérêt que vous portez à nos établissements.

Nous serions heureux de vous faire rencontrer M. Duval, l'un de nos représentants. Il se propose de passer à vos bureaux le 18 février prochain dans la matinée.

Vous voudrez bien nous faire savoir si cette date vous agrée.

Monsieur,

Nous vous remercions de votre lettre du 6 juin concernant une éventuelle commande de robots ménagers.

Votre intérêt se porterait sur nos modèles Multifonctions II et Speed Frio. Nous ne pouvons que vous conforter dans votre choix, ce sont en effet des appareils tout nouveaux, extrêmement solides et performants. Ils travaillent rapidement et... en silence! Vous pourrez le constater par vous-même.

Conformément à votre demande, nous sommes heureux de vous proposer le passage de l'un de nos représentants qui vous fera la démonstration de ces articles.

M. Brauss passera vous voir le mardi 21 juin à 11 heures.

Nous sommes certains que nos produits remporteront votre adhésion et nous nous tenons à votre entière disposition.

Réponse à une demande de rendez-vous

Monsieur,

J'accuse réception de votre courrier du 17 courant exprimant votre désir de me rencontrer lors de votre passage à Toulon et vous en remercie.

Je regrette vivement de ne pouvoir vous recevoir moi-même en cette occasion, devant effectuer à cette date un déplacement en Allemagne, mais M. Dralian, notre responsable des ventes, sera heureux de vous accueillir et de discuter avec vous des termes d'une nouvelle et riche collaboration.

> On remarquera que les sociétés dont il est question ne sont pas citées dans les lettres signées, par discrétion et afin de ne pas engager la responsabilité de la personne consultée.

Réponses à des demandes de renseignements sur des sociétés

Monsieur,

Votre courrier du 28 octobre dernier m'est bien parvenu.

Je regrette vivement de ne pouvoir vous renseigner avec précision. Certes, nous avons été en relations d'affaires avec la société en question il y a quatre ans mais nos rapports n'ont porté que sur deux commandes. Nous avons eu à subir, à cette époque, la gêne que nous ont causée ses retards de paiement et avons dû mettre un terme à nos relations.

Il semble cependant que les difficultés de cette firme aient été passagères et qu'elle jouisse depuis deux ans d'une assez bonne réputation.

Je ne peux malheureusement vous en dire plus et espère pouvoir vous être plus utile dans un avenir proche.

Monsieur,

Suite à votre demande de renseignements du 13 octobre dernier, nous avons le plaisir de vous recommander sans hésitation la société avec laquelle vous envisagez de traiter. Nous sommes en relations avec elle depuis huit ans et n'avons jamais eu à lui reprocher la moindre incorrection. Elle est sérieuse, dynamique, et sa situation financière très solide.
Vous trouverez ci-joint la fiche que vous nous aviez adressée dûment remplie.

En souhaitant avoir répondu à votre attente...

Monsieur,

Nous accusons réception de votre courrier du 28 octobre dernier. Vous voudrez bien trouver ci-joint les renseignements que vous nous avez demandés.

Lorsqu'une société demande à ce qu'on lui établisse un devis, on l'effectuera dans les plus brefs délais.
Il devra bien entendu tenir compte de toutes les indications fournies par le client et être détaillé. On joindra les délais et les conditions de paiement que l'on est en mesure de proposer.
Pour certains travaux, on offrira le passage d'un spécialiste pour une estimation, sans engagement ni frais pour le client.
Le devis sera toujours avantageusement accompagné d'une lettre personnalisée où l'on remercie le client de son appel d'offres et l'on exprime le souhait de pouvoir traiter avec lui au mieux de ses intérêts. On pourra également donner des informations supplémentaires sur les produits et services offerts.

Réponses à des demandes de devis

Monsieur,

Nous vous remercions de votre courrier du 13 février et de la confiance que vous nous témoignez. Après étude minutieuse de votre demande, nous vous avons établi un devis que vous trouverez ci-joint.
Les conditions générales de vente sont édictées au verso du devis.

En espérant que notre offre retiendra votre attention, nous nous tenons à votre entière disposition pour tout renseignement complémentaire.

Monsieur,

Nous accusons réception de votre lettre du 21 septembre et vous remercions de faire appel à nous pour vos travaux de rénovation.

Notre maison vous propose les services de véritables professionnels et apporte le plus grand soin au choix des matériaux utilisés afin de garantir un travail dont la qualité n'est pas démentie par le temps.

Dans le souci d'être agréable à nos clients, nous pratiquons des prix défiant toute concurrence et nous nous engageons à effectuer les travaux dans les plus brefs délais.

Afin de pouvoir vous établir un devis précis qui ne vous réserve aucune mauvaise surprise, nous vous proposons de vous envoyer l'un de nos spécialistes pour une estimation.

M. Aumerie pourrait passer vous voir dès lundi matin. Vous saurez nous faire savoir si cette date vous agrée.

Monsieur,

Nous vous remercions vivement de votre appel d'offres téléphonique du 3 février concernant la fourniture et la pose de 25 adoucisseurs d'eau.

Nous vous adressons, sous pli séparé, le catalogue de nos produits où vous trouverez toutes les informations susceptibles de vous intéresser. Testés en laboratoire, nos adoucisseurs sont performants, offrent un excellent rapport qualité/prix et sont garantis dix ans pièces et main-d'œuvre.

Vous saurez nous faire savoir lequel de ces appareils vous conviendrait, nous pensons pour notre part que le modèle Aqua 12 répondrait parfaitement à vos exigences. Dès réception de votre réponse nous vous ferons parvenir un devis détaillé.

Dans l'espoir de traiter très prochainement avec vous...

Exemple de devis

Devis n° 2543

- Remplacement d'un chauffe-eau électrique hors d'usage
- Fourniture d'un chauffe-eau vertical de 75 litres
- 1 groupe de sécurité Ø 20 x 27
- 1 jeu de fixation Ø 14 mm
- Raccordement eau chaude et froide
- Raccordement électrique et vidange
- Remaniement des arrivées d'eau
- Enlèvement des gravats
- Fournitures et main-d'œuvre

H.T. :		3 975 francs
T.V.A.:	18,60%	739,35 francs
Total T.T.C.:		4 714,35 francs

Acceptation: nous retourner le double du devis signé.

Conditions de paiement: 40% à la commande, solde à la fin des travaux.

Il est fréquent qu'une entreprise ait à communiquer à ses clients des informations n'ayant pas trait directement à l'exécution d'un contrat. Il s'agira, par exemple, de l'annonce d'un changement de tarifs, de l'ouverture d'un nouveau magasin, du passage d'un représentant dans la région... Il est indispensable que les clients soient informés et se sentent impliqués dans la vie de la société à laquelle ils sont liés. Du fait de leurs relations avec celle-ci, ils sont directement concernés par tout événement pouvant influer sur leurs affaires.

Les informations seront transmises par courrier. Les lettres circulaires en sont le support privilégié.

Ce sont des lettres types que l'on imprime et envoie en grand nombre à toute personne susceptible d'être intéressée par les indications qu'elles contiennent.

Changement de domiciliation

Cher Monsieur,

Nous vous informons qu'à partir du 1er janvier 19.., le règlement de nos effets à payer se fera au Crédit agricole, agence n° 314 de Caen, place de la République.

Vous n'aurez donc plus à domicilier les lettres de change tirées sur nous au Crédit de l'Ouest.

Nous vous serions reconnaissants de nous accuser réception de la présente circulaire.

Nomination d'un nouveau chef des ventes

Cher Client,

Nous avons le plaisir de vous informer que M. Monnier assurera désormais les fonctions de Directeur des ventes. Il remplacera à ce poste M. Levi qui prend sa retraite.

A compter du 3 octobre prochain, il sera votre interlocuteur privilégié pour vos commandes et le suivi de vos affaires.

En raison de sa haute compétence et de sa parfaite connaissance de nos produits, il sera à même de vous conseiller utilement.

Nous ne doutons pas que sa nomination contribue à renforcer nos relations pour notre mutuelle satisfaction.

Ouverture d'un nouveau magasin

Cher Client,

Nous avons le plaisir de vous annoncer l'installation d'un nouveau magasin dans votre région. Vous y trouverez toute la gamme de nos produits dont vous avez déjà pu apprécier la qualité. M. Pichon et son équipe vous y accueilleront et se tiendront à votre disposition pour faciliter toutes vos démarches. Ce magasin ouvrira ses portes le 8 mars et offrira pour son inauguration une grande semaine de promotion.

Toujours désireux de répondre à vos attentes...

P. J.: Un plan d'accès.

Essai de nouveaux emballages

Cher Monsieur,

Nous avons le plaisir de vous informer qu'à compter du 1er juin, nos articles vous seront vendus dans de nouveaux emballages. Nous avons souhaité, dans un souci d'économie et de respect de l'environnement, remplacer nos emballages de plastique rigide par des cartonnages recyclés. Nous espérons que ce changement vous donnera entière satisfaction et attendons vos commentaires à ce propos.

En vous remerciant de votre fidélité...

Fermeture pour congés annuels

Cher Client,

Nous vous informons que notre entreprise sera fermée pour congés annuels du lundi 9 au vendredi 20 août prochain.

Afin que nous puissions prendre toutes les dispositions nécessaires pour que vos affaires n'aient pas à subir de contretemps ou d'interruption, nous vous serions reconnaissants de bien vouloir passer vos commandes pour le mois d'août avant le 25 juillet.

Nous vous remercions de votre compréhension et vous souhaitons d'excellentes vacances d'été.

INSERTION D'UNE ANNONCE DANS LA PRESSE

L'annonce-presse est une arme capitale pour le marketing direct. Elle sera élaborée avec beaucoup de soin car elle véhicule l'image du produit et de la société, sans compter que les coûts d'insertion sont très élevés.

Le texte sera concis, les phrases courtes et percutantes, les points essentiels tout de suite repérables soutenus par un visuel (dessin ou photo) approprié.

Le magazine, plus que le quotidien, est un support pour ce genre d'annonces. Les magazines ont un public plus ciblé, une qualité de papier et d'impression, une durée de vie supérieures à celles des quotidiens.

Pour bien choisir le journal porteur, on s'informera utilement auprès de l'OJD (l'Office de justification de diffusion fournit des indications sur les tirages, les abonnements, les diffusions en kiosques...). Le CESP (Centre d'études des supports de publicité), qui occupe une position interprofessionnelle intéressante entre les médias, agences et annonceurs, peut communiquer également des informations précieuses sur chaque support envisagé.

Monsieur,

Vous voudrez bien trouver ci-joint la maquette de notre annonce avec coupon-réponse qui doit paraître dans le n° 16 de votre magazine, avec emplacement bas de page 55.

Nous vous rappelons que, conformément à nos accords, cette annonce a pour dimensions définitives 18 cm x 23 cm et que sur la même page ou celle lui faisant face ne doit figurer aucune annonce publicitaire émanant d'une société offrant des services similaires aux nôtres.

En vous souhaitant bonne réception...

La commande

Après les premiers contacts et échanges d'informations, la phase de négociations dans le meilleur des cas aboutit à un accord satisfaisant pour les deux parties. La commande ferme engage la responsabilité du client et du fournisseur selon les termes du contrat.

COMMANDE SIMPLE

Que les négociations se soient déroulées par lettres, télex ou téléphone, il convient toujours de confirmer l'accord par courrier.

Pour accompagner un bon de commande, le client écrit une lettre rappelant le numéro de la commande, les précédents entretiens. Il peut également faire mention des modalités de paiement et des délais de livraison, et attirer l'attention du fournisseur sur certaines clauses particulières.

Lorsque les termes du contrat ne prêtent pas à discussion et satisfont les deux parties, une lettre de confirmation assez brève suffit, à laquelle le fournisseur se doit de répondre courtoisement en accusant réception de la commande. Cette réponse peut se faire sur un accusé de réception auquel on joint un courrier plus personnel. On y rappellera si nécessaire les clauses du contrat afin qu'il n'y ait aucun malentendu.

Bon de commande simple

Monsieur,

Suite à nos entretiens téléphoniques, je vous confirme ma commande pour les produits suivants:

Désignation	*Référence*	*Quantité*	*Prix unitaire*	*Prix total*
Ramette papier blanc 80 g	F835	50	15,25	762,50
Feuilles cartonnées crème	S211	10	21,00	210,00
Feuilles cartonnées prune	S218	10	21,00	210,00
Feuilles cartonnées amande	S203	10	21,00	210,00
Montant total T.T.C.				1 392,50

Délai de livraison: sous huitaine
Jours de livraison: mardi, mercredi, jeudi de 10 h à 18 h
Mode de paiement: à la livraison, par chèque.

(Souvent, pour simplifier les opérations, le fournisseur délivre au préalable un bon de commande type que le client n'a plus qu'à remplir)

Monsieur,

Comme suite à nos entretiens, je vous prie d'enregistrer ma commande pour 20 répondeurs enregistreurs référencés T 400. Vous trouverez ci-joint, comme convenu, un chèque d'acompte de 35% du montant total, soit 2 630 francs. Le paiement du solde s'effectuera à la livraison, par chèque. J'ai un besoin urgent de ces articles, aussi je vous prie de respecter le délai de livraison fixé à huit jours.

Avec mes remerciements...

Monsieur,

Je vous prie de bien vouloir me faire livrer, suite à nos entretiens des 12 et 17 septembre, 2 000 m^2 de lames de parquet, dimension standard n° 3, en chêne pur fil, aux conditions dont nous étions convenus.

A savoir: 31,50 francs le m^2, livraison par vos soins sous quinzaine à partir de ma commande, ce jour, 30 septembre 19.., au chantier de l'impasse Victor-Hugo à Perpignan.

Règlement à 30 jours fin de mois par lettre de change domiciliée au Crédit agricole, agence de Perpignan.

Monsieur,

Vous voudrez bien trouver ci-joint ma commande pour 3 000 imprimés publicitaires, conformément à ce dont nous étions convenus lors de notre précédente rencontre.

Je me permets de vous rappeler que ces imprimés destinés à l'annonce d'une semaine de braderie doivent impérativement nous être livrés avant le 16 janvier prochain.

J'attire votre aimable attention sur le fait que tout retard nous serait gravement préjudiciable.

En vous remerciant de votre compréhension...

Monsieur,

Nous vous confirmons par la présente notre commande de 30 caisses de 100 tee-shirts référencés 36-08, au prix FOB Singapour de 600 francs la caisse, embarquement le 8 avril prochain. Le règlement s'effectuera conformément à nos accords, documents contre paiement.

Nous vous serions reconnaissants de bien vouloir nous faire parvenir dans les plus brefs délais les factures *pro forma* pour la réalisation de cette opération.

Nous vous assurons du plaisir que nous avons eu à traiter avec vous et comptons sur votre diligence.

Réponses à une commande

Cher Monsieur,

Nous accusons réception de votre commande n° 76008 du 23 décembre dernier portant sur 600 targettes modèle 7B dont 400 argentées et 200 dorées.

Nous vous remercions de votre confiance et vous livrerons sous huitaine. Le règlement s'effectuera comme convenu, par traite au 31 janvier prochain.

Soyez certains que nous apporterons tous nos soins à cette expédition.

Cher Monsieur,

Nous avons bien reçu votre commande du 12 courant portant sur 150 imperméables pour femme, tailles 36/38, 40/42, 44/46.

Nous vous remercions de votre ordre et sommes heureux de vous accueillir parmi nos clients.

Nous vous souhaitons bonne réception de ces articles qui vous seront livrés port payé comme convenu, le 18 août prochain.

Vous constaterez que ces imperméables se vendent très bien et sauront séduire votre clientèle par leur qualité et l'originalité de leurs finitions.

Vous assurant du plaisir que nous avons eu à traiter avec vous...

Le fournisseur peut profiter de sa lettre de réponse à une commande pour présenter au client de tout nouveaux articles, envoyer un catalogue qui vient d'être édité, annoncer une offre promotionnelle sur un autre produit... Cette tactique se révèle souvent très payante, le client mis en confiance par sa première commande est ouvert à d'autres propositions et, flatté par les marques d'intérêt qu'on lui manifeste, se souviendra mieux de son fournisseur.

Monsieur,

Nous accusons bonne réception de votre commande du 6 février dernier en vue d'un renouvellement de vos stocks, et vous remercions de la confiance que vous nous gardez.

Ayez l'assurance que, comme à l'accoutumée, nous apporterons le meilleur soin à l'exécution de votre commande. Les marchandises vous parviendront dans les délais et conditions habituels avant le 15 de ce mois.

Nous vous adressons, joint à la présente, le catalogue de nos nouveaux produits. Nous pensons que vous pourriez être particulièrement intéressé par notre nouvelle gamme de stylos à bille et feutres fluo qui remporte déjà un très vif succès.

Nous nous tenons à votre entière disposition pour vous fournir tout renseignement complémentaire.

Dans l'espoir d'une nouvelle collaboration qui renforcerait nos déjà anciennes et excellentes relations...

Cher Client,

Nous accusons réception de votre commande n° 7142 et vous en remercions.

Nous apporterons toute notre attention à son exécution afin qu'elle vous donne pleine satisfaction.

Par ailleurs, nous avons le plaisir de vous informer qu'à compter du 10 février nous serons en mesure de vous offrir un tout nouveau produit. Il s'agit d'un appareil pour bains à bulles et à remous avec minuterie intégrée et réglage de l'intensité. Très facile d'utilisation, il est d'une qualité irréprochable. Il procurera détente, plaisir et bien-être à toute la famille.

Cet article fera l'objet d'une offre de lancement exceptionnelle: une remise de 15% que nous avons la joie de réserver à nos anciens clients.

Consultez attentivement le dépliant ci-joint et n'hésitez pas à nous contacter, nous serions heureux de pouvoir vous faire profiter de cette offre.

COMMANDE SOUS RÉSERVES

Malgré le désir réel des deux parties de conclure une affaire, il arrive qu'il soit nécessaire, pour que l'ordre soit effectif, de négocier assez longuement et de modifier certaines conditions de départ portant sur les volumes, les tarifs, les délais ou modalités de paiement. Ces négociations exigent des deux intéressés beaucoup de souplesse et de tact.

Demande de réduction de délais

Monsieur,

Suite à nos entretiens téléphoniques, nous vous confirmons notre désir de vous passer une commande portant sur 100 serviettes et gants de toilette Camélia 460 g/m^2 coloris assortis et 80 draps de bain Aurore dimensions 100 cm x 150 cm, 550 g/m^2 coloris assortis.

Toutefois, il nous serait préjudiciable de ne recevoir ces articles que le 15 juin prochain. Nous souhaiterions que vous acceptiez de nous livrer sous huitaine. Si cela ne vous était pas possible nous serions malheureusement contraints de renoncer à cette commande.

Sachez que nous sommes sincèrement intéressés par vos produits et que nous espérons engager avec vous des relations durables. Nous pourrions vous passer commande très régulièrement pour des volumes importants compte tenu du débit de nos magasins.

Dans l'attente de votre réponse...

Demande de modification des conditions de paiement

Monsieur,

Nous avons bien reçu votre catalogue et vos tarifs et vous remercions de la rapidité de cet envoi.

Nous avons consulté ces documents avec la plus grande attention et serions intéressés par vos appliques extérieures en verre dépoli, type d'article qui nous est de plus en plus fréquemment demandé, et vos lampes de bureau halogènes.

Nous envisageons de vous passer une commande qui s'élèverait à 19 000 francs environ.

Vos conditions générales de vente stipulent un règlement par traite à 60 jours fin de mois de livraison. Etant en mesure de vous régler pour moitié à la livraison et pour le solde fin de mois de livraison par chèque, nous vous demandons de bien vouloir nous offrir en contrepartie un escompte de règlement de 5%.

Nous souhaitons vivement que vous puissiez donner une suite favorable à notre demande et attendons une réponse de votre part afin de vous passer rapidement un ordre.

Demande de réduction de prix

Cher Monsieur,

Nous avons bien reçu le colis d'échantillons que vous avez eu l'obligeance de nous faire parvenir et vous en remercions.

Nous avons été séduits par la qualité et l'originalité de vos produits. Nous sommes particulièrement intéressés par vos yaourts avec des morceaux de fruits (banane, lychee, mangue, citron vert) et songeons à vous en passer commande.

Toutefois, afin de lancer ces produits au goût très nouveau, il serait préférable de les présenter à notre clientèle à un prix attractif.

Aussi souhaiterions-nous que vous puissiez nous octroyer pour cette première commande une remise de 5%.

Dans l'espoir d'une réponse de votre part...

Demande de paiement en liquide du fournisseur

Monsieur,

Nous avons bien reçu votre commande n° 6915, datée du 24 juin 19.. et vous en remercions.

Nous serions heureux de pouvoir procéder à son exécution, toutefois nous nous trouvons contraints de vous soumettre quelques modifications concernant les conditions de paiement.

Le bon équilibre de notre trésorerie suppose un recouvrement régulier de nos créances.

Or, à plusieurs reprises, lors du règlement de nos précédentes factures, notre comptabilité s'est trouvée terriblement gênée par des chèques sans provision émis par vous.

En conséquence, nous souhaiterions que le paiement s'effectue désormais en espèces.

Nous espérons que vous voudrez bien comprendre et accepter nos conditions. En cas de refus, nous serions au regret de ne pouvoir accepter votre commande.

Dans l'attente d'une réponse positive de votre part...

Demande de réduction de prix import-export

Cher Monsieur,

Suite à nos entretiens téléphoniques, nous vous confirmons que compte tenu de la conjoncture économique et des difficultés d'écoulement des produits de luxe, nous ne pouvons conclure sur la base de votre offre ferme, valable un mois, de 100 caisses de caviar à 60 000 francs FOB, embarquement fin septembre.

En revanche, nous serions preneurs si vous vouliez bien revoir à la baisse le prix de la caisse. 10% de moins, soit 540 francs la caisse, constitue pour nous un maximum.

Espérant une réponse positive de votre part...

Demande de délais exceptionnels du fournisseur

Cher Client,

Nous avons bien reçu votre commande du 16 courant portant sur 6 motopompes de modèle X3 compact et vous remercions de votre confiance.

Nous regrettons toutefois de vous informer que nous ne pourrons pas vous livrer sous quinzaine comme vous nous en faites la demande.

Ce modèle remporte un très vif succès et nous sommes actuellement en rupture de stock, aussi sollicitons-nous exceptionnellement de nos clients qu'ils acceptent de patienter un mois. Nous serons en mesure de vous livrer sans faute la première semaine de février.

Nous souhaitons que ce contretemps ne vous porte pas préjudice et que vous vouliez bien nous confirmer votre ordre dans ces conditions.

Dans l'attente de votre réponse et avec nos sincères excuses...

Acceptation de modification des conditions de paiement

Cher Monsieur,

Nous avons bien reçu votre lettre n° 2539 K.L. nous communiquant votre vœu de nous régler votre future commande par traites mensuelles sur six mois avec un premier règlement à 30 jours fin de mois.

Nous avons étudié avec attention votre proposition et avons le plaisir de vous informer qu'à titre exceptionnel nous accédons à votre requête.

Nous pensons vous avoir donné pleine satisfaction et attendons un ordre ferme de votre part.

Refus de réduction de prix d'un devis

Monsieur,

Votre lettre du 16 avril a retenu toute notre attention. Nous vous remercions de nous exposer les raisons pour lesquelles vous ne pouvez accepter le devis que nous vous avions soumis.

Sachez que le prix que nous vous proposons pour ces travaux a été calculé avec le plus grand soin, et au plus juste, compte tenu des exigences de qualité que votre demande formulait.

Désireux de vous être agréable, nous avons réétudié les éléments de votre proposition. Malheureusement, nous ne pouvons effectuer ce travail à un prix plus bas.

L'expérience de notre maison, l'importance des travaux qu'elle effectue et sa réputation d'honnêteté en matière de qualité/prix nous font craindre que vous ne puissiez trouver devis plus avantageux que le nôtre.

Afin d'abaisser le coût des travaux, nous vous proposons cependant, si vous l'acceptez, de modifier certains termes de votre demande. Une qualité plus ordinaire de carreaux réduirait les frais de 11%, ce qui ramènerait le prix des travaux à 8 956 francs, les autres conditions restant les mêmes.

Nous espérons que notre proposition vous donne satisfaction et que vous voudrez bien nous le faire savoir. Dans l'attente de votre réponse...

LES CLAUSES PARTICULIÈRES DE LA COMMANDE

Après négociations entre les deux parties, le contrat définitif peut comporter certaines clauses particulières. Il pourra s'agir d'un service supplémentaire octroyé à titre exceptionnel: l'envoi d'un spécialiste pour former le personnel de la société cliente au maniement du matériel livré, par exemple.

Envoi d'un spécialiste

Cher Monsieur,

Conformément aux modalités de notre accord, nous vous adressons M. Letouret, notre spécialiste, qui se chargera du montage des nouvelles scies à métaux dont vous avez fait l'acquisition. Il assurera également la formation de vos ouvriers au maniement de ces machines.

Il est entendu que le déplacement et les services de M. Letouret sont à notre charge. Notre spécialiste se propose de passer vous voir le 8 mars prochain. Vous saurez nous faire savoir si cette date vous convient.

Dans cette attente...

Envoi d'une équipe pour l'installation de meubles en location

Monsieur,

Nous accusons réception de votre ordre ferme et vous en remercions. Sachez que nous accorderons nos meilleurs soins à son exécution.

Comme stipulé dans nos accords, la livraison des meubles se fera le 16 janvier avant 12 heures et une de nos équipes se chargera, sur vos indications, de leur installation dans la salle de conférences et la pièce où se déroulera le cocktail.

Le 18 janvier, à partir de 10 heures, cette même équipe procédera à l'enlèvement des meubles après vérification de leur état, toute pièce endommagée sous votre responsabilité étant à vos frais.

Certains que votre séminaire se déroulera dans les meilleures conditions...

Envoi d'un stagiaire

Cher Monsieur,

Conformément aux conditions de notre accord passé le 19 septembre dernier, nous vous adresserons, du 15 au 23 octobre prochain, M. Berne afin qu'il soit formé à vos nouveaux procédés de conditionnement sous vide et au maniement des machines afférentes. Nous ne doutons pas que vous lui réserverez le meilleur accueil et qu'il tirera grand profit de vos enseignements.

Vous trouverez ci-joint le formulaire concernant son stage, que vous voudrez bien nous retourner dûment rempli et signé.

Avec nos remerciements...

COMMANDE IMPOSSIBLE À HONORER

Il arrive qu'un client passe une commande qui ne puisse être exécutée, ou ne puisse l'être dans les conditions énoncées par lui. Dans ces cas-là, le fournisseur a tout intérêt à répondre rapidement en s'excusant de ne pouvoir satisfaire la demande du client, même si celui-ci est en tort (il a omis de se renseigner sur les prix, par exemple). Dans une lettre courtoise et qui marque sa bonne volonté, le fournisseur fera au client des propositions visant à satisfaire malgré tout sa demande.

Le modèle n'est plus fabriqué

Monsieur,

Votre commande du 18 novembre, référence sous le n° 2737, nous est bien parvenue et nous vous remercions de la confiance que vous nous temoignez.

Toutefois, nous avons le regret de vous faire savoir que nous ne fabriquons plus de photocopieurs Trévis de modèle P 705.

Nous vous proposons deux modèles plus récents, susceptibles de répondre à vos attentes. Plus performants, moins volumineux, vous pourrez apprécier leurs qualités dans le catalogue ci-joint.

Ces deux appareils font l'objet d'une offre de lancement valable jusqu'au 30 de ce mois et vous sont proposés au prix concurrentiel de 3 490 francs T.T.C.

En souhaitant vivement que l'un de ces modèles vous intéresse, nous nous tenons à votre entière disposition pour vous fournir tout renseignement complémentaire.

Les tarifs ont changé

Monsieur,

Votre commande n° 731 en date du 21 octobre nous est bien parvenue et nous vous en remercions.

Toutefois, nous constatons que les prix mentionnés sur votre bon correspondent à l'ancien tarif, réévalué en juillet dernier.

Les agrafeuses pneumatiques Sima sont maintenant disponibles au prix unitaire T.T.C. de 235 francs franco de port au lieu de 225 francs. Nous enregistrons votre commande au tarif en vigueur à ce jour et attendons confirmation de votre part avant de procéder à son exécution.

Dans l'attente de votre réponse...

Rupture de stock

Monsieur,

Nous accusons réception de votre commande du 11 mai dernier portant sur des chaussettes pour enfant et vous en remercions vivement.

Ces articles ont remporté un très vif succès et les commandes les concernant ont dépassé toutes nos prévisions.

Aussi, nous regrettons de ne pouvoir respecter le délai de livraison prévu dans nos conditions générales de vente. Etant actuellement en rupture de stock, nous ne pourrons vous livrer avant le 28 juin.

Nous espérons pouvoir conserver votre ordre malgré ce regrettable contretemps. Si ce retard devait vous porter préjudice nous pourrions vous faire livrer un lot d'articles équivalents sous huitaine.

Vous trouverez sous pli séparé des exemplaires des chaussettes que nous vous proposons en remplacement.

Nous vous prions d'accepter toutes nos excuses et attendons votre réponse.

Le produit n'est plus fabriqué

Monsieur,

Votre commande du 3 avril nous est bien parvenue et nous vous en remercions.

Toutefois nous avons le regret de ne pouvoir l'honorer. En effet, depuis le début de l'année notre entreprise se consacre exclusivement à la fabrication de bouteilles, et les verres de table ne figurent plus parmi nos produits.

Nous en sommes désolés et nous nous permettons de vous recommander les Etablissements Levrier, route de la Forêt, à Evreux. Nous sommes certains que leurs produits vous donneront entière satisfaction.

Cette firme fabrique des articles de qualité à des prix très avantageux.

Réitérant nos regrets, nous espérons vous être plus utiles dans un avenir proche.

DEMANDES DE MODIFICATIONS SUR UNE COMMANDE ENREGISTRÉE MAIS NON LIVRÉE

Des circonstances imprévues intervenant après la commande ferme peuvent amener les deux parties à en modifier les modalités. Ces demandes de changement, émanant souvent du client, donnent lieu à un nouvel échange de lettres. Le vendeur a tout intérêt à se montrer conciliant pour ne pas provoquer une annulation pure et simple de la commande. Il peut accepter intégralement la demande, négocier en proposant un compromis ou refuser si les modifications réclamées mettent en péril ses intérêts propres.

Erreur sur un bon de commande

Monsieur,

Nous vous avons envoyé le 7 de ce mois un bon de commande n° 113437. Après vérification, nous avons constaté qu'une erreur de référence a été commise en ce qui concerne les écrous. Leur numéro est 102 et non 120. Nous espérons qu'il n'est pas trop tard pour vous le signaler et nous vous serions reconnaissants de bien vouloir tenir compte de cette rectification.

Demande d'augmentation du volume de la commande

Cher Monsieur,

Nous vous avons transmis le 15 mars dernier une commande référencée 45879 portant sur 30 jardinières en terre cuite 45 cm, et 60 pots en terre cuite (30 de 28 cm de diamètre et 30 de 18 cm).

Le volume de cette commande était motivé par le fait que l'un de nos concurrents directs, dont le magasin est situé comme le nôtre en centre-ville, en travaux depuis un mois, devait rouvrir ses portes au 1er avril.

Or, nous apprenons qu'il restera fermé jusqu'au 30 avril prochain, aussi durant ce mois de printemps une grande partie de sa clientèle viendra se fournir chez nous.

Afin de satisfaire cette demande supplémentaire, nous souhaiterions que notre commande soit doublée pour chacun des articles mentionnés ci-dessus, livrable dans les mêmes délais.

Nous espérons vivement que vous pourrez répondre à notre attente. Avec nos remerciements...

Réduction des délais de livraison

Monsieur,

Notre établissement vous a passé hier, 24 mai, une commande référencée 211A4536 portant sur 300 sacs à main en cuir. Ces articles doivent, selon nos accords, nous être livrés le 7 juin.

Toutefois, l'un de nos plus fidèles clients, séduit par ce modèle, souhaiterait faire l'acquisition de 30 de ces sacs au 1er juin. L'imminence de la fête des mères motive sa requête.

Désireux de lui donner satisfaction, nous vous serions reconnaissants d'accepter de réduire le délai de livraison.

Vous saurez nous faire savoir s'il vous est possible de nous faire parvenir ces articles sous huitaine.

Dans l'espoir que vous pourrez donner une suite favorable à notre demande, nous vous remercions par avance.

Réponse du fournisseur, rectification de commande

Cher Client,

Nous accusons réception de votre lettre n° 7041 LS et vous confirmons que nous avons enregistré votre rectification.

Nous vous livrerons 300 écrous médium modèle 102 et non 120. Ces articles vous parviendront comme convenu avant le 20 septembre prochain en port dû à vos entrepôts.

Accord sur de nouveaux délais de livraison

Cher Monsieur,

Nous accusons bonne réception de votre courrier du 12 courant nous demandant de réduire les délais de livraison de votre commande n° 689A340.

Nous avons étudié sérieusement votre requête et contacté la société de transport qui se charge de l'expédition de nos produits.

Nous avons le plaisir de vous informer que nous avons revu au mieux les délais. Toutefois, les articles que vous avez commandés ne pourront vous être remis le 18 en raison d'impératifs de fabrication indépendants de notre volonté. En conséquence, les marchandises vous seront livrées le 20 juillet prochain au lieu du 28.

Nous espérons que cette date vous conviendra et vous voudrez bien nous le confirmer dans les meilleurs délais.

Réduction du volume d'une commande

Cher Client,

Nous accusons réception ce jour de votre lettre référencée 1567 PM.
Nous avons le plaisir de vous informer que, conformément à vos souhaits, nous acceptons de réduire de moitié le volume de votre commande n° 674.
Vous trouverez ci-joint un nouveau bon de commande que vous voudrez bien nous retourner rapidement afin de régulariser la situation et que nous puissions procéder à l'exécution de votre ordre.

Pensant vous avoir donné pleinement satisfaction...

ANNULATION DE COMMANDE

Pour des raisons très diverses, un client peut être amené à annuler une commande. Ces imprévus, quoique fâcheux, ne doivent pas entamer les relations existant entre les deux parties, à moins que le problème ne se présente trop régulièrement.
Le client se doit de prévenir le plus rapidement possible de son désir d'annuler une commande. A moins que la résiliation ne fasse suite à un non-respect des engagements du fournisseur, le client écrira une lettre où il présente ses excuses et expose les raisons qui le contraignent à revenir sur son ordre. Le fournisseur peut répondre en marquant sa déception et ses regrets, mais la lettre ne devra jamais être agressive ou insultante. Un client victime d'une impossibilité reste susceptible de passer dans l'avenir d'autres commandes. Le fournisseur, bien entendu, essaiera de convaincre son client de maintenir son ordre, avançant qu'il n'aura aucun mal à écouler la marchandise, offrant des conditions plus avantageuses à titre exceptionnel... Si le fournisseur refuse l'annulation de la commande, il en exposera les motifs en observant toutes les règles de la courtoisie.

Demandes d'annulation

Monsieur,

Nous accusons réception de votre lettre du 3 courant, référencée 3426 AG.

Vous nous informez qu'en raison d'une grève prolongée à l'usine qui vous fournit les matériaux nécessaires à la fabrication de vos produits, vous ne pourrez nous livrer avant le 31 juillet prochain.

Ces délais sont malheureusement trop longs pour nous, aussi nous vous prions de bien vouloir annuler purement et simplement notre commande n° 7409.

Cher Monsieur,

Nous vous avions passé une commande le 15 janvier dernier, portant sur du papier glacé 90 g qualité OZ, livrable le 12 février prochain.

Ce papier était destiné à la réalisation par nos soins de plaquettes publicitaires pour une agence de voyages.

Nous venons d'être informés que cette société est en règlement judiciaire et annule de ce fait sa commande.

Vous savez que le papier référencé ci-dessus est réservé à un usage très spécifique. De plus, compte tenu de son prix élevé, il ne nous est que rarement demandé.

Aussi nous vous prions de bien vouloir annuler cette commande. Avec nos remerciements anticipés...

Réponses à des annulations de commande

Monsieur,

Nous avons bien reçu votre lettre du 13 février nous demandant d'annuler votre ordre du 6 février dernier relatif à la fourniture de 60 sacs en cuir.

Nous avons examiné votre demande avec la plus grande attention. Toutefois, malgré le désir de vous être agréables, nous ne pouvons y accéder.

En effet, étant donné les délais de livraison très brefs fixés par vous-même, nous avons immédiatement passé commande à nos fournisseurs de la qualité de cuir que vous désiriez. Nous nous retrouvons donc avec en stock ce produit exclusivement réservé à la fabrication de votre commande. Vous savez comme nous que ces coloris de cuir sont particulièrement originaux et nous n'avons pour l'heure aucun appel d'offres nous permettant d'utiliser ces peaux.

D'autre part, une partie de votre ordre est déjà en cours d'exécution.

Son annulation nous contraindrait à appliquer la clause 16 de nos conditions générales de vente concernant les pénalités prévues pour de tels cas. Aussi nous vous conseillons de maintenir votre commande d'autant plus que les modèles audacieux que vous avez créés remporteront, nous en sommes certains, un très vif succès auprès de la clientèle jeune qui est la vôtre.

Nous attendons donc vos instructions concernant cette commande.

Cher Monsieur,

Nous accusons réception de votre courrier du 3 courant.

Nous vous remercions de nous communiquer les raisons de votre désir d'annuler votre commande et nous les comprenons.

En conséquence, nous vous confirmons que nous annulons purement et simplement cet ordre. Nous espérons sincèrement que vos problèmes actuels trouveront une prompte solution. Nous serons heureux de pouvoir rétablir avec vous dans un avenir proche des relations durables et fructueuses pour nos deux sociétés.

Transport et livraison

Transport et livraison font partie intégrante de l'exécution de la commande, leurs modalités sont fixées par le contrat.

Cette étape est effectuée par la société elle-même si elle dispose d'un service propre de livraison mais, la plupart du temps, l'entreprise fournisseuse fait appel à des sociétés indépendantes de transporteurs avec lesquelles elle négocie et établit des contrats pour l'expédition de telle ou telle commande.

De l'exécution de la livraison peuvent naître divers litiges touchant aux délais ou à l'état des marchandises livrées. La difficulté de ce genre de problèmes est parfois d'en établir la responsabilité: fournisseur ou transporteur.

L'article 103 du code de commerce stipule que le voiturier est "garant de la perte de l'objet à transporter, hors les cas de force majeure, des avaries autres que celles qui proviennent du vice propre de la chose ou de la force majeure".

En cas de problèmes, le client émet des réserves auprès du transporteur qui devra prouver qu'il n'est pas responsable en invoquant:

• La force majeure: cause impérieuse, imprévisible et extérieure.

• Le vice propre de la chose: la marchandise est impropre à un transport dans des conditions normales.

• La faute de l'expéditeur: la marchandise a été endommagée avant le transport, ou l'emballage fourni par l'expéditeur était trop fragile ou défectueux.

• La faute du destinataire: il a, par exemple, tardé à récupérer la marchandise.

LE CONTRAT FOURNISSEUR-TRANSPORTEUR

La correspondance liée à ces contrats concerne la demande de renseignements, les négociations sur les délais et tarifs, l'exécution du contrat et les plaintes pour non-respect de ces clauses.

Lorsque le transport est pris en charge par la SNCF, le courrier est extrêmement limité puisque les conditions sont impératives et invariables et que toutes les démarches s'effectuent en remplissant des formulaires.

Demande de tarifs à un transporteur routier

Messieurs,

Nous vous serions reconnaissants de bien vouloir nous communiquer vos tarifs et conditions pour le transport de 15 m^3 de conserves tous les débuts de mois (entre le 1er et le 5) de notre usine de Bordeaux à nos entrepôts de Levallois.

Dans l'attente de vos propositions...

Réponse d'un transporteur à une demande de délais

Cher Monsieur,

J'accuse réception de votre lettre du 11 courant et vous remercie de votre fidélité.

Je vous informe par la présente que concernant le transport exceptionnel de vos 300 bidons d'engrais à destination de Limoges, nous sommes en mesure de vous garantir les délais suivants:

- enlèvement jour A;
- livraison jour C avant 18 heures.

Les tarifs sont ceux que nous appliquons habituellement. Je souhaite que ces conditions puissent répondre à votre attente.

Réclamation pour des retards de livraison

Monsieur,

Nous travaillons avec votre société depuis six ans déjà et vos services nous ont toujours donné pleine satisfaction.

Nous avons récemment élargi notre clientèle à certains pays européens dont l'Espagne et le Portugal.

A destination de ces pays, nous regrettons d'enregistrer des retards de livraison trop fréquents pour qu'ils puissent ne pas porter préjudice à l'établissement de bonnes relations avec nos nouveaux clients.

Nous espérons que vous accepterez de prendre en compte ces remarques et saurez prendre les mesures qui s'imposent afin que de tels problèmes ne se produisent plus à l'avenir. Nous comptons sur votre compréhension.

LES DÉLAIS

Les retards de livraison entraînent des litiges assez fréquents. S'ensuivent nouvelles négociations, réclamations et plaintes, voire poursuites.

Si le fournisseur sait qu'il ne pourra pas livrer son client dans les délais, il se doit de le signaler par lettre et de présenter ses excuses.

Dans le cas d'un retard dont le client n'a pas été informé, celui-ci envoie dès qu'il le constate une lettre recommandée au fournisseur. Dans ce courrier il fait part de son étonnement et de son mécontentement tout en restant courtois (les causes du retard lui sont inconnues, elles peuvent être indépendantes de la volonté de l'expéditeur et tout peut encore se régler à l'amiable). Il précise s'il accepte ou non la marchandise, émet des réserves en raison du préjudice causé par le non-respect des délais. Le même type de lettre est à adresser également au voiturier.

La plupart du temps, le client reçoit une lettre d'explication et d'excuses et la marchandise lui parvient très rapidement.

Si quinze jours après la date initialement fixée il n'a toujours pas reçu la marchandise, il peut mettre en demeure le vendeur de le livrer sous peine d'annulation pure et simple de la commande en vertu de l'article 1610 du code civil. La mise en demeure se fait par lettre recommandée avec accusé de réception. S'il ne parvient toujours pas à obtenir satisfaction, il réclame dommages et intérêts pour le préjudice subi. Il arrive que pour évaluer le montant des dommages on fasse appel à un arbitre ou un expert (à l'amiable ou sur nomination du tribunal de commerce).

Annonce d'un retard possible de livraison

Monsieur,

Votre commande n° 1754, passée le 3 février dernier, devait, conformément à nos accords, vous être livrée le 12 février.

Malheureusement, en raison des fortes chutes de neige et du nombre de routes actuellement interdites à la circulation, nous craignons de ne pouvoir respecter ce délai.

Sachez que nous mettons tout en œuvre afin que ces marchandises vous parviennent le plus rapidement possible et ce, avant le 15 février.

Nous espérons que ce contretemps ne vous portera pas préjudice et vous prions d'accepter nos excuses pour cet incident indépendant de notre volonté.

Annonce d'un envoi

Monsieur,

Les articles que vous nous avez commandés le 5 juillet dernier vous seront livrés le 15 juillet avant 12 heures.

Nous vous en souhaitons bonne réception et espérons que ces produits vous donnent pleine satisfaction.

Vous trouverez ci-joint la facture correspondante à régler comme convenu à la livraison.

Annonce d'une livraison incomplète

Cher Client,

L'un de nos fournisseurs a dû faire face le mois dernier dans son usine à de gros problèmes qui ont paralysé la chaîne de production pendant plusieurs jours.

Les matériaux qu'il devait nous livrer pour la fabrication de vos étagères nous sont parvenus avec un retard d'une semaine. Nous avons tout mis en œuvre pour le rattraper et achever vos articles dans les délais fixés par notre contrat.

Nous ne pourrons toutefois vous livrer le 18 juin prochain que 50 étagères sur 60. Nous serons en mesure de vous envoyer les 10 restantes le 25 juin.

Nous vous prions de nous excuser pour ce fâcheux contretemps et espérons qu'il ne vous causera aucun préjudice.

Réclamations pour retard de livraison

Monsieur,

Je me permets de vous rappeler ma commande du 12 mars dernier portant sur 10 000 prospectus dont la livraison devait s'effectuer sous 15 jours.

Or, je vous signale qu'au 28 mars je n'ai encore rien reçu et vous demande instamment de mettre à ma disposition ces marchandises sous huitaine.

Ce délai passé, je devrai annuler ma commande et vous demander le remboursement de l'acompte que je vous ai versé le 12 mars.

D'autre part, compte tenu du caractère ponctuel de l'offre proposée par ces prospectus et du préjudice qu'occasionnerait leur défaut de livraison, je serai contraint de vous demander paiement de dommages et intérêts.

Monsieur,

A la date du 20 mars 19.., je vous ai passé commande de deux monte-charge de modèle R 213 dont la date de livraison fut fixée par vous-même au 21 avril.

Ces véhicules ne m'ayant toujours pas été livrés dans le délai de quinze jours suivant cette date et n'ayant pas reçu de réponse à ma première lettre de réclamation du 28 avril, je vous mets en demeure de me livrer dans les quarante-huit heures.

En cas de non-livraison passé ce délai, je me verrai dans l'obligation d'annuler ma commande et d'exiger conformément à vos conditions générales de vente, le remboursement de l'acompte que je vous ai versé le 20 mars, majoré des intérêts compensatoires à compter du 5 mai.

Réponse de l'expéditeur pour un retard de livraison

Monsieur,

Nous recevons aujourd'hui même votre lettre du 11 janvier nous informant que les articles que vous aviez commandés le 2 janvier ne vous sont pas parvenus.

Nous en sommes extrêmement surpris, nous les avons confiés le 6 au Sernam et vous auriez dû les recevoir le 8. Vous trouverez ci-joint une photocopie du récépissé qui nous a été délivré au chargement.

Nous vous conseillons de formuler sans tarder des réserves auprès du Sernam. De notre côté nous tentons d'intervenir auprès du bureau expéditeur et nous ne manquerons pas de vous contacter par téléphone pour vous donner toute explication ou information que nous pourrions obtenir.

Nous souhaitons vivement que ce retard ne se prolonge pas et n'entame pas les excellentes relations que nous entretenons.

Pour les transports de marchandises par voie ferroviaire, les réclamations et réserves sont à adresser au chef de gare.
Lorsque la marchandise peut être considérée comme perdue tant le retard est important, on envoie au chef de gare une demande de remboursement.

Monsieur le Chef de gare,

Par ma lettre du 2 mars je vous priais de mettre à ma disposition – les délais de transports réglementaires étant expirés – l'expédition qui m'a été faite le 29 février par la société Bois Déco, route de Paris à Dreux.

Un délai de trois semaines s'est écoulé depuis cette date et je considère la marchandise comme perdue. Je vous prie de me verser la somme de 5 200 francs, valeur des produits que j'aurais dû recevoir.

LITIGES CONCERNANT LA MARCHANDISE LIVRÉE

A la réception de la commande, des problèmes peuvent se poser engageant le client à formuler des réserves ou réclamations: erreur sur la marchandise, marchandise incomplète ou détériorée.

A la livraison, il convient de prendre un certain nombre de précautions. Le destinataire, avant d'accepter la marchandise, vérifie si le nombre de caisses reçues correspond à celui indiqué sur la lettre de voiture (bon d'expédition signé de l'expéditeur et du transporteur) ainsi que le poids des produits éventuellement. Il inspecte également l'état des emballages, ouvre les caisses et vérifie leur contenu pour constater de possibles avaries.

En cas de problème, le destinataire exprime des réserves sur la livraison qu'il accepte sur le registre du transporteur, le récépissé de livraison ou une feuille d'émargement. Les réserves émises doivent être signées du livreur qui a constaté la nature du problème avec le client. Ces réserves ne sont pas de véritables réclamations et le destinataire doit envoyer dans les trois jours un courrier de confirmation. Les réserves seules ne suffisent pas et aucune réparation ne pourra être alors exigée. L'article 105 du code de commerce stipule que “la réception des objets transportés éteint toute action contre le voiturier pour avaries ou perte partielle si, dans un délai de trois jours, non compris les jours fériés qui suivent celui de la réception, le destinataire n'a pas notifié au voiturier par acte extrajudiciaire ou lettre recommandée, sa protestation motivée...”.

Le même type de lettre est à envoyer à l'expéditeur, la responsabilité des dommages lui incombe peut-être.

Si les avaries ne sont constatées qu'après livraison, le destinataire doit arrêter le déballage à l'instant où il les note et demander par courrier au transporteur de venir vérifier et constater avec lui l'état des colis.

Si à la réception de la marchandise le livreur refuse de procéder aux vérifications d'usage, de constater d'éventuelles détériorations ou de signer les réserves, le destinataire ne doit pas accepter la livraison. Il signale immédiatement le fait au transporteur par lettre recommandée et peut avoir recours à une expertise.

Erreur de marchandise

Monsieur,

Nous recevons ce jour notre commande n° 316758 passée le 12 décembre dernier portant sur des serviettes, gants de toilette et peignoirs de bain.

En déballant la marchandise, nous avons constaté qu'une erreur avait été commise concernant les coloris. Nous avons reçu 10 peignoirs rose fuchsia alors que notre commande portait sur 10 peignoirs rose thé référencés sous le n° 361 J.

Nous vous serions reconnaissants de bien vouloir procéder à l'échange de ces articles dans les plus brefs délais.

Dans cette attente...

Excuses pour une erreur de marchandise

Cher Client,

Nous accusons réception de votre lettre du 13 avril dernier nous signalant une erreur sur la marchandise livrée.

Après vérification, nous avons constaté le bien-fondé de votre réclamation et nous vous prions de nous excuser pour ce regrettable incident.

Vous recevrez votre commande de 60 ramettes de papier machine blanc extra-strong 80 g format A4 le 18 avril prochain.

Nous vous proposons de conserver les ramettes que vous avez reçues. Ce type de papier étant d'un usage courant vous les écoulerez sans peine, elles vous seront facturées avec un rabais de 8%.

Vous voudrez bien nous faire savoir si notre offre vous agrée. Réitérant nos excuses...

Réserves, marchandise incomplète

Monsieur,

J'ai pris livraison, le 3 octobre 19.., sous toutes réserves, de l'expédition de la société Salvy exécutée par votre établissement.

La livraison portait sur 10 caisses de boîtes de salade de fruits devant peser 280 kg, je n'ai reçu que 9 caisses, poids total: 252 kg.

Confirmation de réserves

Monsieur,

Nous avons reçu hier, 23 avril 19.., des marchandises expédiées par la société Lemercier et livrées par vous-même.

Nous vous confirmons par la présente les réserves que nous avons émises à la réception de ces marchandises.

2 des 12 caisses prévues manquent en effet. Nous vous prions de nous les remettre dans les quarante-huit heures.

Si elles ne nous parvenaient pas dans ce délai, nous serions en droit de les considérer comme perdues par vous et de vous en réclamer le remboursement. Certains que nous n'aurons pas à prendre cette mesure, nous vous prions de bien vouloir nous tenir au courant des suites que vous pensez donner à cette affaire.

Nous comptons sur votre compréhension et votre diligence.

Réclamation pour des marchandises endommagées

Monsieur,

Nous accusons réception de notre commande n° 76045 portant sur 200 petits cahiers de 100 pages grands carreaux référencés sous le n° 112.C. En ouvrant les emballages, nous avons constaté que de nombreux cahiers avaient été abîmés par l'humidité. Ils présentent un aspect gondolé qui les rend invendables.

Les dommages qu'ont subis ces articles n'ont pu se produire durant le transport puisque les cartons ne présentaient aucun défaut et que les cahiers eux-mêmes n'étaient pas mouillés. Nous joignons à cette lettre un exemplaire de ces cahiers afin que vous puissiez juger par vous-même.

Les dommages portent sur deux cartons, soit 100 cahiers. Nous ne pouvons conserver ces articles et vous prions de procéder à leur remplacement.

Compte tenu de l'imminence de la rentrée scolaire, nous souhaitons que ce problème soit réglé dans les plus brefs délais afin que nous ne manquions pas de ventes importantes.

Le transporteur refuse la responsabilité des avaries

Monsieur,

Vous nous avez signalé que les caisses que nous vous avons livrées le 13 mars dernier (n° de récépissé 16573) vous sont parvenues en mauvais état et que les marchandises ont subi de ce fait de graves dommages.

Vous nous demandez réparation mais nous sommes au regret de ne pouvoir donner de suite à votre réclamation.

En effet, les emballages n'étaient pas à notre charge. Lors du chargement, lesdites caisses présentaient un aspect très fragile. Nous avons alors formulé des réserves à votre fournisseur et c'est auprès de lui que vous obtiendrez réparation du préjudice que vous subissez.

Réponse à un transporteur refusant la responsabilité des avaries

Monsieur,

Nous accusons réception de votre courrier du 10 courant nous signifiant votre refus d'accepter la responsabilité des avaries constatées sur les 20 caisses d'assiettes de porcelaine envoyées par les Etablissements Laplace et livrées par votre société le 2 février dernier.

Votre décision nous contraint à vous mettre en demeure de prouver que lesdites avaries résultent de la force majeure, d'un vice propre de la chose transportée ou d'une faute de l'expéditeur.

Si dans un délai de 24 heures vous ne nous avez pas fourni de preuves précises et déterminées dégageant votre responsabilité, nous engagerons une procédure en responsabilité devant le tribunal de commerce de Nice pour faire procéder à une expertise judiciaire.

Nous faisons dès à présent toutes réserves sur le préjudice que nous avons subi.

Réclamation au transporteur

Monsieur,

Nous avons reçu ce matin même un lot de dix cartons contenant des pâtes alimentaires envoyés par la société Terra Nova et livrés par vous-même sous le bordereau d'expédition n° 72421.

Nous avons remarqué que deux cartons étaient cabossés et semblaient avoir été écrasés pendant le transport. Lors du déballage nous avons constaté que les pâtes étaient brisées.

Nous vous prions de procéder au remboursement de la marchandise détériorée dont la valeur s'élève à 170 francs. Nous tenons à votre disposition les deux cartons endommagés et vous demandons de venir vérifier l'état des emballages et des marchandises.

Nous formulons dès à présent les plus expresses réserves quant aux avaries constatées sur cette expédition.

NON-CONFORMITÉ DES MARCHANDISES

Après vérification, les articles peuvent ne pas répondre exactement aux attentes du client ou à ce qui avait été promis par le fournisseur et fixé par le contrat.

Le client envoie alors une lettre de réclamation avec un échantillon ou un article comme preuve du bien-fondé de sa plainte.

Le fournisseur accepte ou non ces réclamations, remplace la marchandise, propose un arrangement...

Réclamation pour un défaut sur la marchandise

Monsieur,

Nous avons bien reçu votre envoi du 19 septembre dernier correspondant à notre commande n° 56180.

Toutefois, lors du déballage nous avons constaté que cinq manteaux sur les vingt reçus présentaient des défauts de finition: poches cousues légèrement de travers, absence de boutons aux manches, boucles de ceinture posées à l'envers.

Ces malfaçons rendent ces articles invendables en l'état. Nous vous les renvoyons donc en port dû et vous prions de bien vouloir nous les échanger rapidement.

Nous comptons sur votre compréhension et votre diligence habituelle.

Les marchandises reçues peuvent se révéler hors d'état de marche alors qu'elles ne présentaient aucune détérioration apparente. Le client envoie une lettre de réclamation pour obtenir le passage d'un réparateur ou bien le remplacement pur et simple du produit.

Demande de remplacement d'un appareil défectueux

Monsieur,

J'ai fait l'acquisition le 16 janvier dernier d'une photocopieuse de modèle P 3-02 auprès de votre société.

Cet appareil n'a jamais fonctionné. Lors de son passage le 20 janvier un spécialiste de votre service après-vente m'a informé que le problème provenait d'un défaut de fabrication et que la photocopieuse n'était pas réparable.

En conséquence, je vous demande de bien vouloir procéder au remplacement dans les plus brefs délais de cet appareil, conformément aux termes de la garantie.

P.J.: photocopies de la facture, de la garantie et de l'avis de passage du dépanneur.

Réponse du fournisseur au sujet d'une réclamation

Monsieur,

Vous nous avez signifié par votre courrier du 16 mai dernier les réserves que vous émettez au sujet de la qualité des produits reçus le jour même. Afin de régler rapidement ce différend concernant votre commande n° 0784, nous vous adressons l'un de nos spécialistes.

Il sera chargé de constater la nature et la gravité des défauts que vous avez relevés sur nos motopompes thermiques. Dès lecture de son rapport, nous ne manquerons pas de vous présenter nos suggestions pour résoudre ce problème.

Pour l'heure, nous vous demandons de bien vouloir conserver la marchandise en l'état et de croire que nous mettons tout en œuvre pour un règlement amiable au mieux de nos intérêts mutuels.

Le paiement

Le paiement est une des phases de l'exécution du contrat qui prête le plus aux problèmes et litiges. Même dans des conditions normales, cette étape donne lieu à un échange suivi de lettres. Envoi de factures, versements, encaissements, erreurs, réclamations, relevés, toutes les opérations doivent être signalées par écrit et les formulaires prévus à cet effet seront toujours avantageusement accompagnés d'une lettre plus personnelle.

Envoi d'une facture

Monsieur,

Vous trouverez ci-joint la facture n° 76231 d'un montant de six mille cinq cent soixante francs (6 560 francs), correspondant à votre commande n° 6907 passée le 14 février dernier qui vous est expédiée ce jour.
Vous voudrez bien, comme convenu, nous régler dans les huit jours suivant la réception de la marchandise.

P. J.: une facture.

Envoi d'une facture et d'une lettre de change

Cher Monsieur,

Je vous adresse sous ce pli notre facture n° 7123 concernant votre commande n° 643, ainsi qu'une lettre de change de 3 560 francs au 29 février, que je vous prie de me retourner après acceptation.

Envoi d'un chèque

Monsieur,

Vous voudrez bien trouver ci-joint un chèque n° 755036, tiré sur le Crédit Lyonnais de Paris-République, d'un montant de mille soixante-dix francs (1 070 francs) en règlement de votre facture n° 641 du 21 janvier dernier.

Vous en souhaitant bonne réception...

Erreur sur une facture

Monsieur,

Nous accusons réception de votre relevé de facture n° 302 de 12 500 francs et de la lettre de change au 31 juillet.

Nous avons constaté une erreur dans le relevé. En effet, a été omise votre facture d'avoir n° A642 de 1 500 francs datée du 28 mai dernier. Le total doit donc être de 11 000 francs et non de 12 500 francs.

Nous vous prions de bien vouloir rectifier le relevé et nous vous proposons pour éviter l'établissement d'une nouvelle lettre de change d'accepter celle-ci, de 12 500 francs au 31 juillet, si vous vous engagez à nous adresser un chèque de 1 500 francs avant le 20 juillet.

Dès réception de votre accord, nous vous ferons parvenir la lettre de change acceptée et signée.

Réponse à une erreur de facture

Cher Monsieur,

Nous accusons réception de votre courrier du 3 courant nous signalant une erreur commise dans notre facture n° 6266.

Il n'a, en effet, pas été tenu compte lors de l'établissement de cette facture de la remise de 3% que nous vous avions accordée. Nous vous prions de nous excuser pour ce malencontreux oubli.

Vous trouverez ci-joint une facture d'avoir de la différence. En réitérant nos excuses...

LE NON-RESPECT DES ÉCHÉANCES

Des imprévus ou des difficultés passagères peuvent entraîner des négociations sur les conditions de paiement initiales.

Un client à la trésorerie fragile, s'il pense qu'il ne pourra pas s'acquitter de ses dettes dans les délais, a tout intérêt à le signaler rapidement avant même l'échéance. En expliquant honnêtement ce qui l'empêche de régler une facture et en proposant une solution, il a de grandes chances d'obtenir la prorogation de l'échéance, surtout s'il a de bonnes et anciennes relations avec son fournisseur.

Le vendeur répondra sans blâme ni jugement. S'il accepte les nouvelles conditions proposées par son client, il ne manquera pas de mentionner qu'il le fait à titre exceptionnel. Il peut ne pas accepter la totalité des modifications demandées, mais dans le but de ménager son client il a intérêt à proposer un compromis.

Généralement, on ne refuse que si les conditions sont inacceptables, si elles compromettent l'équilibre de la trésorerie du fournisseur ou si avec ce client les problèmes de non-respect des échéances sont fréquents ou systématiques.

Demandes de report de paiement

Monsieur,

Des difficultés de trésorerie imprévues et indépendantes de notre volonté nous contraignent à solliciter de votre bienveillance un report d'échéance de la lettre de change n° 7561297 de 4 500 francs que vous avez tirée sur nous au 30 avril prochain.

Depuis un mois d'importants travaux de voirie interdisent à la circulation la rue où se trouve notre magasin. En conséquence, nous avons vu chuter nos ventes ce mois-ci et il nous sera impossible d'honorer le paiement de votre lettre de change.

Nous vous prions à titre tout à fait exceptionnel de bien vouloir accepter son report au 31 mai.

Nous vous remercions par avance de l'attention que vous accorderez à notre requête.

Monsieur,

Nous venons d'être informés du dépôt de bilan de la société Alric qui était l'un de nos plus gros clients.

Nous craignons que cette cessation de paiement ne nous occasionne des difficultés de trésorerie dans les mois à venir.

Compte tenu de notre déjà ancienne et fructueuse collaboration ainsi que de la régularité avec laquelle nous nous sommes toujours acquittés de nos traites, nous vous demandons un report exceptionnel de trois mois de notre dernière échéance.

Dans l'attente de votre réponse...

Monsieur,

Comme vous avez pu le constater vous-même, l'été n'est pas au rendez-vous. Il en résulte une difficulté, momentanée nous l'espérons, d'écoulement des stocks d'articles saisonniers.

Sur notre commande de 1 500 flacons d'huile solaire nous n'en avons vendu que 70, et ce à dix jours des vacances d'été.

Cet état de fait risque fort de nous occasionner des difficultés de trésorerie. Afin d'éviter dans notre intérêt mutuel les effets de cette gêne passagère, nous vous serions très obligés de reporter au 31 juillet l'échéance du règlement du dernier tiers de votre facture n° 862453 prévu au 30 juin.

Nous comptons sur votre compréhension et vous présentons nos remerciements anticipés.

Réponse à une demande de prorogation

Monsieur,

Nous accusons réception de votre courrier du 12 juin nous demandant une prorogation d'échéance.

Nous avons le plaisir de vous informer que nous comptons donner à votre requête une suite favorable.

Toutefois, le bon équilibre de notre trésorerie étant lié à la régularité des encaissements nous ne pouvons repousser cette échéance qu'au 31 septembre et non au 30 octobre.

Nous ne pouvons vous faire meilleure proposition en respectant nos intérêts mutuels et espérons vous avoir donné satisfaction.

Réponse à un accord de report

Monsieur,

Nous avons bien reçu votre lettre n° 645 AM du 12 juillet dernier.

Nous vous remercions vivement de votre compréhension. Face aux difficultés passagères que nous rencontrons votre bienveillance nous est précieuse.

Nous vous confirmons donc notre accord pour la proposition que vous avez bien voulu nous faire.

Le règlement de votre facture n° 1764 d'un montant de six mille cinq cent trente et un francs (6 531 francs) augmenté des agios correspondants, s'effectuera par traites de 2 131 francs au 15 août, de 2 200 francs au 15 septembre et 2 200 francs au 15 octobre.

Vous trouverez ci-joint les traites acceptées, domiciliées à la BNP, agence de Paris-Italie.

Réponses à des demandes de report

Monsieur,

Le paiement de notre facture n° 8643 devait selon nos accords se régler en six mensualités, avec échéance du premier effet au 16 mars. Notre banque nous ayant avisés de son non-paiement, nous vous avons joint par téléphone et vous nous avez exposé vos difficultés de trésorerie.

Nous avons le plaisir de vous informer que nous consentons à proroger de trois mois l'échéance de ces traites.

Vous aurez bien entendu à assurer les frais d'agios correspondant aux trois mois de report.

Certains d'avoir agi au mieux de vos intérêts...

Monsieur,

Suite à votre courrier du 5 juin dernier nous exposant la situation délicate dans laquelle vous vous trouvez actuellement, nous avons le plaisir de vous annoncer que nous acceptons de revoir avec vous les conditions de paiement que nous avions fixées lors de votre ordre.

Conformément à vos souhaits, le paiement de la facture n° 954237 sera échelonné sur six mois à compter du 15 juin.

Vous trouverez ci-joint les nouvelles traites que nous vous adressons pour acceptation.

Heureux de vous avoir donné satisfaction, nous espérons que cette révision exceptionnelle de nos accords vous aidera à rétablir l'équilibre de votre trésorerie.

En cas de retard imprévu dans le règlement d'une facture, le créancier s'informe de ce non-paiement. C'est là sa première démarche, elle se doit de ne pas être agressive ou accusatrice. Il peut s'agir d'un simple oubli, d'une négligence des services comptables, d'une gêne passagère que le client a omis de signaler et le différend se règle alors à l'amiable, rapidement et en évitant que ne soient compromises les relations entre les deux parties.
Le vendeur tente dans un premier temps de contacter son client par téléphone, lui signale les faits et le prie de régulariser la situation. Le téléphone a dans ces cas-là l'avantage d'être moins formel qu'une lettre et permet une vraie discussion.
Si le créancier pour une raison ou pour une autre n'arrive pas à joindre son débiteur, il envoie un courrier. D'ailleurs, de manière générale, une lettre fera également suite à une conversation téléphonique sur un impayé, cela constitue une preuve que le créancier a bien réclamé son dû et le débiteur ne peut plus feindre un oubli. La lettre sera courtoise, plutôt que d'accuser et sommer brutalement le débiteur de payer, le créancier évoquera avec tact la gêne que lui occasionne le non-paiement de sa facture, la nécessité de régulariser les écritures, il rappellera la confiance et le respect des engagements qui caractérisent leurs relations, exprimera sa surprise... La plupart du temps, suite à cette lettre, le créancier obtiendra des explications et le règlement de sa créance.
Il arrive cependant que le débiteur fasse la sourde oreille. Le créancier envoie alors une deuxième lettre avec une photocopie de la facture, puis un deuxième et un troisième rappel. Le ton des lettres devient de plus en plus sec et impérieux, jusqu'à la menace. Mise en demeure, protêt, injonction de payer sont à disposition du créancier pour obtenir du client récalcitrant un paiement. Avant d'en arriver au recouvrement par voie contentieuse, il convient donc d'envoyer plusieurs lettres recommandées, avec accusé de réception, pour que le débiteur ne puisse pas contester les réclamations de son créancier.
Le recouvrement d'une créance peut s'effectuer par l'intermédiaire d'une société de recouvrement spécialisée, d'un huissier ou d'une action en justice menée par un avocat.
Lorsque le recouvrement se fait par ces moyens-là, le créancier fournit à la personne qui s'en charge un dossier complet comportant tous les documents: commande, bordereau de livraison, facture, lettres de rappel, mise en demeure, dont il garde des photocopies.

Non-paiement d'une facture

Monsieur,

Nous constatons, sauf erreur de notre part, que notre facture n° 54809 en date du 21 juillet 19.. d'un montant de 5 590 francs n'a fait à ce jour l'objet d'aucun règlement.

Il s'agit probablement d'un oubli de votre part, aussi nous vous serions reconnaissants de bien vouloir régulariser votre situation dans les meilleurs délais.

Dans cette attente...

Non-réception d'un billet à ordre

Monsieur,

Nous constatons que nous n'avons pas reçu votre billet à ordre à échéance du 5 décembre 19.., concernant notre facture n° 6537 du 2 novembre 19.. d'un montant de 2 060 francs.

Ce retard, involontaire de votre part, nous en sommes convaincus, nous est dommageable, aussi nous vous remercions de nous adresser ce règlement.

Dans cette attente...

Non-règlement d'une facture

Cher Client,

Mon service comptable me signale ce jour que notre facture n° 9124 concernant votre commande d'ampoules électriques n'a pas été réglée. J'en suis extrêmement surpris et j'ai tenté sans succès de vous joindre par téléphone pour tirer ce point au clair. Compte tenu de nos excellentes relations et du soin que vous portez toujours au respect de vos engagements, je pense qu'il ne peut s'agir que d'un oubli de votre part.

Je vous remercie de bien vouloir régulariser cette situation.

Excuses pour un non-règlement de facture

Monsieur,

Nous avons bien reçu votre courrier du 18 février nous signalant le non-règlement de votre facture n° 564. Nous vous présentons toutes nos excuses pour ce retard et espérons que vous ne nous en tiendrez pas rigueur. Il s'agit en effet d'un regrettable oubli de nos services comptables. Vous voudrez bien trouver ci-joint un chèque barré n° 96753245 d'un montant de 735 francs, en règlement de votre facture.

Réitérant nos sincères excuses...

Réponse à une réclamation injustifiée de paiement

Monsieur,

J'ai bien reçu votre courrier daté du 21 avril dernier me signalant le non-paiement de votre facture n° 7630. J'en suis extrêmement surpris et suppose qu'il s'agit d'une erreur de votre part. En effet, je vous rappelle que vous avez bien voulu proroger l'échéance de ce règlement au 30 avril. Je joins à la présente une copie de votre lettre du 7 me confirmant cet accord. Soyez sûr que vous recevrez en temps voulu un chèque d'un montant de 1 275 francs en règlement de ma commande n° 34980.

Deuxièmes rappels

Monsieur,

Nous vous rappelons notre courrier du 30 avril dernier resté à ce jour sans réponse. Votre compte reste débiteur de la somme de 5 650 francs, montant de notre facture n° 76409 du 20 février dernier. Nous vous serions obligés de nous faire parvenir ce règlement par retour de courrier.

Monsieur,

Nous vous adressons ci-inclus une copie de notre facture n° 16231 dont le montant s'élève à 2 800 francs.

Nous vous serions reconnaissants de vouloir nous couvrir de cette somme par retour de courrier.

Sans réponse de votre part, nous serions contraints de mettre en circulation un reçu, payable à vue et augmenté des frais habituels d'encaissement.

Monsieur,

Ma lettre du 12 mai dernier vous signalant le non-paiement de notre facture n° 45368 est restée sans réponse à ce jour.

J'en suis surpris et navré, nos relations sont depuis toujours basées sur la confiance et le respect des engagements.

Il serait dommageable pour nos deux sociétés que cet impayé compromette notre collaboration.

Certain que vous me comprendrez, je vous prie de procéder au règlement de cette facture et de mettre ainsi un terme à cette fâcheuse situation.

Mise en demeure

Monsieur,

Notre facture n° 3076 restant impayée à ce jour malgré nos courriers des 5, 13 et 20 février, nous sommes dans l'obligation de vous mettre en demeure de nous régler à réception de la présente.

Nous ne pouvons que vous conseiller d'exécuter vivement le paiement des sommes dues afin d'éviter de fâcheuses conséquences judiciaires.

Dernier rappel

Monsieur,

Malgré nos précédents rappels, notre facture n° 87409 reste impayée à ce jour.

Nous vous avisons qu'en cas de non-versement des sommes dues, soit 6 700 francs, sous huitaine, nous serons dans l'obligation de transférer votre dossier à notre service contentieux.

Souhaitant ne pas avoir recours à cette procédure...

Ou: nous devrons procéder au recouvrement de notre créance par voie judiciaire sans autre préavis de notre part.

Ou: nous nous verrions dans l'obligation de transmettre votre dossier à une agence de recouvrement des impayés.

Ou: votre dossier sera remis à un huissier de justice sous quarante-huit heures en cas de non-règlement du montant de notre facture n° 8723.

A défaut, nous envisagerons votre condamnation au paiement du principal, des dépens et des dommages et intérêts (article 1153 du code civil) pour préjudice occasionné par le non-respect de vos engagements.

Ou: nous demanderons au tribunal de commerce de délivrer une injonction de payer.

Lettre à un avocat

Cher Maître,

Nous vous serions reconnaissants de bien vouloir faire le nécessaire auprès des tribunaux compétents afin d'obtenir de la société Marcon & Fils le recouvrement de notre facture n° 65380 d'un montant de 10 800 francs.

Vous voudrez bien trouver ci-joint les pièces nécessaires à la constitution du dossier. Nous nous tenons à votre entière disposition pour vous fournir tous les documents que vous jugerez utiles.

Les administrations

Les sociétés sont en contact régulier avec les administrations, ne serait-ce que pour certaines formalités obligatoires et l'application des règlements en matière de fiscalité, Sécurité sociale, législation du travail, etc.

Les rapports entre les administrations et les entreprises sont très codifiés et la majeure partie de la correspondance s'effectue par formulaires. Des lettres peuvent accompagner les imprimés, elles servent également à la demande de renseignements, au règlement des éventuels différends...

Déclaration d'existence au centre des impôts (dans les quinze jours qui suivent le début de l'activité)

Monsieur l'Inspecteur,

Je vous informe de la création de mon entreprise Laine Import, 28, boulevard Magenta à Créteil, à compter du 1er mars 19...

Veuillez m'envoyer l'imprimé nécessaire à mon inscription auprès de vos services.

Avec mes remerciements anticipés...

Demande de renseignements à l'Inspection des impôts

Monsieur l'Inspecteur principal,

L'une de mes vendeuses, Mme Marie Berthier, ayant donné sa démission avec effet au 1er avril, ma fille, Mlle Lise Fademer, occupe le poste qu'elle a laissé vacant.

Je vous serais reconnaissant de me faire savoir si je puis considérer le salaire versé à ma fille comme une charge de mon entreprise et le déduire de mon bénéfice imposable.

Dans l'attente de votre réponse...

Échelonnement du paiement de l'impôt sur le revenu

Monsieur le Percepteur,

J'accuse bonne réception de votre décision du 12 mai faisant suite à ma demande d'échelonnement de paiement de l'impôt sur le revenu et vous en remercie.

L'annonce ayant été très mauvaise compte tenu des conditions climatiques, l'ensemble de la profession a souffert de difficultés d'écoulement des marchandises et les problèmes de trésorerie n'ont pas épargné mon magasin.

Je confirme par la présente que je m'acquitterai des sommes dues par paiement de 1 500 francs avant le 15 de chaque mois.

Je vous remercie encore pour votre compréhension et les conditions que vous avez bien voulu me concéder à titre exceptionnel.

Demande de renseignements au sujet d'abattements fiscaux

Messieurs,

Artisan cordonnier, j'emploierai à compter du 3 octobre deux salariés.

Je vous serais reconnaissant de me renseigner sur les abattements et exonérations auxquels j'ai droit concernant la taxe professionnelle.

Déclaration d'un employé à l'Inspection du travail

Monsieur le Directeur départemental du travail,

J'ai l'honneur de vous faire savoir que j'ai embauché Mme Isabelle Letuel, résidant 12, rue des Carmes à Meudon, en qualité de secrétaire. Le contrat prendra effet le 1er juin.

Réponse à des travaux demandés par l'Inspection du travail

Monsieur,

Nous avons reçu le 16 mars dernier la visite de M. Loisel, inspecteur du travail.

Il nous a mis en demeure de procéder à l'installation de portes pare-feu à tous les étages.

Nous avons l'honneur de vous informer que les travaux ont été entrepris et achevés le 13 avril par la société Toulabre. Nos locaux répondent ainsi parfaitement aux consignes de sécurité.

Vous trouverez ci-joint une copie de la facture des travaux.

Demande à la Poste d'une machine à affranchir

Monsieur le Receveur,

Notre société est en pleine expansion et le courrier que nous avons à traiter est de plus en plus important. En conséquence, nous serions désireux de disposer d'une machine à affranchir qui allégerait la tâche de nos services. Nous vous serions obligés de bien vouloir nous indiquer la marche à suivre et les tarifs applicables.

Avec nos remerciements anticipés...

Demande à la Poste de distribution d'ISA

Monsieur le Receveur,

En prévision d'une semaine promotionnelle, notre société souhaiterait faire distribuer des imprimés publicitaires dans les XIe, XIIe et XXe arrondissements.

Nous voudrions que cette mission incombe aux services postaux et vous demandons de bien vouloir nous indiquer rapidement, par retour de courrier, le détail des formalités à remplir ainsi que les tarifs pour les envois en nombre de ce type d'imprimés sans adresse.

Nous vous remercions par avance.

Réclamation pour irrégularité dans la distribution du courrier

Monsieur,

Je me permets de porter à votre attention le fait suivant relatif au courrier que mon entreprise reçoit.

Nous recevions régulièrement avant 10 heures le courrier provenant de Paris et posté la veille. Or, depuis trois semaines, ces lettres ne nous parviennent qu'en fin d'après-midi.

Ce retard gêne particulièrement notre société qui a à traiter rapidement ses affaires. Vous voudrez bien rechercher les causes de ce problème et veiller à ce qu'il ne se reproduise pas.

Avec tous nos remerciements...

Demande à la mairie d'un permis de construire

Monsieur,

Notre entreprise se compose actuellement de trois bâtiments: un immeuble de bureaux et deux entrepôts.

Pour faire face à l'expansion de nos affaires, nous souhaitons entreprendre la construction d'un troisième entrepôt sur ce même terrain qui nous appartient.

Nous joignons à la présente le plan du terrain ainsi que celui du projet de ce futur bâtiment.

Nous vous serions reconnaissants de bien vouloir nous faire parvenir le formulaire de demande de permis de construire que nous vous renverrons dans les plus brefs délais.

En vous remerciant...

Demande à la mairie de travaux de voirie

Monsieur le Maire,

Notre société a installé voici cinq ans à Narbonne l'un des plus importants magasins de matériel agricole de la région, qui contribue à faire de notre ville un pôle d'attraction.

Je me permets par la présente d'attirer votre attention une nouvelle fois sur le fait que la route qui mène à notre établissement a considérablement souffert des dernières intempéries, pluies diluviennes puis gel. Le revêtement présente de nombreux nids de poule qui rendent l'accès à notre magasin difficile, voire dangereux. Vous comprendrez, j'en suis sûr, que cela nuit à nos affaires.

Aussi, je sollicite de votre bienveillance que des travaux de voirie soient entrepris dans les meilleurs délais.

En vous remerciant par avance de votre compréhension et de votre diligence, veuillez croire, Monsieur le Maire...

Demande à la mairie d'un permis de stationnement

Monsieur le Maire,

Nouveau venu dans la région, je viens de monter une entreprise commercialisant fruits et légumes de production locale.

J'ai pu apprécier, lors de mes visites de prospection, la grande qualité du marché qui se tient le dimanche matin dans votre ville et je souhaiterais y être présent.

Aussi, je sollicite de votre bienveillance l'obtention d'un permis de stationnement.

Je vous remercie par avance et me tiens à votre entière disposition pour tout renseignement complémentaire.

L'Urssaf (Union de recouvrement des cotisations de Sécurité sociale et d'allocations familiales) perçoit les différentes cotisations versées par les employeurs.

Demande de renseignements à l'Urssaf

Monsieur,

Je vous prie de bien vouloir m'indiquer quelle est la base de calcul à retenir pour le versement des cotisations de Sécurité sociale au titre des avantages en nature (nourriture) accordés au personnel travaillant dans la cantine dont je viens de doter mon entreprise.

En vous remerciant par avance...

Versement à l'Urssaf

Monsieur le Directeur,

Vous trouverez ci-joint un chèque n° 65476860 de 695 francs tiré sur la BNP, agence 817, et daté du 15 mars, en règlement de la taxe de transport due par notre entreprise pour le mois de février dernier.

En vous souhaitant bonne réception...

Monsieur,

Vous m'avez demandé de régler la somme de 145 francs en complément de mon versement du 29 mai de 2 653 francs de cotisations d'assurances sociales afférentes à notre personnel pour le deuxième trimestre.

La différence entre la somme réglée et celle figurant sur votre relevé s'explique par le fait que l'un de nos employés, M. Castang (n° d'assuré social 1 51 12 34 098 006), a quitté notre établissement le 1er mai. Aussi n'a pas été comprise dans mon versement sa cotisation pour mai, soit 145 francs, somme que vous m'avez réclamée.

J'avais informé vos services de la démission de M. Castang par lettre recommandée le 25 avril, mais sans doute aurais-je dû le signaler à nouveau lors de mon versement.

Déclaration d'un accident du travail à la Sécurité sociale

Monsieur,

Vous voudrez bien trouver ci-inclus un dossier d'accident du travail concernant un salarié de notre entreprise, M. Toussaint (n° d'assuré social 1 49 11 75 034 006), victime d'un accident le 3 juin dernier.

L'affiliation à une caisse de retraite complémentaire membre de l'Arrco (Association de régime de retraite complémentaire) ou de l'Agirc (Association générale des institutions de retraite de cadres) est obligatoire.
On déclare tout nouveau salarié.

Demande d'affiliation à une caisse complémentaire de retraite

Monsieur,

Je vous informe de l'embauche d'un nouveau vendeur dans mon magasin. Le contrat de M. Yves Lever prendra effet le 1er septembre prochain. Je vous demande donc son enregistrement. Vous trouverez ci-joint une fiche de renseignements le concernant.

Avec mes remerciements...

Déclaration à la chambre des métiers de l'embauche d'un apprenti

Messieurs,

Notre société est spécialisée dans la production de meubles à façon et effectue divers travaux d'ébénisterie. Nos services comptent à ce jour six salariés et nous souhaiterions embaucher M. Sylvain Stass, âgé de 16 ans, en contrat d'apprentissage. Nous vous serions reconnaissants de bien vouloir nous indiquer les démarches à engager afin que cette embauche puisse être effective dans les meilleurs délais.

En vous remerciant par avance...

Il faut toujours formuler les demandes de téléphone par écrit pour être assuré de leur enregistrement. De plus, pour toute modification France Télécom a besoin d'une preuve écrite que la demande émane bien de l'intéressé.

Demande de téléphone

Monsieur,

Nous venons d'ouvrir deux nouveaux bureaux dans nos entrepôts et désirons y faire installer le téléphone.
Nous souhaiterions disposer de quatre prises de raccordement et de deux postes dans chacune des deux pièces.
Nos bureaux sont ouverts de 9 h à 18 h 30 et accueilleront vos services.

Vous voudrez bien nous faire savoir quand les travaux pourront être effectués. Dans l'attente d'une prompte réponse...

Demande de récepteurs

Monsieur,

Dans le but de garder un contact permanent avec nos collaborateurs en déplacement, nous souhaiterions disposer de récepteurs alphanumériques.
Nous vous serions reconnaissants de nous indiquer la marche à suivre et les tarifs de location de ces appareils.

Dans l'attente de votre réponse...

Les banques

Les banques sont des partenaires incontournables pour les entreprises. Elles effectuent un grand nombre d'opérations indispensables à la vie d'une société: conseil, ouverture de compte courant, octroi de crédit, aide à l'investissement, réalisation des opérations boursières, gestion et transit des règlements d'affaires...

Les mécanismes bancaires et financiers sont très complexes et mettent en jeu des techniques et un langage spécifique. Cependant la correspondance avec la banque est grandement facilitée par l'utilisation quasi systématique de formulaires et imprimés standard.

Pour les cas particuliers – et il s'en trouve toujours –, la communication se fait par lettres. Comme pour tous les autres secteurs, on confirme toujours par courrier toute opération ou ordre donné par téléphone ou télex.

Les lettres à la banque sont particulièrement succinctes tout en restant précises. Le ton est poli mais moins précautionneux et amical que celui adopté pour un client.

Demande d'ouverture d'un compte courant

Messieurs,

Nous vous confirmons par la présente notre demande d'ouverture d'un compte courant dans votre banque pour notre société.

Vous voudrez bien trouver ci-joint les documents que vous nous avez demandés.

Envoi d'un chèque à encaisser

Monsieur,

Je vous remets sous ce pli un chèque n° 54267869 tiré sur la Banque Nationale de Paris, agence de Houilles, daté du 10 juin, d'un montant de trois mille francs (3 000 francs).

Je vous prie de bien vouloir l'encaisser et de porter son montant à mon compte n° 48670250.

Avec mes remerciements...

Demande de rendez-vous pour l'obtention d'un crédit

Monsieur,

Notre société, vous le savez, est en pleine expansion. Le champ de nos affaires s'élargit et nous envisageons de renouveler les machines de notre usine de Clermont-Ferrand afin de rester compétitifs. Je souhaiterais vous rencontrer afin de discuter avec vous de ce projet et des facilités que vous pourriez nous accorder pour cet investissement.

Je vous remercie de me joindre rapidement afin de convenir d'un rendez-vous.

Erreur sur un relevé de compte

Monsieur,

Nous accusons réception de notre relevé de compte du mois de février. Nous avons constaté à sa lecture une différence entre le solde de votre relevé et celui de notre comptabilité. Après vérification, il s'est avéré que le chèque n° 678023907 d'un montant de 1 500 francs a été enregistré pour 150 francs.

Nous vous serions reconnaissants de bien vouloir rectifier rapidement cette erreur.

Réponse à un avis de chèque sans provision

Monsieur,

J'accuse réception de votre lettre du 4 courant par laquelle vous me signalez que le chèque n° 6510124509 de 5 000 francs que j'ai tiré sur votre agence le 24 septembre dernier au profit de M. Lanseuil ne peut être payé faute de provision.

J'en suis très surpris. Je vous ai, en effet, remis le 2 septembre une lettre de change de 6 700 francs payable le 15 septembre, domiciliée au Crédit du Nord, agence 121 à Paris. Je m'étonne que son montant ne soit pas porté à mon crédit.

Je vous prie de bien vouloir effectuer les recherches nécessaires et souhaite qu'elles aboutissent rapidement. Cette lettre de change ayant été acceptée, je vous demande de régler M. Lanseuil.

Je vous remercie par avance.

Ordre de vente en Bourse

Monsieur,

Suite à notre entretien téléphonique, je vous confirme mon ordre de vente. Vous voudrez bien procéder sur mon compte n° 080364523 à la vente à terme de trente actions Saint-Gobain au mieux et pour un prix minimum de 630 francs chacune.

Avec mes remerciements...

Demande de devises

Monsieur,

Je me rendrai pour le compte de ma société à Munich du 11 au 14 mars prochain. Je vous prie de bien vouloir mettre à ma disposition pour le 9 mars dans la matinée 800 deutschemark en traveller's chèques.

Vous trouverez ci-joint la photocopie de mon passeport. Vous remerciant par avance...

D'une banque à un débiteur, demande de respect d'échéance

Monsieur,

Nous avons reçu une traite tirée sur vous par la société Rupple, route des Acacias à Biarritz, d'un montant de deux mille cinq cents francs (2 500 francs) payable le 3 novembre prochain.

Nous vous remercions de bien vouloir respecter cette échéance.

D'une banque à son client, demande de bilan

Cher Monsieur,

Suite à notre entretien du 13 décembre dernier, je vous prie de bien vouloir nous faire parvenir en temps utile le bilan de votre société pour étude et consultation. Je vous serais reconnaissant de remplir et de nous retourner les fiches de renseignements ci-jointes.

Dans l'attente de votre réponse...

Les sociétés peuvent dans les domaines juridique et comptable faire appel aux services extérieurs de sociétés de gestion, experts-comptables, conseils juridiques. L'inscription à un centre de gestion agréé n'est pas obligatoire mais recommandée. Il exige une tenue impeccable des comptes, aide à la gestion et offre également en contrepartie des abattements fiscaux. L'inscription est à faire dans les trois premiers mois de l'activité. Il existe beaucoup de centres de gestion agréés par secteur d'activité et profession: centre de gestion agréé de la boulangerie, des débitants de tabac de France, des pharmaciens...

Lettre à un centre de gestion pour une inscription

Messieurs,

J'ai créé le 1er mai dernier ma propre entreprise. Il s'agit d'une imprimerie spécialisée dans des travaux haut de gamme en quadrichromie, employant cinq salariés. Je souhaiterais inscrire ma société à votre centre de gestion.

Je vous serais reconnaissant de me faire parvenir une documentation sur votre centre ainsi que les formulaires d'inscription.

En vous remerciant...

Envoi de factures à un expert-comptable pour la tenue des comptes

Cher Monsieur,

Vous voudrez bien trouver ci-joint les factures concernant le mois de janvier.

Vous en souhaitant bonne réception...

Demande de conseil à un expert-comptable

Monsieur,

Conformément à votre demande, je vous fais parvenir tous les documents nécessaires au calcul de nos prévisions de trésorerie sur un an.

Je vous serais reconnaissant de bien vouloir également nous faire part de vos remarques concernant notre projet d'ouverture d'un troisième magasin en région parisienne.

Je me tiens à votre entière disposition pour vous fournir tout renseignement complémentaire que vous jugeriez utile.

Dans l'attente de votre réponse et vous remerciant pour votre travail...

Les assurances

Toute entreprise entretient des rapports avec des compagnies d'assurances. Un échange de lettres matérialise ces relations et leur suivi. Il existe un grand nombre de polices d'assurance, des plus incontournables aux plus spécifiques. Assurance des locaux, des biens, des personnes, des véhicules, des transports de marchandises. Assurance contre le vol, l'incendie, les dégâts des eaux, les catastrophes naturelles, les bris de machines... Il en existe de plus spécifiques aux entreprises: responsabilité civile "chef d'entreprise" pour les dommages provoqués par le chef d'entreprise ou l'un de ses salariés; perte d'exploitation en cas de destruction totale ou partielle; "décennale entrepreneur" obligatoire dans le secteur du bâtiment, elle intervient en cas de malfaçons; "crédit clients", elle est une garantie sur le paiement des clients qui deviendraient insolvables, elle couvre les risques mais n'assure pas la trésorerie, à l'étranger ces risques sont pris en charge par la Coface (Compagnie française d'assurance pour le commerce extérieur). Une partie de la correspondance avec les assureurs s'effectue par l'intermédiaire de formulaires à remplir.

Tout changement dans la vie de l'entreprise est à signaler à l'assureur afin que les polices soient revues en conséquence. Dans ces courriers, on n'oubliera pas de mentionner chaque fois le nom et le numéro de l'assuré et ceux du contrat. Les sinistres quels qu'ils soient sont à déclarer dans les plus brefs délais, généralement de quarante-huit heures à cinq jours. La lettre relate les faits avec précision, évoque les causes si on les connaît; on joint également un relevé des dommages subis.

Assurance d'un nouveau local

Monsieur,

Nous vous informons que notre maison ouvrira un nouveau magasin, rue de la République, à Auxerre.

Le bail de location prendra effet le 1er septembre prochain et nous souhaiterions souscrire pour ces locaux une assurance multirisque comparable à celle que nous avons pour notre boutique de la place du Marché, également à Auxerre.

Toutefois, ce local aura une superficie double (395 m^2) et seront entreposées dans l'arrière-boutique des marchandises dont la valeur s'élèvera à 500 000 francs. Vous voudrez bien nous faire une proposition et nous indiquer le montant de la prime.

Nous nous tenons à votre disposition pour tout renseignement complémentaire ou pour une visite des lieux.

Demande de mutuelle

Monsieur,

Mon entreprise, spécialisée dans la commercialisation d'appareils électroménagers, compte à ce jour 47 salariés.

Je souhaiterais souscrire pour tout le personnel une assurance complémentaire maladie.

Je vous serais reconnaissant de bien vouloir me renseigner sur les différents contrats que vous auriez à me proposer.

Dans l'attente de vous lire...

Modification de police

Monsieur,

Notre société entreprend la réalisation d'un vaste projet de modernisation. Décision a été prise, dans un premier temps, d'informatiser totalement nos bureaux.

Nous sommes sur le point d'acquérir des micro-ordinateurs et des imprimantes. Le matériel nous sera livré sous quinzaine. D'une valeur de 350 000 francs, nous souhaiterions que ces biens soient couverts à compter de leur livraison. En conséquence, vous voudrez bien nous faire savoir dans quels termes notre police (n° 3480987) peut être modifiée.

Dans l'attente d'une prompte réponse...

Transport international

Monsieur,

Nous vous signalons que trois de nos camions seront amenés, à compter du 1er octobre, à effectuer des livraisons régulières en Espagne.

En conséquence, nous désirons les assurer en circulation internationale.

Vous voudrez bien nous indiquer la marche à suivre et faire le nécessaire. Vous trouverez ci-joint les papiers de ces véhicules.

Dans l'attente de vos propositions...

Diminution du risque de vol

Monsieur,

Lors de l'établissement de la police d'assurance contre le vol que notre société a souscrite auprès de votre compagnie le 1er janvier 19.., compte tenu du patrimoine mobilier déclaré et des conditions de sécurité de nos locaux, votre agent nous avait proposé une prime de type D.

Nous avons récemment fait effectuer d'importants travaux de sécurité: pose d'un système d'alarme, de serrures spéciales, d'un digicode et de barreaux à toutes les fenêtres du rez-de-chaussée.

En raison de la diminution du risque de vol induite par ces changements nous sollicitons une révision de notre police d'assurance.

Dans l'attente de votre réponse...

Demande de renseignements à la Coface

Monsieur,

Nous sommes sur le point de signer avec la société australienne Stanford un important contrat portant sur 200 tracteurs que nous devrions lui livrer en Australie, fin avril.

Le montant de cette commande s'élèverait à 850 000 francs payables en dix mensualités.

Nous vous serions reconnaissants de nous renseigner sur les conditions de garantie pour les risques de ce crédit.

Nous vous remercions par avance.

Résiliation d'une police d'assurance

Monsieur,

Nous vous informons par la présente de la fermeture de notre boutique de maroquinerie située 21 bis, rue des Lilas, à Thiais. La résiliation du bail de location est fixée au 31 mars prochain.

Nous vous demandons de bien vouloir annuler la police afférente à compter du 1er avril prochain.

En vous remerciant par avance...

Fin du contrat d'assurance

Monsieur,

Notre société est assurée auprès de votre compagnie depuis le 16 septembre 19.., par la police n° 76034289.

Nous vous informons que, conformément à l'article 37 de ladite police, nous résilions notre contrat avec effet au 1er janvier 19...

Avant de déclarer le sinistre à l'assurance, il est nécessaire de déposer une plainte auprès du procureur de la République du tribunal de grande instance du lieu de l'infraction ou au commissariat de police ou à la brigade de gendarmerie qui transmettra la plainte.

Plainte pour vol

Monsieur le Procureur de la République,

Je soussigné, Armand Collard, directeur des ateliers West Cuirs, porte à votre connaissance les faits suivants:

Dans la nuit du mardi 12 avril au mercredi 13 avril 19.., les locaux de mon entreprise ont fait l'objet d'un vol avec effraction. Ont été dérobées 150 vestes en daim pour femme dont la valeur globale s'élève à 165 000 francs.

En conséquence, j'ai l'honneur de déposer une plainte pour vol avec effraction.

La déclaration à l'assurance se fait par lettre recommandée avec accusé de réception. Il est nécessaire de joindre le formulaire fourni par l'assureur et de conserver un exemplaire de la déclaration.

Monsieur,

Veuillez trouver ci-joint une déclaration de cambriolage, sinistre survenu dans nos bureaux dans la nuit du 16 au 17 juillet.

Je joins également une copie de la déclaration de vol faite au commissariat de police du XVe arrondissement et les photocopies (11) des factures des objets volés.

Je tiens à votre entière disposition les originaux de ces pièces.

Déclaration d'incendie

Monsieur,

Nous vous informons qu'un incendie s'est déclaré hier, 12 septembre 19.., en fin d'après-midi, dans les sous-sols de notre bâtiment administratif. Dans ces locaux sont entreposés des archives et un certain nombre de machines.

C'est à 17 h 30 que l'hôtesse-standardiste qui travaille au rez-de-chaussée a été alertée par une odeur de brûlé et une épaisse fumée s'échappant des portes de l'escalier qui mène au sous-sol. Nous avons immédiatement demandé l'intervention des pompiers, qui sont arrivés sur les lieux à 17 h 41 et ont rapidement maîtrisé le feu.

Les causes du sinistre n'ont pu être déterminées.

Nous avons évalué les dommages à 50 000 francs (perte de plusieurs machines, de documents, détérioration des locaux).

Nous vous serions reconnaissants de faire le nécessaire pour un règlement rapide. Nous nous tenons à votre disposition pour tout renseignement complémentaire et pour accueillir votre expert.

Le courrier interne

Notes, rapports, comptes rendus, procès-verbaux permettent de communiquer des informations à l'intérieur de l'entreprise ou de relater et consigner des faits et décisions. Toute société est tenue de garder une trace écrite de certaines études, discussions et décisions; c'est la mémoire de l'entreprise que l'on constitue ainsi. La note de service est le moyen le plus sûr de transmettre une information, des instructions. Trace tangible dont chacun prend connaissance, personne ne peut ignorer ou feindre d'ignorer les indications qu'elle véhicule. Par ailleurs, c'est par le biais de l'écrit qu'on évitera toutes les distorsions auxquelles est soumise une information circulant verbalement. La note est généralement brève, de quelques lignes à deux ou trois pages. Elle informe, incite, demande, explique, rappelle... Elle peut être émise par la direction à tout le personnel mais également de personne à personne et de service à service. La note est présentée le plus souvent sur du papier préimprimé. On y précise la référence, la date d'émission, le nom du destinataire, son objet. Ne comportant ni appel ni formule de politesse finale, elle est malgré tout signée de l'expéditeur.

Note de service de la direction au personnel

Note DS 1993 – 1741

Des travaux vont être entrepris dans le self-service en vue d'une rénovation complète des locaux.

Le restaurant sera donc fermé du 2 janvier au 15 février.

Durant cette période, le personnel aura la possibilité de déjeuner aux mêmes conditions au restaurant d'entreprise de nos bureaux d'import-export situé 12, rue Claude-Debussy.

Note du directeur du personnel à un employé

A Monsieur Adam,

Je vous prie de bien vouloir passer à mon bureau le 12 mai prochain à 10 heures afin de voir ensemble vos dates pour les prochaines vacances.

Note d'un service à un autre

Vous avez transmis au service contentieux le dossier de la société Evasion.

Nous constatons qu'il y manque un document. Il s'agit du double du bordereau de réception de la commande n° 540982.

Vous voudrez bien le rechercher et nous le faire parvenir.

Note de la direction à tout le personnel

La direction rappelle que les horaires de travail sont 9 h 30-18 h 30, y compris le lundi!

Le respect de ces horaires est une des conditions du bon fonctionnement de l'entreprise et aucun retard non motivé ne saurait être dorénavant toléré.

Le procès-verbal et le compte rendu ont pour fonction de relater de façon très précise le déroulement de faits, événements, réunions, visites, accidents...

Le procès-verbal se doit de rester absolument objectif, de s'en tenir strictement aux faits sans commentaires ni partis pris. Le compte rendu peut se permettre d'être plus personnel, d'exprimer une opinion, de faire des remarques, d'émettre des suggestions et des jugements.

Le procès-verbal est rédigé dans le respect de certaines règles par une personne habilitée. Ce document fait foi jusqu'à preuve du contraire. Il est obligatoire pour les manifestations importantes de la vie de l'entreprise, la réunion annuelle des actionnaires par exemple. Y sont consignés tous les sujets abordés, toutes les interventions et les décisions prises.

Procès-verbal de la réunion mensuelle du comité de direction

La réunion mensuelle du comité de direction pour le mois de février 19.. s'est tenue le 27 février à 18 heures dans la salle de conférences.

Elle a été présidée par M. Jacques Moulin, président de la société.

Etaient présents: ...

Etaient absents: ...

L'ordre du jour était le suivant: ...

Au sujet de la création d'un journal d'entreprise M. X a dit: ...

M. Y a répondu: ...

M. Z a fait remarquer: ...

M. W a proposé: ...

L'ordre du jour étant épuisé, le président a clôturé la séance à 20 h 15.

La prochaine réunion du comité de direction est prévue pour le 29 mars à 18 heures, salle de conférences.

Les sujets des comptes rendus sont très variés. On peut demander un compte rendu sur le déroulement d'une manifestation promotionnelle, sur les activités d'un service, sur un stagiaire, sur des documents, etc.

Le rapport est un document assez complexe. Il est beaucoup plus important en volume qu'un compte rendu, il peut constituer un véritable dossier, voire un mémoire. Il demande de la part de celui qui le rédige un gros travail d'enquête, de documentation, d'analyse. Le rapport réunit sur un sujet toutes les informations possibles et en fait le commentaire afin de permettre au destinataire de maîtriser tous les éléments d'un problème en vue d'une prise de décision.
On demandera des rapports sur la possibilité d'implantation d'une usine dans un pays voisin, l'utilisation de nouveaux procédés de fabrication, l'opportunité de restructurer une équipe...
La loi stipule également que les entreprises doivent établir un rapport d'exercice annuel. Il présente les résultats de l'année écoulée. Les actionnaires, les banquiers, clients et fournisseurs, toute personne intéressée par le développement et l'évolution d'une société ou l'état de sa trésorerie peut le demander.
Ce rapport comporte au minimum le compte d'exploitation générale, compte des pertes et profits.
Plus l'entreprise est importante, plus elle a intérêt à étoffer son rapport par d'autres éléments offrant une véritable photographie de l'année: bilan des actions, état et réalisation des projets, revue des différentes activités, bilan social...

Compte rendu d'accident

Un accident s'est produit ce matin même, 18 juillet, à 10 h 45 dans l'entrepôt D. M. André Ansel, manutentionnaire, se dirigeait par l'allée centrale vers le fond du local pour y procéder au transfert de cageots de pêches lorsque, pour des raisons inconnues, une pile de caisses de conserves de fruits s'est renversée, blessant M. Ansel à la tête.

Son front et son cuir chevelu présentaient une large entaille. Il a été transporté à l'infirmerie et soigné. Il a voulu reprendre son travail mais a été pris de vertiges à plusieurs reprises.

Je l'ai alors conduit en voiture à l'Hôtel-Dieu pour qu'il y soit examiné.

Les témoins de l'accident sont M. Georges Fernand et moi-même, M. Jean Riccardo.

Le personnel

Le bon fonctionnement d'une entreprise est étroitement lié à la valeur de son personnel. Le choix des collaborateurs est donc d'une importance primordiale et une grande attention sera accordée au recrutement des employés. Le recrutement peut s'effectuer par petites annonces, par relations, par l'intermédiaire d'un cabinet spécialisé.

LA PETITE ANNONCE D'OFFRE D'EMPLOI

Elle sera, en fonction de l'entreprise et du poste offert, plus ou moins longue et explicite. Rédigée en toutes lettres ou en style télégraphique, elle devra toujours indiquer la nature exacte du poste, le profil du candidat, un numéro ou une adresse à contacter. Plus elle sera précise, moins l'entreprise recevra de candidatures inadéquates.

CHEF DE VENTES. LYON

Rejoignez une multinationale américaine, leader dans le monde des télécommunications.

Au sein d'une petite équipe et sous l'autorité du directeur des ventes, vous aurez pour mission de:
- Prendre en charge 7 commerciaux secteur
- Suivre personnellement quelques grands comptes
- Participer à des réunions internationales
- Superviser l'administration des ventes

A 35 ans environ, vous avez déjà managé une force de vente, soit chez un constructeur, soit chez un distributeur. Vous connaissez bien l'univers des télécommunications et parlez impérativement un anglais courant.
Le poste est basé à Lyon, avec de fréquents déplacements en France et à l'étranger.

Merci d'adresser votre dossier de candidature à...

TRANSPORTS FRIGORIFIQUES DU SUD

recherchent pour leur agence de Bayonne

MECANICIEN FRIGORISTE

possédant CAP mécanicien poids lourds.
Connaissance frigo et expérience 5 ans indispensables.
Adresser CV détaillé et prétentions sous pli personnel à...

Négoc. en vins rech. vendeurs(ses). Tps compl. pr visit. comité d'entrep. Salaire motiv. (réf. souht.). Tél. ts les jrs pr RV au....

Sté en pleine expans. rech. pers. pr promouvoir prod. diététiques. Form. ass. Tél: ...

LES CABINETS DE RECRUTEMENT

Faute de temps, certaines sociétés se déchargent de la recherche d'un collaborateur sur des entreprises spécialisées dans le recrutement. Celles-ci, selon les indications de l'entreprise, prospectent, passent des annonces, sélectionnent les candidatures, recoivent les postulants et les départagent.

Les derniers candidats sont proposés à la société demandeuse. Cette technique de recrutement permet à la société de ne rencontrer que des candidats susceptibles de réellement répondre aux exigences du poste. Le plus souvent, on fait appel à une société de recrutement pour des postes à responsabilités, dans les termes suivants, par exemple:

Correspondance avec un cabinet de recrutement

Messieurs,

Notre société poursuit sa phase d'expansion et nous souhaitons mettre sur pied un service de communication devenu aujourd'hui indispensable. Dans cet objectif, nous sommes décidés à procéder au recrutement d'un(e) responsable de la communication et d'un(e) assistant(e).

Ne pouvant nous consacrer nous-mêmes à la recherche et à la sélection des candidats, nous souhaiterions vous confier cette mission.

En conséquence, nous vous demandons de bien vouloir nous contacter afin de convenir d'un rendez-vous au cours duquel nous pourrons vous présenter notre entreprise et définir avec vous un profil précis pour nos candidats.

Dans l'attente de vous rencontrer...

Monsieur,

Les candidats que vous nous avez fait rencontrer étaient tous d'un excellent niveau et répondaient aux exigences que nous avions formulées. Malgré les grandes qualités dont ils ont fait preuve, nous avons constaté qu'aucun d'eux ne possédait un sens suffisant du contact. Nous pensons que cela pourrait nuire tant à nos affaires qu'à la bonne ambiance de travail qui règne dans notre société.

Nous vous serions obligés de bien vouloir tenir compte de cette remarque pour la sélection des prochains candidats.

Avec tous nos remerciements pour le soin que vous avez déjà apporté à cette mission...

Lettre à une société d'intérim

Messieurs,

Notre société sera présente au Salon des sports et loisirs qui se tiendra du 10 au 17 juin prochain, au Palais des expositions de la porte de Versailles.

Nous cherchons pour cette occasion deux hôtesses chargées de l'accueil et de l'information des visiteurs à notre stand.

Elles devront être présentes du 10 au 17 inclus, de 9 h 30 à 19 h 30. Leur rémunération sera fixée à 500 francs la journée.

Nous souhaitons que ces hôtesses disposent déjà d'une bonne connaissance des sports nautiques et qu'elles parlent un anglais courant.

Vous saurez nous faire savoir rapidement dans quelles conditions vous pourriez vous charger du recrutement de ces hôtesses. Dans l'attente de vous lire...

OFFRE DIRECTE D'EMPLOI

Le recrutement peut également se faire directement. La société envoie alors une lettre d'offre d'emploi à une personne qui lui a été recommandée ou qu'elle a choisie, par exemple, parmi les anciens élèves d'une grande école.

Monsieur,

Nous souhaitons organiser une grande semaine de manifestations à l'occasion du centenaire de notre maison. Nous recherchons pour diriger ce grand projet une personne dynamique et imaginative, capable d'élaborer un projet, de réunir autour d'elle des collaborateurs, d'animer et de suivre leur travail.

Nous avons pu apprécier vos qualités récemment lors du dernier Salon des nouvelles technologies, et tenons votre travail en haute estime.

Notre maison, vous le savez, est mondialement connue et leader sur le marché du champagne.

Nous vous proposons pour cette mission un contrat de six mois, de janvier à juin 19.., avec une rémunération minimale de...

Dans l'espoir de vous rencontrer...

CANDIDATURES SPONTANÉES

Les sociétés sont submergées de lettres de candidature spontanée et si l'on estime que deux entreprises sur trois ne répondent pas à ce type de courrier, la courtoisie la plus élémentaire voudrait qu'on s'y astreigne.

Il arrive d'ailleurs que l'on découvre grâce à ces candidatures de nouveaux talents qui méritent qu'on s'y intéresse pour le bien même de l'entreprise.

Réponse négative à une candidature spontanée

Madame,

J'ai bien reçu votre *curriculum vitæ* qui a retenu toute mon attention.

Malheureusement, nous ne disposons pas actuellement de poste à pourvoir correspondant à vos compétences.

Je conserve cependant, sauf avis contraire de votre part, votre *curriculum vitæ* pour le cas où un emploi viendrait à être disponible.

Je vous adresse tous mes vœux de succès dans vos recherches.

Réponse positive à une candidature spontanée

Madame,

Je vous remercie de m'avoir adressé votre candidature dont j'ai pris connaissance avec le plus vif intérêt.

Nous sommes toujours à la recherche de nouveaux talents et les qualités de votre *curriculum vitœ* m'engagent à en poursuivre l'examen.

Je n'ai toutefois pas, dans l'immédiat, de poste correspondant à votre domaine de compétences à vous proposer mais je serais heureux de vous rencontrer afin de faire mieux connaissance avec vous.

Si cela vous agrée, je vous prie de prendre contact avec mon secrétariat pour convenir d'un rendez-vous.

RÉSULTATS D'UNE PETITE ANNONCE

Pour une annonce parue dans la presse, les entreprises reçoivent souvent un très grand nombre de candidatures. A toutes celles qui ne sont pas sélectionnées pour un entretien, on répondra en remerciant le postulant de sa lettre et en ménageant toujours sa susceptibilité. On peut expliquer pourquoi sa candidature n'a pas été retenue mais sans jamais mettre en doute ses qualités et compétences. Il est de bon ton également de l'encourager et de lui souhaiter bonne chance dans ses recherches.

Lorsque la candidature est retenue, on convoque le postulant à un entretien d'embauche. Il arrive parfois que l'on demande aux candidats de remplir un dossier avant de décider de les rencontrer ou non.

Après ces entretiens, on informe le postulant de la décision prise.

Réponse négative

Monsieur,

Nous avons bien reçu votre offre de collaboration faisant suite à notre annonce et vous en remercions.

Cependant, malgré son intérêt, nous ne pouvons y donner une suite favorable.

En effet, certaines candidatures se sont révélées plus proches des exigences requises pour le poste que nous avons à pourvoir.

Nous vous souhaitons bonne chance dans vos recherches et sommes certains que compte tenu de vos compétences vous ne tarderez pas à trouver une situation qui vous convienne.

Convocation à un entretien d'embauche

Madame,

Nous vous remercions de votre candidature que nous avons étudiée avec l'attention qu'elle mérite. Votre expérience et les qualités que décèle votre lettre nous ont intéressés et nous souhaiterions vous rencontrer pour en poursuivre l'examen. Nous vous proposons donc de bien vouloir vous présenter à nos bureaux le lundi 6 avril à 11 heures où vous vous entretiendrez dans un premier temps avec M. Jean Roussel, directeur du personnel. Nous vous remercions de nous confirmer ce rendez-vous le plus rapidement possible.

Dans cette attente...

Envoi d'un dossier complémentaire de candidature

Monsieur,

Nous avons bien reçu votre *curriculum vitæ* et vous en remercions. Nous l'avons examiné avec toute l'attention qu'il mérite et nous souhaiterions compléter notre information. Nous vous serions reconnaissants de bien vouloir remplir la fiche ci-jointe et de nous la retourner rapidement. Nous vous assurons de la confidentialité des renseignements que vous voudrez bien nous fournir.

Dans l'attente de vous lire...

Seconde convocation

Monsieur,

Notre entretien du 3 mars nous a confirmé vos qualités et nous engage à retenir votre candidature pour un deuxième entretien. Nous souhaiterions vous faire rencontrer M. Charron, notre chef des ventes, sous l'autorité duquel vous seriez susceptible de travailler. M. Charron vous propose de vous recevoir le 11 mars à 14 heures. Vous voudrez bien nous confirmer ce rendez-vous.

Dans cette attente...

Réponse négative après un entretien

Monsieur,

Faisant suite à notre entretien du 17 septembre, nous avons le regret de vous informer que votre candidature n'a pas été retenue. En effet, malgré les nombreuses qualités dont vous avez fait preuve, notre choix s'est porté sur un candidat dont le profil correspondait mieux aux caractéristiques du poste à pourvoir. Ne doutant pas que vous trouviez rapidement un emploi qui vous convienne, nous vous souhaitons bonne chance dans vos recherches.

Avec nos vœux de prompte réussite...

DEMANDE DE RENSEIGNEMENTS

Avant d'embaucher effectivement un nouveau salarié, l'employeur souhaite parfois obtenir des renseignements supplémentaires sur cette personne. Il adresse alors à son ancien employeur une lettre dans laquelle il demande des informations sur les compétences et la personnalité du futur employé. Il le fait avec tact et en assurant de sa plus grande discrétion.

L'ancien employeur répondra et donnera son opinion. Si les renseignements qu'il a à communiquer sont élogieux, il peut les exprimer directement dans sa lettre. En revanche, s'il a à se plaindre de lui, il le fera par téléphone ou bien enverra un courrier très bref où il confirmera simplement, sans commentaire, qu'il a effectivement employé cette personne.

Monsieur,

Mme Anne Delanoy vient de nous présenter sa candidature pour un poste de comptable.

Elle fait mention dans son *curriculum vitæ* de son passage dans vos services de mai 19.. à janvier 19...

Nous vous serions reconnaissants de bien vouloir nous faire part de votre appréciation sur ses capacités professionnelles et sur son comportement personnel. Nous souhaiterions également que vous nous communiquiez le motif de son départ.

En vous remerciant par avance et vous assurant que ces renseignements resteront strictement confidentiels...

Pour faciliter la tâche du destinataire, on peut joindre à la lettre une fiche à remplir.

Monsieur,

Suite à plusieurs entretiens, nous envisageons d'embaucher la personne dont le nom figure sur les documents ci-joints.

Elle assurerait des fonctions de formation dans le cadre d'un programme de réinsertion d'anciens détenus.

Nous avons retenu sa candidature car son profil semble correspondre parfaitement aux exigences de ce poste.

Cependant, avant d'arrêter définitivement notre choix, nous souhaiterions que vous nous communiquiez votre opinion sur ses compétences et son comportement personnel ainsi que sur le travail qu'elle a effectué pour vous de juin 19.. à août 19...

Nous vous assurons de notre discrétion et vous remercions par avance.

Réponse de l'ancien employeur

Madame,

Nous avons effectivement employé Mlle Isabelle Simon de janvier 19.. à février 19.., en qualité de secrétaire de direction.

Elle a toujours fait preuve d'une grande compétence. Elle est sérieuse, capable d'initiatives, d'un contact très agréable et nous a toujours donné pleine satisfaction. C'est avec regret que nous l'avons vue nous quitter pour s'installer en province.

Aussi ne pouvons-nous que vous la recommander chaudement.

Espérant avoir répondu à votre attente...

Il arrive que lors d'une rupture de contrat, l'employeur, pleinement satisfait de l'employé de qui il se sépare à regret, lui remette une lettre d'introduction ou de recommandation qu'il présentera à ses futurs employeurs.

Lettre d'introduction

Cher ami,

Le souvenir des bonnes relations que nous avons entretenues lorsque je me trouvais encore en région parisienne me pousse à vous écrire.

J'emploie actuellement sur mes chantiers M. Guirou en qualité de contremaître. C'est un homme extrêmement compétent et sérieux qui m'a donné pleine satisfaction et dont je me sépare à regret.

En effet, l'épouse de M. Guirou souffre de graves problèmes de santé qui nécessitent des soins particuliers ne pouvant lui être dispensés qu'à Paris. M. Guirou quittera donc son poste chez nous le 30 avril pour venir s'installer dans la région et je me permets de vous le recommander chaudement.

Peut-être pourrez-vous l'employer ou bien le recommander à quelque personne de votre connaissance.

Je vous remercie, cher ami, de ce que vous pourrez faire pour M. Guirou.

Sincèrement vôtre.

Lettre de recommandation d'une stagiaire

Messieurs,

Mlle Sylvie Farel a effectué un stage de trois mois dans nos ateliers en tant que couturière du 1er mars au 31 mai 19...

C'est une personne sérieuse et travailleuse. Elle a fait preuve de grandes qualités d'assimilation et d'adaptation. Elle apprend vite et a su dès son arrivée travailler en bonne intelligence avec notre personnel.

Nous n'avons eu qu'à nous louer de ses services et c'est avec plaisir que nous l'aurions embauchée définitivement si notre équipe n'avait déjà été au complet.

Aussi nous permettons-nous de vous la recommander chaudement.

LA LETTRE D'ENGAGEMENT

Elle confirme ce qui a été arrêté lors des entretiens d'embauche. Elle précise la nature exacte du poste, les tâches particulières qui seront demandées à l'employé si celles-ci ne sont pas stipulées dans la convention collective. Doivent y figurer également la nature du contrat (de travail, d'ouvrage), sa durée (déterminée, indéterminée, avec ou sans période d'essai), la date d'entrée en fonction et la rémunération exacte attachée au poste.

Un contrat est plus ou moins long et varie en fonction des professions. Il est toujours fait en plusieurs exemplaires et signé par les deux parties.

Le futur salarié fait précéder sa signature de la mention "lu et approuvé". L'un des exemplaires est conservé par lui.

Employeurs et employés ont intérêt à se référer à la convention collective applicable au poste et à la bien connaître. Le code APE (code d'activité de la société) attribué par l'Insee permet de déterminer de quelle convention dépend la profession en question.

On peut se renseigner auprès de la Direction départementale du travail et de l'emploi qui en délivrera une copie, ou auprès du *Journal officiel.*

Contrat de travail

Madame,

Comme suite à nos entretiens, nous vous confirmons par la présente que nous vous engageons en qualité de secrétaire comptable.

Les horaires de travail sont 9 h 30-13 h et 14 h-18 h 30, du lundi au jeudi, et 9 h 30-13 h et 14 h-17 h 30 le vendredi.

Votre rémunération brute mensuelle est fixée à 9 400 francs. Vous bénéficierez du 13e mois (décembre vous étant payé double).

Vous aurez droit à cinq semaines de congés payés dont deux pendant la fermeture annuelle, en août.

Vous prendrez vos fonctions le 16 février à 9 h 30 et serez confirmée dans votre emploi après une période d'essai de trois mois. Durant cette période, nous pourrons vous licencier sans préavis ni indemnités et vous pourrez démissionner dans les mêmes conditions.

LA GESTION DES RESSOURCES HUMAINES

Une fois l'embauche effective, le courrier échangé entre l'employeur et l'employé concerne l'application du contrat de travail, ses modifications éventuelles, tous problèmes ou demandes émanant de l'une ou l'autre des parties.

Ce type de courrier fait, la plupart du temps, suite à des entretiens et en confirme les termes, dans les cas où un accord verbal se révèle insuffisant.

Demande de congés annuels

Monsieur le Directeur du personnel,

Mon premier enfant a été scolarisé cette année, aussi je souhaiterais prendre mes vacances en juillet ou en août plutôt qu'en période scolaire comme les années précédentes.

Je vous serais très reconnaissant de bien vouloir me donner satisfaction.

Avec mes remerciements anticipés...

Absence due à la maladie

Monsieur le Chef du personnel,

Je vous informe par la présente que je suis actuellement malade et tenu de garder la chambre pendant huit jours à compter du 12 janvier sur prescription du médecin.

Sauf complications, je serai en mesure de reprendre mon travail le 19 janvier prochain.

Vous trouverez ci-joint le certificat médical d'arrêt de travail.

Lettre d'un représentant au sujet de l'attribution d'une commission

Monsieur,

J'ai bien reçu votre lettre du 7 courant m'indiquant que mon compte de commissions de novembre dernier ne fait pas mention de la commission sur la vente que j'ai faite le 2 novembre dernier à M. Mallet en raison du non-paiement de la facture correspondante.

M. Mallet a eu l'obligeance de m'informer des raisons de son retard de règlement. Les pièces défectueuses des machines qui lui ont été livrées n'ont toujours pas été remplacées.

Je considère que ce fait ne m'est pas imputable, pas plus que la facture impayée de M. Mallet.

Dans ces conditions, je pense que rien ne justifie le non-versement de ma commission sur cette affaire.

Je vous serais donc obligé de bien vouloir en inclure le montant sur mon prochain relevé.

Refus d'augmentation

Monsieur,

Faisant suite à notre entretien du 18 octobre, nous avons le regret de vous informer que nous ne pouvons, compte tenu de la situation de l'entreprise et du contexte économique difficile que traverse notre secteur d'activité, revoir votre salaire à la hausse.

Cependant, nous tenons à vous préciser que nous considérons hautement votre travail et que nous souhaitons pouvoir d'ici six mois donner une suite favorable à votre requête.

Confirmation de promotion

Monsieur,

Suite à nos entretiens des 16 et 21 avril, nous vous confirmons votre nomination au poste de directeur de la communication.

Vous prendrez vos nouvelles fonctions le 3 juin prochain, date du départ de M. Lemoine.

Votre salaire brut, compte tenu des responsabilités attachées à ce poste, sera porté à 16 500 francs par mois.

Certains que vos qualités et compétences s'épanouiront à ce poste à notre satisfaction mutuelle...

En cas de problème de non-respect par l'employé des termes du contrat, des sanctions disciplinaires sont appliquées, allant de l'avertissement simple au licenciement.
Toute sanction doit être signifiée par écrit (lettre recommandée avec accusé de réception). On expose clairement la nature de la sanction et ses causes.

Avertissement

Monsieur,

J'ai constaté en passant dans les bureaux mardi matin qu'une fois de plus vous n'étiez pas encore arrivé à 10 heures alors que vous êtes censé prendre votre service à 9 h 30.

Ces retards se reproduisent trop souvent sans raison valable pour que votre travail n'en pâtisse pas et qu'ils ne puissent entamer notre confiance à votre égard.

Je souhaite vivement que vous respectiez les horaires et que nous n'ayons plus à l'avenir à nous plaindre de vos retards.

Mise à pied

Madame,

Nous vous confirmons les termes de notre entretien du 9 décembre dernier, et vous signifions votre mise à pied pour deux jours, les 11 et 12 décembre prochains, pour cause de grave négligence dans votre travail. S'agissant d'une mesure disciplinaire, ces deux jours ne vous seront pas rémunérés.

Le contrat de travail peut être rompu sur l'initiative de l'employeur ou de l'employé. Si la rupture est le fait du salarié, il s'agit d'une démission, qui sera toujours exprimée par écrit. Des négociations et échanges de lettres concernant les modalités de la démission peuvent faire suite à ce premier courrier. Le salarié n'est pas obligé d'exposer les motifs de sa démission, surtout s'ils mettent en cause la société ou l'employeur. Une exception cependant: il est de bon ton de préciser les raisons d'un départ quand celui-ci se fait "à regret". La lettre de démission sera de préférence envoyée en recommandé avec accusé de réception. On en garde toujours une copie.

Lettre de démission

Monsieur le Directeur,

Je vous prie d'accepter ma démission, pour convenances personnelles, du poste de comptable que j'occupe dans votre société.
Je souhaite me libérer de mes fonctions le 30 juin 19.., soit dans deux mois, délai légal prévu par la convention collective.

Réponses à une lettre démissionnaire

Monsieur,

Nous accusons réception de votre courrier en date du 20 juillet dernier nous présentant votre démission. Nous prenons bonne note de votre décision et nous vous confirmons notre accord pour une cessation de vos fonctions au 30 septembre prochain. Nous avons pu, au cours de ces dernières années, apprécier votre rigueur ainsi que votre sens du contact et nous nous séparons de vous avec regret.

Vous souhaitant succès pour votre installation à l'étranger...

Monsieur,

Nous accusons réception de votre courrier du 6 janvier dernier nous indiquant votre désir de quitter notre entreprise.

Nous en prenons bonne note. Toutefois, nous sommes au regret de ne pouvoir donner une suite favorable à votre demande de ne pas effectuer de préavis.

En effet, le service que vous dirigez avec efficacité et diplomatie depuis trois ans est actuellement sollicité par des affaires d'une importance capitale pour l'entreprise. Ces dossiers exigent un suivi rigoureux et nous ne pouvons laisser votre poste vacant.

Sachez que nous mettons tout en œuvre pour vous trouver le plus rapidement possible un remplaçant afin que la cessation de vos fonctions puisse prendre effet avant le terme de votre préavis fixé au 29 février prochain.

Avec nos sincères regrets...

Lorsque la rupture du contrat de travail se fait à l'initiative de l'employeur, il s'agit d'un licenciement. La procédure de licenciement est très stricte. Outre une série de rappels, avertissements, mise à pied en cas de faute du salarié, le code du travail impose trois phases: une convocation écrite à un entretien, un entretien, une lettre de licenciement (ces lettres sont à envoyer en recommandé avec accusé de réception ou bien en recommandé en main propre). Le congé doit toujours être motivé et l'employé sera informé des raisons qui le provoquent. Les causes de licenciement sont diverses: faute grave, incompétence, désaccord et incompatibilité, compression de personnel, fermeture d'un service, dépôt de bilan...

Non-embauche après une période d'essai

Monsieur,

Suite à notre entretien du 21 mai, nous avons le regret de vous confirmer que, arrivés au terme de votre période d'essai, nous ne pouvons poursuivre notre collaboration.

Nous considérons que votre profil ne correspond pas au poste proposé. En conséquence, vous ne ferez plus partie de nos services à compter du 31 mai prochain.

Vous réitérant nos regrets, nous vous souhaitons prompte réussite dans vos démarches futures.

Lettre de convocation à un entretien

Monsieur,

Nous vous informons que notre société envisage de vous licencier.

En conséquence, vous voudrez bien vous rendre le 18 février prochain à 11 heures au bureau de la direction afin que nous ayons un entretien à ce sujet.

Nous vous rappelons que vous pouvez vous faire assister lors de cet entretien par une personne de votre choix appartenant au personnel de l'entreprise.

Lettres de licenciement

Monsieur,

Suite à notre entretien du 12 janvier dernier, je vous confirme votre licenciement.

Votre désaccord constant avec la politique de vente de la société et vos refus répétés d'appliquer les consignes se sont révélés nuisibles à la bonne marche de nos affaires.

En conséquence, vous quitterez vos fonctions le 31 janvier prochain.

Monsieur,

Suite à notre entretien du 25 septembre, nous avons le regret de vous faire savoir que les problèmes que traverse actuellement notre secteur d'activité et qui touchent de plein fouet notre entreprise ne nous permettent pas de vous maintenir à votre poste.

Conformément aux termes de notre entrevue, cette rupture de contrat prendra effet au 30 septembre prochain.

Nous vous prions de bien vouloir vous présenter avant cette date au service comptabilité afin que nous puissions vous remettre certificat de travail et reçu pour solde de tout compte.

Réitérant nos regrets...

A l'occasion de la rupture (ou fin) de contrat, l'employeur doit remettre impérativement au salarié les documents suivants: certificat de travail et reçu pour solde de tout compte.
Le salarié a la possibilité de contester un reçu pour solde de tout compte ou un licenciement qu'il estime abusif, et de porter l'affaire devant le conseil de prud'hommes.

Reçu pour solde de tout compte

Je soussignée, Camille Garrel, demeurant 38, rue Pablo-Picasso, Massy, reconnais avoir reçu de Trans-Export mon certificat de travail et, pour solde de tout compte, la somme de 12 123,95 francs (douze mille cent vingt-trois francs et quatre-vingt-quinze centimes) par chèque n° 05467839 sur le Crédit Lyonnais, en paiement des salaires, accessoires de salaires, remboursement des frais et de toutes indemnités, quelle qu'en soit la nature, qui m'étaient dus au titre de l'exécution et de la cessation de mon contrat de travail.

En application des articles L 122-7 et R 122-5 du code du travail, le présent reçu pour solde de tout compte a été établi en double exemplaire dont l'un m'a été remis, et pourra être dénoncé pendant un délai de deux mois à compter de ce jour, 31 mars 19...

Certificat de travail

Je soussigné, Antoine Girardin, directeur des établissements Meubles Eco, certifie que M. Philippe Rosi a travaillé dans notre société en qualité de vendeur du 2 janvier 19.. au 31 mai 19...

Dénonciation de reçu pour solde de tout compte

Monsieur le Directeur,

En application de l'article L 122-7 du code du travail, je vous informe que je dénonce le reçu pour solde de tout compte d'un montant de 15 675 francs que j'ai signé le 30 avril dernier. J'ai, en effet, calculé à nouveau le montant de la prime de licenciement et des congés payés qui m'étaient dus et je constate une différence de 1 259 francs avec la somme que vous m'avez versée.

Je vous réclame donc le versement de la différence, en espérant que vous voudrez bien reconnaître le bien-fondé de ma demande. Dans le cas contraire, je me verrais dans l'obligation de vous réclamer le règlement de mon dû devant le conseil de prud'hommes.

Correspondances diverses

Voyages à l'étranger, réservations de restaurant, participation à une foire, invitations, remerciements, vœux de fin d'année, font partie de la vie de l'entreprise.

Les invitations à dîner et les cartes de vœux, si elles semblent sortir des démarches strictement commerciales, ne sont pas à négliger. Elles introduisent une dimension humaine dans le cadre un peu aride des négociations et signatures de contrats. Elles engagent et entretiennent des relations personnelles entre les parties qui ne peuvent que resserrer les liens déjà existants.

Dialogue, confiance et sympathie ne sont pas incompatibles, loin s'en faut, avec les affaires.

LA CARTE DE VISITE

Très pratique, celle-ci ne remplace en aucun cas la lettre, mais elle peut se donner de la main à la main lors d'une rencontre, elle accompagnera parfois un envoi de documents et permettra de l'identifier.

Si on succède à quelqu'un à un poste, il est possible d'envoyer aux personnes avec lesquelles le prédécesseur traitait, et que l'on sera amené à contacter, un petit mot manuscrit joint à une carte de visite.

Une carte de visite n'est jamais ni datée ni signée, et l'emploi de la troisième personne s'impose. Comme la lettre commerciale, destinée à des relations professionnelles, elle se doit d'être sobre et claire. Pas de carton ni de couleur, un bristol fin blanc ou crème est plus adéquat. Pas de motifs, fioritures, fantaisies, seul le logo de l'entreprise peut y être imprimé.

La carte de visite professionnelle comprendra les éléments suivants: les nom, prénom et fonction de la personne, les coordonnées complètes de l'entreprise ou du service. Pour les hommes, on inscrira les nom et prénom sans les faire précéder de la mention “Monsieur”. Il en va de même pour les jeunes filles et les femmes célibataires pour lesquelles on ne précisera jamais “Mademoiselle”. Pour les femmes mariées, il est possible de faire précéder le nom de “Madame” bien que cet usage se perde.

Les dimensions des cartes de visite sont variables, les plus courantes mesurent environ 9 cm x 6 cm.

Réponse à une invitation sur carte de visite

Vous remercie de l'invitation à la réception organisée en l'honneur de M. Vaillant pour son départ à la retraite à laquelle il se rendra avec plaisir.

Excuses sur carte de visite

Vous remercie de votre invitation à l'inauguration de votre nouveau magasin. A son grand regret, il ne pourra s'y rendre en raison d'un engagement antérieur.

Vœux de nouvelle année sur carte de visite

Vous souhaite une année 19.. particulièrement prospère qui vous apporte le succès dans vos affaires.

Vous présente ses meilleurs vœux de santé et de bonheur et vous souhaite prospérité pour la nouvelle année.

Félicitations pour une promotion sur carte de visite

Vous présente ses sincères félicitations pour votre nomination au poste de directeur des ventes.
Il est certain que votre rigueur et votre tact sauront donner une nouvelle dimension aux affaires de votre société et espère traiter très prochainement avec vous.

LA LETTRE

Lettre d'invitation à dîner

Cher ami,

Vous me feriez un grand honneur en acceptant de venir dîner le 8 janvier.
M. Verdier, que vous avez déjà rencontré lors de précédentes négociations, se joindrait à nous. Nous pourrions ainsi étudier ensemble les nouveaux besoins de votre entreprise et parvenir à un accord.
Dans l'attente de votre réponse...

Lettre de remerciements

Cher Monsieur,

J'accuse bonne réception de votre courrier du 6 février m'informant de votre lettre d'intervention auprès de la municipalité cannoise.

Je tiens à vous présenter mes sincères remerciements pour l'aide précieuse que vous nous apportez dans cette affaire et espère pouvoir vous être utile dans un avenir proche.

Lettre d'invitation à une journée portes ouvertes

Cher Monsieur,

Nous sommes heureux de vous convier à une journée portes ouvertes dans notre usine de Douai, le 21 janvier prochain.

Nous nous proposons de vous faire visiter nos locaux et de vous présenter de tout nouveaux produits susceptibles de vous intéresser.

Vous aurez en cette occasion la possibilité de connaître mieux nos méthodes de production et de discuter avec nos spécialistes. La journée sera suivie d'un grand cocktail.

Nous souhaitons vivement que vous nous fassiez l'honneur de votre présence et vous donnons rendez-vous le 21 janvier à 14 h.

Vous trouverez ci-joint un plan d'accès et un coupon de participation que vous voudrez bien nous retourner.

Dans l'attente de vous voir...

Les lettres de vente

Le marketing direct fête son centenaire. En 1895, une société américaine de céréales élabore et expérimente la technique du *couponing*: succès foudroyant. Depuis, le marketing direct n'a cessé de se perfectionner et de se développer. On estime qu'aujourd'hui environ 35 % des entreprises y font régulièrement appel.

Toucher personnellement les éventuels clients et les inciter à l'achat, tel est le principal objectif du marketing direct. Par l'intermédiaire des divers moyens de communication (publipostage, téléphone, presse, catalogue, prospectus, Minitel, etc.), il propose un produit ou un service par un message attractif. Il se différencie de la publicité par son caractère interactif et la réponse immédiate qu'il sollicite.

LES FICHIERS

L'impact d'un courrier de vente est supérieur si le message s'adresse personnellement au client potentiel et si celui-ci est préalablement sélectionné en fonction de critères précis (géographique, socioculturel, professionnel, familial). D'où l'utilisation de fichiers.

Le premier fichier de l'entreprise est celui des clients ou anciens clients dont on garde les coordonnées et pour lesquels on élabore des fiches de renseignements comprenant les dates d'achat, les types de produits commandés, des informations plus personnelles, familiales, culturelles et professionnelles.

Ces fichiers doivent être facilement consultables et à entrées multiples, toujours renouvelés et tenus à jour. Chaque année, sur un fichier clients, on perd environ 20% (changements d'adresse, clients qui n'achèteront plus...). En fonction des besoins, on modifie et on étoffe le fichier.

Outre le fichier personnel de l'entreprise, une société peut consulter les différents répertoires et annuaires (fichiers EDF, Banques, Insee, abonnés aux magazines...). Les fichiers peuvent s'acheter ou se louer auprès d'entreprises spécialisées dans la collecte d'adresses de profils pointus. Les firmes pratiquent également des échanges de fichiers. France Télécom propose sur 3614 Marketis le plus gros fichier de France avec 21 millions d'adresses (18 millions de particuliers et 2,8 millions de professionnels et d'entreprises). Ce fichier est remis à jour en permanence avec 50 000 modifications enregistrées par jour! La sélection des adresses peut se faire par profession, par ordre alphabétique ou par secteur géographique (de la région à la rue). La Poste commercialise différents fichiers par l'intermédiaire de sa filiale Médiapost.

LE MESSAGE

Il doit être conçu pour provoquer une réaction immédiate. Il sera simple et percutant. Il tente, tout en présentant clairement le produit, de transmettre de l'enthousiasme à son égard, de le rendre même indispensable. On mettra l'accent sur la nouveauté du produit, ses avantages et sur tout ce que le client risque de perdre s'il n'en fait pas l'acquisition.

La rédaction de ce type de message se caractérise par des phrases courtes, de petits paragraphes très aérés avec des pastilles ou des étoiles pour les distinguer, des caractères gras pour les mots importants. Il est possible de changer de signes typographiques pour attirer l'œil, mais pas trop car le texte deviendrait illisible. L'accroche est à soigner particulièrement, on aura intérêt à y insérer des mots références qui, tout de suite, évoquent quelque chose et attirent le consommateur: argent, réussite, amour, sécurité, gratuit, qualité, nouveau, incroyable...

Il est possible, en fonction des moyens de l'entreprise et des supports choisis, d'associer un visuel au texte, en veillant à ce que la photo (plus percutante que le dessin) fortement évocatrice n'écrase pas le message écrit. En publicité, l'image est extrêmement importante et son élaboration fait l'objet de grands soins et d'un réel travail de recherche et de création; en marketing direct, l'image se réduit à une représentation simple et claire du produit.

LES SUPPORTS

Le prospectus: c'est la forme la plus simple d'imprimé publicitaire, et la plus largement utilisée.

Le prospectus est de taille et de forme variables. Il peut être carré, triangulaire, rectangulaire, rond..., de toute forme pouvant attirer l'œil. Sa taille importe peu. Le format A4 constitue cependant un maximum et sera peu utilisé car il est encombrant et si usuel qu'il risque de passer inaperçu.

La feuille est imprimée recto-verso ou recto seulement, avec un message court, en gros caractères, accompagné ou non d'un visuel. Un texte trop long a peu de chance d'être lu et partira directement à la poubelle.

De plus en plus on utilise comme support de petits cartons comportant au verso des informations sans rapport avec le produit proposé (calendrier des vacances scolaires, numéros d'urgence...) mais dont l'utilité engage la personne à le conserver sur elle ou à son domicile.

Le dépliant: il est d'un coût beaucoup plus élevé mais se révèle efficace. Véritable vitrine du produit, le dépliant autorise une argumentation beaucoup plus développée; tous les éléments, avantages du produit sont exposés et mis en valeur. Un ou plusieurs visuels le présentent dans ses diverses utilisations et facettes.

Le catalogue: il s'agit de petits catalogues gratuits où, sur une dizaine de pages, est présentée une gamme de produits. Sur les photos des articles, généralement pleine page, le texte est réduit au strict minimum: étiquette "nouveau", prix, par exemple. Un peu à part, on précise les caractéristiques techniques, les avantages du produit, ses garanties.

La lettre: elle est envoyée sous enveloppe, l'enveloppe elle-même devant attirer le regard par des couleurs, des motifs, les classiques mentions "Urgent", "Vous avez gagné"... La lettre comporte une à quatre pages. On doit faire un effort de personnalisation pour que le correspondant se sente directement concerné et la lise. La longueur du texte permet de donner toutes les indications sur le produit et de répondre à toutes les questions que le prospect pourrait se poser sur lui. On soignera particulièrement les débuts de paragraphe grâce à des mots accrocheurs, soulignés ou de couleur différente, pour inciter à la lecture. On attachera beaucoup d'attention au P.S., l'expérience prouve qu'il est fréquemment lu en premier.

LES OFFRES ET STIMULANTS D'ACHAT

Bien souvent une lettre seule ou un simple dépliant ne suffit pas à provoquer une intention d'achat, surtout que le prospect est en permanence sollicité par des mailings de ce type. En plus d'une présentation du produit et de ses avantages, il sera nécessaire d'offrir quelque chose, d'indiquer et d'attirer sur le chemin de l'achat ferme.

Le coupon-réponse: joint ou intégré au support, il est à retourner à la société et permet de s'abonner, de commander, de demander une documentation. C'est une technique qui a fait ses preuves, les démarches du client étant facilitées à l'extrême. Il lui suffit de cocher une case, d'écrire son nom et de joindre un chèque en cas d'achat. La société peut également fournir avec le coupon-réponse une enveloppe T, préadressée qui dispense le client d'affranchissement. Le coupon peut lui-même être un carton T sur le principe d'une carte postale.

Le numéro vert: il est attribué par France Télécom pour ce type d'opérations ponctuelles ou de façon plus permanente. C'est un numéro d'accès direct grâce auquel le client pourra obtenir les renseignements qu'il désire sans avoir à payer la communication. Donner un numéro vert est bien plus efficace que de fournir une adresse où se documenter. Il permet aussi de constituer des fiches de clients potentiels à partir des informations recueillies par le correspondant de la société.

Les avantages pécuniaires: ils sont très attractifs, leur efficacité n'est plus à démontrer et l'on n'envisage plus que très rarement un mailing sans prix spéciaux. Il peut s'agir d'un bon de réduction joint à une lettre, de l'annonce d'une semaine promotionnelle, de crédit gratuit. Il est important que l'offre de prix soit limitée dans le temps afin d'obtenir une réponse et un achat rapide.

L'essai gratuit: le client peut demander à essayer le produit durant un certain laps de temps, gratuitement et sans engagement de sa part. Cette technique s'applique surtout aux produits dont le prix d'achat est élevé ou dont l'utilité et les avantages ne peuvent se mesurer qu'à l'usage. Si la période d'essai ne débouche pas sur une décision d'achat, il va de soi que le prospect est relancé à plusieurs reprises par lettre, appels téléphoniques, passage de représentant... L'essai gratuit est en tout cas l'un des meilleurs moyens de faire sortir le prospect de l'indifférence et de l'inertie.

Les échantillons: cette méthode revient très cher à l'entreprise mais ses résultats sont convaincants en ce qui concerne les produits d'usage assez courant (avec de nombreux concurrents). Cette technique est parfaitement adaptée aux denrées alimentaires (sachets de café, de moutarde, carré de chocolat...) et aux cosmétiques (crèmes hydratantes, shampooings, parfums...).

Les cadeaux: le cadeau reste toujours un stimulant efficace même si cette technique a fait l'objet d'une telle surenchère qu'on a parfois vu des cadeaux d'une valeur presque équivalente au produit proposé à la vente. A tel point, il est vrai, qu'aujourd'hui les cadeaux tels que stylo, calculette n'ont plus grande force d'attraction si ce n'est le simple fait d'être un cadeau.

Satisfait ou remboursé: cette technique met sans aucun doute le prospect en confiance et augmente le nombre des intentions d'achat de façon substantielle.

Jeux et concours: gratuits, sans obligation d'achat ni engagement de quelque sorte que ce soit, les jeux et concours dotés de prix intéressants comme des voitures, des voyages, des caméras, contribuent à faire connaître un produit ou à en accroître les ventes. L'inconvénient de cette technique est que la société se voit submergée de coupons-réponses de personnes qui ne seront jamais acheteuses et que seule motive la perspective d'un séjour pour deux personnes à New York.

Tous les éléments, supports et stimulants, sont combinables à l'infini pour un impact maximal: lettre et échantillon, catalogue et coupon-réponse, prospectus et cadeau...

Notons également que ces techniques ne sont pas réservées à la promotion de produits d'usage courant à l'intention du public; elles fonctionnent aussi pour du gros matériel ou des technologies de pointe d'entreprise à entreprise.

Pour les envois en nombre de lettres publicitaires, la Poste propose des services et tarifs très avantageux pour les sociétés tant au niveau national qu'international. Se renseigner sur 3614 La Poste et, pour l'international, au numéro vert 05 07 40 74 ou aux directions départementales de la Poste.

La Poste se charge également de la distribution des ISA sur un arrondissement, une ville... On peut choisir aussi pour l'exécution de ces missions de faire appel à une société spécialisée. Le Snedip (Syndicat national des entreprises de diffusion en porte-à-porte) regroupe ce type de sociétés.

Exemple de mailing: première lettre avec catalogue

Monsieur,

Spécialiste de la vente d'appareils photo et vidéo, vous constatez chaque jour l'exigence du public.

Exigence technologique. Exigence qualitative. Exigence économique. Pouvez-vous toujours répondre à cette demande?

Consultez le catalogue de notre dernière gamme d'appareils photo et de caméras vidéo. Vous y découvrirez une nouvelle génération de produits à la pointe des dernières découvertes technologiques proposés à des prix réellement concurrentiels.

Destinés tant au grand public qu'aux professionnels, ces articles ne manqueront pas de séduire votre clientèle.

N'hésitez pas à nous contacter. Nous sommes à votre disposition pour répondre à toutes vos questions. Si vous le désirez, vous pourrez rencontrer l'un de nos techniciens afin de discuter de vos besoins sans engagement de votre part.

Deuxième lettre

Cher Monsieur,

Nous vous avons fait parvenir le catalogue de nos nouveaux produits.

Certains que vous l'avez consulté avec intérêt, nous vous réitérons notre offre de rencontre avec l'un de nos spécialistes.

M. Jean-Claude Costes se propose de venir à Martigues tout spécialement pour vous.

Parfaitement au fait des dernières innovations en matière de production d'images et des plus récentes études sur les aspirations et besoins du public, il est à même de vous conseiller utilement.

Nous espérons que vous lui réserverez le meilleur accueil lors de son passage, le mardi 30 mai.

Bien entendu, s'il ne vous était pas possible de le recevoir à cette date, nous sommes tout disposés à en fixer une autre à votre convenance.

Troisième lettre

Cher Monsieur Lacoste,

Nous vous remercions de l'excellent accueil que vous avez réservé à M. Costes.

Il nous a communiqué la haute estime dans laquelle il tient votre magasin et la qualité de vos services.

Il nous a fait part également du vif intérêt que vous avez manifesté pour nos modèles de caméras vidéo haut de gamme. Il nous est agréable de constater que leurs performances ne vous ont pas échappé.

Sachez que nous sommes prêts à discuter avec vous de votre commande afin de trouver les arrangements qui serviront le mieux vos intérêts.

Nous nous réjouissons d'une éventuelle collaboration pour notre mutuelle satisfaction.

Dans l'attente d'une réponse rapide de votre part...

LES LETTRES DE RELANCE

Il est nécessaire d'entretenir ses relations avec ses clients afin d'établir des liens solides de fidélité et de confiance, garants d'achats réguliers.

L'entreprise a toujours intérêt à rappeler qu'elle est à la disposition de ses clients, qu'elle pense à eux pour tel produit ou telle promotion, qu'elle les considère comme des partenaires privilégiés, voire des amis. Le client, même s'il se plaint d'être en permanence sollicité, se sent toujours flatté de ne pas être oublié.

Déjà, au moment de la commande et de la livraison, le fournisseur fera parvenir un nouveau catalogue, des échantillons d'autres produits, un cadeau... Il est possible également d'inclure des encarts publicitaires sur les factures, de proposer des promotions *in pack* ou *on pack* qui figurent à l'intérieur des produits livrés ou sur les emballages.

Ensuite, à intervalles réguliers, le vendeur fait des offres, envoie des dépliants. Il informe les anciens clients des réductions qu'il leur réserve, cette tactique leur confirme qu'ils ont fait le bon choix en s'adressant une première fois à l'entreprise en question.

La technique du parrainage se révèle également très efficace pour recruter de nouveaux clients: contre un cadeau ou des remises intéressantes le client prospecte lui-même pour l'entreprise, il n'y a pas meilleure publicité.

Certains clients, après avoir passé une commande, ne se manifestent plus. Il faut toujours les relancer plusieurs fois avant de les rayer définitivement du fichier. Il est possible de joindre aux lettres de relance un coupon-réponse comportant une proposition négative: coller une vignette “non”, cocher la case “non”. Au moment de répondre “non”, il est fréquent que le client étudie une dernière fois la proposition faite. S’il répond effectivement “non”, on le raye du fichier. Il arrive que certains clients expliquent pourquoi ils répondent négativement, ce qui est toujours riche d’enseignements pour l’entreprise.

Lettre de relance à un ancien client

Chère Madame Lorrain,

Voici les premiers beaux jours!

A l’approche de l’été, vous êtes comme moi j’en suis sûre, vous n’aspirez qu’à ranger vos pulls au fond d’un tiroir et rêvez de petites robes légères et de maillots de bain.

Pour accueillir dignement le soleil, je vous invite à venir découvrir notre collection printemps-été dans notre magasin.

Vous avez déjà pu, l’an passé, apprécier la qualité et l’originalité de nos articles. Ceux de cette année ne vous décevront pas!

Passez donc nous voir avec la carte jointe à cette lettre, vous bénéficierez des 10% de remise que nous réservons à nos anciennes clientes.

Nous espérons avoir le plaisir de vous accueillir très prochainement.
Sincèrement vôtre.

Troisième partie

Le courrier d'affaires en anglais : 90 exemples

PAR T. GORLA ET M. O'SULLIVAN

La présentation des lettres commerciales en anglais

Les différentes présentations adoptées dans la correspondance anglo-saxonne, à savoir à l'américaine, avec date et signature à gauche, et avec alinéas, sont exposées dans le chapitre débutant à la page 267. Dans l'exemple de la page 274, l'adresse du destinataire figure près de la marge de droite pour permettre l'utilisation d'une enveloppe à fenêtre.

Suscriptions

Si le destinataire est un homme	*Mr. John Smith* ou *John Smith Esq.*
– forme au pluriel	*Messrs. Smith & Brown*
– vous commencerez votre lettre par	*Dear Sir* ou *Dear Mr. Smith*
– forme au pluriel	*Dear Sirs* ou *Gentlemen*
Si la destinataire est une femme mariée	*Mrs. J. Smith*
– forme au pluriel	*Mrs. Smith & Mrs. Brown*
– vous commencerez votre lettre par	*Dear Mrs. Smith* ou *Dear Madam*
– forme au pluriel	*Ladies*
Si la destinataire est célibataire	*Miss J. Smith*
– forme au pluriel	*The Misses Smith & Brown*
– vous commencerez votre lettre par	*Dear Miss Smith* ou *Dear Madam*
– forme au pluriel	*Mesdames* ou *Ladies*
Si vous ne connaissez pas le statut de la destinataire	*Ms. J. Smith*
– vous commencerez votre lettre par	*Dear Ms. Smith* ou *Dear Madam*
La formule de politesse	Quand une lettre commence par *Dear Sir* ou *Dear Madam*, la formule de politesse sera *Yours faithfully* ou *Yours truly*, ou encore *Truly yours.* En revanche, si elle commence par *Dear Alan* ou *Dear Mr. Smith* (donc si elle est personnalisée), la formule de politesse sera *Yours sincerely* ou *Cordially yours* ou *With kindest regards,* ou, plus simplement, *Yours.*

Vocabulaire

Comment commencer une lettre	*Beginning a letter*
Nous vous remercions pour votre lettre du (date)	*We thank you for your letter of (date)*
En réponse à votre lettre du (date)	*In reply to your letter of (date)*
Nous accusons réception de votre lettre du (date)	*We acknowledge your letter of (date)*
Nous avons bien reçu votre lettre du (date)	*We received your letter of (date)*
En référence à votre lettre du (date)	*We refer to your letter of (date)*
À propos de votre lettre du (date)	*In connection with your letter of (date)*
Nous vous serions reconnaissants de	*It would be appreciated if*
Nous avons le plaisir de vous informer que	*We are pleased to inform you that*
Veuillez trouver ci-joint	*Please find enclosed*
En ce qui concerne votre demande de renseignements	*With regard to your (enquiry) of*
Comme suite à votre lettre du (date)	*Further to your letter of (date)*
Veuillez nous faire savoir	*Please let us know*
Votre nom nous a été communiqué par	*Your name has been given to us by*
Nous avons vu votre annonce dans "La Gazette" et nous vous serions reconnaissants de	*We have seen your advertisement in "The Gazette" and would be grateful if*
Nous aimerions savoir si	*We would like to know whether*
MM. Brown et Jones nous ont informé que vous	*Messrs. Brown and Jones inform us that you*
Je vous remercie beaucoup pour votre lettre du	*Many thanks for your letter of*
Nous avons le plaisir de	*We have pleasure in*
Vous serez content de savoir que	*You will be interested to know that*
Nous avons le regret de vous informer que/de	*We regret to inform you that/of*
Nous sommes tout à fait désolés d'avoir à vous conseiller de	*We are very sorry indeed to have to advise you that/of*

Nous vous remercions de votre commande	*We are very grateful to you for your order*
Nous avons le plaisir de vous confirmer que	*We are glad to confirm that*
Nous vous joignons	*We enclose*
Joint à cette lettre vous trouverez	*Attached to this letter you will find*
Nous devons attirer votre attention sur	*We have to draw your attention to*
Vous nous avez été recommandé par	*We have been referred to you by*
En réponse à votre lettre du (date)	*Replying to your letter of (date)*
En confirmation de notre télégramme daté de ce jour	*In confirmation of our cable/telegram of today*
Nous sommes surpris/étonnés de trouver	*We were surprised / astonished to find*

Comment conclure une lettre	***Ending a letter***
Dans l'attente de vous lire	*We are looking forward to hearing further from you*
Dans l'attente d'une réponse rapide de votre part	*We are awaiting a speedy reply*
Nous vous saurions gré de répondre par retour du courrier	*Your reply by return of post will oblige*
En vous remerciant d'avance	*We thank you in advance*
Nous espérons vous lire prochainement	*We trust we shall hear from you in the near future*
Nous vous serions reconnaissants de bien vouloir nous répondre rapidement	*We would appreciate a prompt reply / answer*
Nous espérons avoir de vos nouvelles rapidement	*We hope to hear from you shortly*
Nous vous prions de bien vouloir nous répondre avant le (date)	*We must ask you to reply by (date)*

Dans l'attente de recevoir	*We look forward to receiving*
Nous vous saurions gré (de nous communiquer vos réponses/remarques) dès que possible	*We would be grateful for your (reply/comments) as soon as possible*
Veuillez nous adresser (votre catalogue) dès que possible	*Please let us have your (catalogue/quotation) as soon as possible*
Dans l'attente de votre réponse	*We await your reply*
Nous vous prions d'accepter nos excuses pour	*Please accept our apologies for*
Veuillez nous excuser pour	*We apologize for*
Nous restons à votre disposition	*We are always at your service*
Pourriez-vous examiner la question	*Will you kindly look into the matter*
Pourriez-vous nous faire parvenir dès que possible	*Will you please let us have as soon as possible*
Veuillez remplir et nous retourner le formulaire dès que possible	*Kindly complete and return (the form) as soon as possible*
Nous vous remercions de bien vouloir nous avertir par (courrier, télex, télégramme, téléphone) lorsque	*Please advise us by (airmail, telex, cable, 'phone) when*

Annonces pour le recrutement de personnel

Pour éviter un afflux de candidatures ne correspondant pas au poste proposé, l'annonce devra être rédigée de façon à tracer le plus précisément possible le profil du collaborateur idéal, les responsabilités qu'on entend lui confier, ainsi que la rémunération et les primes éventuelles.

Inspecteur des ventes

Nous recherchons un Inspecteur des Ventes doté d'un grand sens pratique, très motivé par la vente, capable d'animer une petite équipe et de développer les ventes dans une nouvelle librairie.

Les candidats justifieront d'un bon niveau d'études, et d'une première expérience de la vente acquise, de préférence, dans un établissement de vente au détail accordant beaucoup d'importance à la présentation des rayons.

La semaine de travail comporte 36 heures sur 5 jours, et comprend quelques soirées et week-ends.

Le salaire est fixé à £ 7 800 annuelles plus d'excellents avantages annexes.

Pour de plus amples renseignements et pour obtenir le formulaire de candidature, prière de contacter:
(nom et adresse de la société)

Correcteur

Nous recherchons un correcteur à plein temps pour nos publications réalisées sur ordinateur. Le poste requiert une attention méticuleuse, une parfaite maîtrise de l'anglais, et une capacité à travailler sous pression de façon à respecter les délais de publication. Une formation étant prévue, une première expérience n'est pas indispensable.

Les lettres de candidature, accompagnées d'un curriculum vitæ, doivent être adressées à:
(nom et adresse de la société)

Directeur général recherche une **secrétaire**.

Expérience exigée. Sténo, dactylo expérience du télex indispensables.
Envoyer lettre + CV à:
(nom et adresse de la société)

Sales supervisor

A Sales Supervisor with a practical and enthusiastic approach to selling is needed to lead a small team and develop sales in a new bookshop.

Applicants must have good standard of education and sales experience, preferably gained in a design conscious retailing organisation.

The supervisor will work a 36 hour, 5 day week including some evenings and weekends.

We offer a salary of up to £ 7,800 per annum plus excellent conditions of employment.

For further details and application form please contact:
(name and address of firm)

Proof reader

A full-time proof reader is required to deal with a range of computer generated abstracts publications. The position requires a meticulous attention to detail, excellent command of English, and the ability to work under pressure to meet publication schedules.

Previous experience is not essential, as full training will be given.

Applications with cv's should be addressed to:
(name and address of firm)

An experienced secretary/pa *to the General Manager required. Shorthand, typing and telex experience essential. Apply in writing with cv to:*
(name and address of firm)

Poste de marketing pour francophone

Éditeur britannique, leader de son secteur (management) recherche un francophone, résidant au Royaume-Uni, pour la promotion et le lancement en France et au Royaume-Uni d'une nouvelle collection d'ouvrages relatifs au commerce.

Les candidats auront entre 25 et 35 ans, justifieront d'un diplôme d'une école de commerce et auront, si possible, acquis une expérience dans le marketing ou la vente.

Le salaire, négociable, sera déterminé en fonction de l'expérience. Les lettres de candidature, accompagnées d'un C.V. détaillé, doivent être envoyées à:
(nom et adresse de la société)

Association professionnelle recherche une **secrétaire** dynamique et compétente pour assister son Secrétaire général. Préparation de l'ordre du jour et des minutes, assistance pour la conférence annuelle, etc... Perspectives motivantes.

Connaissances en comptabilité, sténo et dactylo, indispensables; formation sur traitement de textes assurée.

Salaire compris entre £ 5 800 et £ 8 800.

Adresser les lettres de candidature à:
(nom et adresse de la société)

Marketing opportunity for French speaker

Leading UK Business Information Publisher seeks fluent French speaker, resident in the UK, to promote and market a major new range of business publications in France and the UK.

Applicants should be aged between 25 and 35, preferably educated to a degree level and will ideally possess a marketing or sales background. Salary is negotiable according to relevant experience.

Applications with full cv should be made to:
(name and address of firm)

Capable energetic secretary *sought by Professional Association to assist Association Secretary. Preparation of agendas and minutes, support for annual conference and much more. Good prospects for the right person. Book keeping, audio and shorthand essential; WP training given.*

Salary within range £ 5,800 - £ 8,800.

Applications to:
(name and address)

Lettres de demande d'emploi

Les lettres de demande d'emploi peuvent être rédigées en réponse aux annonces paraissant dans la presse ou envoyées spontanément aux entreprises dont l'activité intéresse particulièrement le chercheur d'emploi.

Ces lettres doivent présenter rapidement la situation du candidat mais ne résumeront ni sa formation ni son expérience professionnelle qui seront détaillées dans le curriculum vitæ.

La lettre devra faire preuve d'une certaine originalité (à ne pas confondre cependant avec l'excentricité).

Candidature à un poste de représentant de maison de haute couture

Messieurs,

En réponse à votre annonce parue dans le "Times" du 22 janvier 19..., j'ai l'honneur de présenter ma candidature au poste de représentant que vous proposez.

Je travaille depuis cinq ans comme représentante de la société Daphne Ladies Handbags Ltd, et je considère que l'expérience que j'y ai acquise ainsi que les contacts que j'y ai développés me permettront d'élargir le champ de mes responsabilités: j'aimerais donc beaucoup faire partie d'une maison de couture aussi réputée que la vôtre.

J'ai 25 ans, je suis célibataire, et je possède une bonne connaissance des langues anglaise et italienne; je me sens donc tout à fait capable de représenter votre société à l'étranger.

Je me permettrai d'ajouter que je pense posséder un solide sens de la mode, et qu'en raison de mon intérêt pour ce domaine je me tiens au courant des nouveautés et suis à l'aise pour en discuter même avec des clients très bien informés.

Vous trouverez ci-joint mon curriculum vitæ, ainsi que des photocopies de mes diplômes. Je me tiens à votre disposition pour un entretien, et vous prie d'agréer, Messieurs, l'expression de mes sentiments dévoués.

Application for a post as fashion representative

Dear Sirs,

In reply to your advertisement in "The Times" of 22 January, 19..., I should be grateful if you would consider my application for the post of sales representative.

I have been working as a representative for five years for Daphne Ladies' Handbags Ltd., and I now feel that my experience and the number of business contacts I have made during this time will enable me to widen my field of action, and I am in fact very keen to work for a top fashion company such as yours.

I am 25 years old, single, and I would feel quite confident in travelling abroad to represent you, as I speak fluent English, and Italian.

May I say that I believe I have a distinct fashion sense, and that my constant interest in this field keeps me up-to-date and able to converse on this topic with even the most knowledgable clients.

I enclose my curriculum vitae and copies of my diplomas, and I do hope that you will grant me the opportunity of an interview.

Yours faithfully,

Candidature à un poste de sténo-dactylo

Messieurs,

En référence à votre annonce parue dans le "Globe" de ce jour concernant le poste de sténo-dactylo, j'ai l'honneur de vous présenter ma candidature.

J'ai 18 ans et je viens d'obtenir à l'"Higgins Commercial Institute" les diplômes R.S.A. de dactylographie (60 mots/minute), de sténo (120 mots/minute), d'Anglais, de Français et de Commerce. Je suis également formée à l'utilisation des traitements de textes I.B.M. que j'ai eu l'occasion d'utiliser lors d'un travail temporaire effectué pour mon père au sein de sa société.

J'aimerais maintenant entrer dans le monde du travail, et vous serais très reconnaissante de bien vouloir m'accorder un entretien. Je vous joins mon curriculum vitæ ainsi que le nom et l'adresse de la directrice de mon école, qui sera prête à vous communiquer tous renseignements complémentaires concernant ma personnalité et ma formation.

Je vous prie de croire, Messieurs, à l'assurance de mes sentiments dévoués.

Lydia Reagan

Application for position as shorthand typist

Dear Sirs,

With reference to your advertisement for a shorthand typist in "The Globe" of today, I should like to apply for the vacancy.

I am 18 years old, and I have just left the "Higgins Commercial Institute", where I gained the R.S.A. Typewriting (60 w.p.m.) and Shorthand (120 w.p.m.) diplomas, as well as those in English, French and Commerce. I am also able to operate the IBM word processor, since I was taught to use one when doing part time work for my father in his company.

I am now keen to enter the working world, and I should be very grateful for the opportunity of an interview. I enclose my curriculum vitae and the name and address of my headmistress, who will be pleased to give you any further information about my character and scholastic achievements that you may require.

Yours faithfully,

Candidature spontanée

Messieurs,

Je travaille à l'étranger depuis maintenant 4 ans, et je projette de m'installer à nouveau en Grande-Bretagne dans les prochains mois. La recherche d'un emploi sera tout naturellement l'une de mes priorités, et c'est dans cette perspective que je me permets de vous écrire.

J'ai séjourné pendant un peu plus de trois ans en France, et j'y retourne régulièrement. J'y ai acquis une bonne connaissance de la langue parlée dans le monde du travail, et j'ai beaucoup apprécié tant les gens que le pays lui-même et sa culture. Je souhaite vivement pouvoir trouver un emploi en Angleterre dans un secteur qui soit en rapport étroit avec la France.

Je considère que ma formation comme mon expérience professionnelle acquises au cours des dernières années pourraient s'avérer très appréciables pour votre société.

J'espère sincèrement que vous prendrez ma candidature en considération si un emploi venait à se libérer dans votre société. Je joins à cette lettre mon curriculum vitæ qui, je l'espère, retiendra votre attention. Je me tiens à votre entière disposition pour répondre aux questions que vous pourriez vous poser à mon sujet. Je peux être jointe à l'adresse suivante: 135 Applebury Rd., Enfield, Middlesex, ENI 3HF. Je serai en Angleterre entre le 31 mars et le 10 avril.

Je vous serais très reconnaissante de me donner une idée des possibilités futures d'emploi au sein de votre société.

En vous remerciant d'avance, je vous prie de croire, Messieurs, à l'assurance de mes sentiments dévoués.

Unsolicited application for employment

Dear Sir or Madam,

I have been working abroad for some four years now, but I am planning to return to the U.K. within the next few months. Naturally finding work will be one of my first priorities, and it is with this in mind that I am writing to you.

I spent just over three years in Italy, and am still a frequent visitor there. I have acquired a working knowledge of the language and a deep love for the people, the country and the culture. I very much hope to find work in England in a field that is closely related to Italy.

I feel that both my education and my work over the past years have given me a wealth of experience which could prove invaluable to you. I sincerely hope that you will consider me for any vacancies which might occur within your organisation. I have enclosed a detailed curriculum vitae which I hope you will take time to read, and I would be happy to answer any questions you may have. I can be contacted at the above address or at my parent's home - 135, Applebury Rd., Enfield, Middlesex, EN1 3HF. I shall be in England from March 31st till April 10th.

I would be most grateful if you could give me at least some indication of the possibilities of future employment with you, and I thank you in anticipation for all your trouble.

Yours faithfully,

Lettre de recommandation

Amory Building
University of Exeter
Exeter EX1 4YN

14 février 19...

Je connais Mademoiselle Lydia Reagan depuis quatre ans, et je considère que c'est une étudiante extrêmement assidue et douée.

J'ai eu Mademoiselle Reagan comme élève dans un cours de Littérature française, où elle s'est toujours distinguée par sa sensibilité, sa méthode, ainsi que sa participation constante et active pendant les cours.

Mademoiselle Reagan fait preuve d'une personnalité ouverte, et d'un comportement agréable qui lui permettra de s'adapter aux situations les plus diverses. De plus, elle possède un solide sens des responsabilités.

C'est donc sans aucune hésitation que je recommande Mademoiselle Reagan pour tout emploi qui pourrait l'intéresser, car je suis certain qu'elle se révélera d'une valeur inestimable pour son futur employeur.

David Coles
Professeur de Littérature française

Reference

Amory Building,
University of Exeter,
Exeter EXI 4YN

14 February, 19...

I have known Miss Lydia Reagan for four years, and have found her to be an extremely industrious and gifted student.

Miss Reagan was my pupil in the French Literature class, and she always distinguished herself for her receptiveness, method, and constant and active participation.

Miss Reagan has a friendly, open personality, with pleasant manners that will facilitate her in any environment. Moreover, she has a distinct sense of responsibility.

Therefore, I do not hesitate to recommend Miss Reagan for any post that may interest her, knowing that she will be an invaluable asset to her future employer.

David Coles
Professor of French Literature

Demande d'emploi au poste de gérant de magasin

Messieurs,

L'un de mes amis, M. Joseph Simpson, qui travaille dans le magasin pour hommes "Top Hat", m'a indiqué que vous étiez à la recherche d'un gérant pour votre boutique pour hommes située en ville.

Je travaille depuis 10 ans chez "Jack Straw's Men's Wear" à Highgate, dans le nord de Londres. J'ai d'abord été assistant puis en 19... je suis devenu gérant, responsable d'un personnel de 11 personnes. C'est avec un profond regret que je dois rechercher un autre emploi, le propriétaire du magasin, M. John Lewis, ayant en effet décidé de prendre sa retraite et de vendre la boutique.

Je suis âgé de 30 ans, marié, père de 2 enfants. Je travaille avec M. Lewis depuis 10 ans. Mes fonctions comprennent la gestion du stock, la comptabilité, la gestion du personnel et des salaires, ainsi qu'une collaboration avec l'acheteur et les étalagistes. J'ai toujours beaucoup apprécié ce travail, et je crois avoir bien réussi dans la mesure où les ventes ont beaucoup augmenté depuis que j'ai pris mes fonctions.

Je joins une lettre de recommandation écrite par M. Lewis. Si vous avez besoin de renseignements complémentaires me concernant, n'hésitez pas à faire appel aux sociétés suivantes qui font partie de nos fournisseurs réguliers:

- M. Davis, Fashionman, 10 Forest Lane, Londres E15 1HA;
- M. Horne, Ulysses, Kingsbury House, The Broadway, London EC IR.

Dans l'attente de vous lire, je vous prie de croire, Messieurs, à l'assurance de mes sentiments dévoués.

Andrew L. Stephens

Application for job as shop manager

Dear Sirs,

My good friend, Mr. Joseph Simpson of "Top Hat" men's shops, has informed me that your are looking for a reliable Manager for your city men's wear shop.

I have been working for "Jack Straw's Men's Wear" of Highgate, North London, for the last ten years, first as an assistant, and then, since 19..., as manager, with a staff of eleven. It is now with deep regret that I am obliged to look for another position because the proprietor, Mr. John Lewis, has decided to retire and sell the shop.

I am thirty years old, married, with two children, and I have been working for Mr. Lewis for ten years. My duties include stock control, bookkeeping, organising the staff and their pay, and collaboration with the buyer as well as the window dressers. I have always enjoyed this work, and I believe I have been successful, as sales greatly improved when I became manager.

I enclose a testimonial from Mr. Lewis, and if you should need any further information about me please apply to the following firms, who are regular suppliers of ours:

- *Mr. Davis, Fashionman, 10 Forest Lane, London E15 1HA*
- *Mr. Horne, Ulysses, Kingsbury House, The Broadway, London EC IR.*

I look forward to hearing from you.

Yours faithfully,

Andrew L. Stephens

Déclaration

J'emploie M. Andrew L. Stephens depuis 10 ans. Dans un premier temps il fut mon assistant et depuis 5 ans il est gérant de mon magasin.

Grâce à son enthousiasme et à son dynamisme, il a réussi, en peu de temps, à doubler puis tripler le volume des ventes; nous n'avons jamais régressé depuis. En outre, sa gaieté et son tact ont été un atout majeur dans l'établissement de bonnes relations avec le personnel, contribuant ainsi à la bonne marche du magasin.

Je suis maintenant dans l'obligation de vendre mon affaire pour des raisons de santé, mais je considère que le futur employeur de M. Stephens tirera grand bénéfice de ses qualités.

John Lewis

Testimonial

Mr. Andrew L. Stephens has been in my employment for the last ten years, first as a shop assistant, and then, five years later, as shop manager.

With his enthusiasm and drive, he was able to double and then triple the sales in my shop within a very short time, and we have not looked back since. Moreover, his cheerful but tactful personality has been a great asset in creating cordial staff relations, all contributing to the smooth running of the shop.

I am now obliged to sell my business for health reasons, but I do feel that whoever next employs Mr. Stephens will gain greatly.

John Lewis

Convocation du candidat pour l'entretien

Lorsqu'une offre d'emploi est publiée dans un journal, on obtient inévitablement de nombreuses réponses. La seule méthode permettant au chef d'entreprise, au chef du personnel ou à leurs collaborateurs directs de choisir la personne appropriée consiste à soumettre les candidats à un entretien.

Mademoiselle,

Nous vous remercions de votre candidature au poste de représentant qui est à pourvoir au sein de notre société.

Notre directeur des ventes, M. Boyle, souhaiterait vous rencontrer à son bureau le jeudi 2 février à 15 heures. Dans le cas où ce rendez-vous ne vous conviendrait pas, veuillez prendre contact avec la secrétaire de M. Boyle, Mademoiselle Shipman, qui vous fixera une autre date.

Je vous prie d'agréer, Mademoiselle, l'expression de mes sentiments distingués.

Nigel Platter
Chef du personnel

Monsieur,

J'ai bien reçu votre courrier concernant le poste de gérant au sein de mon magasin. Je serais heureux de vous rencontrer personnellement à ce sujet, et vous demande de bien vouloir téléphoner à ma secrétaire Madame Higgins, afin de fixer un rendez-vous.

Je vous prie d'agréer, Monsieur, l'expression de mes sentiments distingués.

Dear Miss Simmons,

We thank you for your letter of application and C.V. with regard to the position of representative that is now vacant in our company.

Our Sales Manager, Mr. Boyle, would be happy to meet you in his office on Thursday, 2 February 19.., at 3.00 p.m. If this day or time should not be convenient, please inform his secretary, Miss Shipman, and she will make another appointment suitable for both of you.

Yours sincerely,

Nigel Platter
Personnel Manager

Dear Mr. Stephens,

I acknowledge your letter and testimonial of (date) concerning the vacant position of Manager in my shop. I should be pleased to discuss the matter personally with you, and would ask you to telephone my secretary, Mrs. Higgins, in order to fix an appointment.

Yours sincerely,

Vocabulaire

Petites annonces et candidatures	*Job advertisements and applications*
Chercher / Être à la recherche de	*To seek/to look for*
Poser sa candidature	*To apply*
Candidature	*Application*
Employer	*To employ*
Employeur	*Employer*
Employé	*Employee*
Fixer un rendez-vous / Nommer	*To appoint*
Rendez-vous	*Appointment*
Comptable	*Bookkeeper*
Comptabilité	*Bookkeeping*
Affaire / Société / Entreprise	*Business / firm / company*
Correspondant	*Correspondent*
Employé de bureau	*Clerk*
Aide-comptable	*Junior accountant*
Poste / Emploi	*Position, post*
Poste vacant / Poste à pourvoir	*Vacancy*
Personnel	*Staff*
Lettre de recommandation	*Testimonial*
Prendre en charge	*To take charge*
À votre convenance	*At your convenience*
Entretien	*Interview*
Diplôme	*Degree*
3e cycle universitaire	*Post-graduate*
Qualifié	*Well qualified*
Capable	*Capable*
Obtenir un diplôme	*To gain a diploma*
Suivre un cours	*To attend a course*
Dactylographie	*Typewriting*

Taper à la machine	*To type*
Dactylographe / Dactylo	*Typist*
Sténographie	*Shorthand*
Occuper un poste	*To fill a situation*
Permis de conduire	*Driving licence*
Libéré des obligations militaires	*Exempt from military service*
Université	*University*
Faculté / Département / École	*College / department / school*
Établissement du secondaire	*High school*
Parler couramment (anglais)	*To be fluent in (English)*
Votre annonce parue dans le journal de ce jour	*Your advertisement in today's newspaper*
Je vous serai reconnaissant de bien vouloir prendre en considération ma candidature	*I should be grateful if you would consider my application*
Je travaille actuellement chez / Je suis employé par	*I now work for / am in the employment of / am employed by*
Vitesse	*Speed*
Mots par minute / signes par minute	*W.p.m. / s. p. m.*

Réponse au candidat après l'entretien

Pour chaque poste disponible, un seul candidat sera retenu; il sera cependant nécessaire d'informer tous les postulants de la décision prise à l'issue des entretiens, ainsi que le dictent les règles de la courtoisie. Les réponses négatives doivent être aussi impersonnelles que possible.

Réponse négative à la suite d'un entretien

Mademoiselle,

Suite à l'entretien que vous avez eu avec notre chef du personnel, M. Brind, le mardi 13 février 19.., nous avons le regret de vous informer que l'emploi que vous postuliez a été pourvu.

Nous vous remercions de l'intérêt que vous portez à notre société. Nous conservons votre dossier de candidature afin de vous contacter dans le cas où une opportunité similaire se représenterait.

Nous vous prions de croire, Mademoiselle, à l'assurance de nos sentiments distingués.

Réponse négative à la suite d'une candidature spontanée

Mademoiselle,

Nous vous remercions pour votre lettre de candidature que nous avons reçue le (date), concernant un emploi dans notre société. Votre profil nous a paru très intéressant, mais nous n'avons malheureusement pas de poste à pourvoir en ce moment au sein de notre entreprise. Nous conservons cependant votre dossier afin de vous contacter dès que l'occasion s'en présentera.

Nous vous prions de croire, Mademoiselle, à l'assurance de nos sentiments distingués.

Negative reply following interview

Dear Miss Aldridge,

With reference to the interview held on Tuesday, 13 February 19.. between you and our Personnel Officier, Mr. Brind, we regret to inform you that the vacant post has now been filled.

While we thank you for your interest in our company, we have filed your application for reference in case of future need, and we shall not hesitate to contact you if another similar occasion arises in the future.

Yours sincerely,

Negative reply to unsolicited application

Dear Miss Reagan,

We thank you for your application and C.V. of (date) for a position in our company. While we found your letter and qualifications extremely interesting, there is unfortunately no vacant post in our firm at the moment, but we have filed your letter and we shall certainly be in touch with you whenever the occasion presents itself.

Yours sincerely,

Réponse favorable à la suite d'un entretien

Monsieur,

Suite à notre entretien de la semaine dernière, et après avoir reçu des réponses favorables de deux des références que vous nous aviez fournies, j'ai le plaisir de vous proposer le poste de gérant de magasin. Je souhaiterais que notre collaboration débute le 3 mars, selon les termes et aux heures sur lesquels nous nous étions entendus lors de notre entretien.

Dans l'attente de recevoir votre lettre de confirmation, je vous prie, Monsieur, de bien vouloir agréer l'expression de mes meilleures salutations.

Lettre de confirmation du candidat retenu

Monsieur,

En référence à votre lettre du (date), dans laquelle vous m'informez de votre décision de m'engager en tant que gérant de magasin, je confirme par la présente que j'accepte cet emploi aux conditions sur lesquelles nous nous étions mis d'accord lors de notre entretien.

Je profite de cette occasion pour vous remercier de la confiance que vous témoignez à mon égard, et vous assure que je ferai mon possible pour vous satisfaire pleinement.

Je vous prie de croire, Monsieur, à l'assurance de mes sentiments dévoués.

Favourable reply following interview

Dear Mr. Stephens,

Following our interview of last week, and after having received favourable replies from the two referees you provided, I am pleased to offer you the position of Shop Manager. I should like you to make a start on Monday, 3rd March, at the terms and hours we agreed upon during our interview.

I look forward to receiving your confirmation.

Yours sincerely,

Confirmation from successful candidate

Dear Sir,

With reference to your letter of (date) in which you inform me of your decision to take me on as Shop Manager, I confirm my acceptance of this position at the conditions agreed upon during our interview.

May I take this opportunity to thank you for the trust you have placed in my abilities, and to assure you that I shall do my utmost to justify your confidence.

Yours faithfully,

Demandes de renseignements

Vous trouverez ici les expressions nécessaires pour formuler une demande de renseignements détaillés sur des produits ou des services, et pour en obtenir le prix ou le devis. Tous les détails déjà connus, comme le numéro de référence du catalogue, le modèle, les coloris et les formats désirés, doivent être mentionnés sur la demande, de façon à faciliter l'identification du produit. De même, il est utile, dans la rédaction de la demande, de communiquer au fournisseur des informations concernant les quantités, les délais de livraison et les modes de paiement souhaités.

1. Lettre d'un détaillant à un fabricant – Présentation à l'américaine

HARRIS HARGRAVE LTD.
92, Wall Road
LONDON, EC10 JML

Le 15 janvier 19...

SUNSHINE BATHROOMS Ltd.
18 Braemar Road
PLYMOUTH
PL2 3YZ

Réf.: TJ/AE/BU.

Messieurs,

Nous vous serions reconnaissants de bien vouloir nous faire parvenir des renseignements détaillés sur les salles de bain dont nous avons vu des publicités dans le numéro de décembre de la revue "The Bathroom". Les modèles qui nous intéressent en premier lieu sont "Sunrise", "Waterfall" et "Springtime" dans les tons pastels bleu, vert et jaune. Ces modèles aux formes linéaires nous sont très fréquemment demandés, la plupart de nos clients étant des professionnels du bâtiment qui recherchent des produits solides et fonctionnels à un prix raisonnable.

Si vos prix nous conviennent, nous prévoyons des commandes d'au moins 10 salles de bain par mois. Merci de bien vouloir nous communiquer les tarifs en fonction de ces quantités, en incluant les frais de transport par chemin de fer. La livraison devra intervenir dans les deux semaines suivant la réception de la commande. Nos fournisseurs habituels nous consentent des délais de paiement à 60 jours.

Certains de nos fournisseurs, dont vous trouverez les coordonnées ci-dessous, pourront vous fournir toute information concernant notre société:

Société Evans Jones, 16 Rose Hill, Cheshire, M33 4PP

Excel Pipes Ltd., 1a Baker Street, Birmingham, B9 5UT

Johnson Aluminium Fittings, Ltd., 19 Broad Street, Sheffield.

Dans l'attente de vous lire, je vous prie de croire, Monsieur, à l'assurance de mes sentiments distingués.

Harris Hargrave Ltd.

Alan Jackman
Acheteur

1. From retailers to manufacturers – Fully blocked style

HARRIS HARGRAVE LTD.
92, Wall Road
LONDON, EC10 JML

15 January, 19..

Sunshine Bathrooms Ltd.
18 Braemar Road,
PLYMOUTH
PL2 3YZ

Ref.: TJ/AE/BU.

Dear Sirs,

We should be grateful to receive details of your bathrooms suites as advertised in the December issue of "The Bathroom". We are particularly interested in models "Sunrise", "Waterfall" and "Springtime" in the blue, green and yellow pastel shades, as these linear designs are frequently requested by our customers, most of whom are members of the building trade looking for strong, functional quality combined with reasonable prices.

If your prices are right for us, we can foresee orders of at least ten suites per month. Please quote us for these quantities, carriage paid by rail. We should require delivery within two weeks of receipt of order, and our regular suppliers grant us payment at sixty days.

The following firms, regular suppliers of ours, will be pleased to provide you with any further information about our business:

Messrs. Evans Jones, 16, Rose Hill, Cheshire, M33 4PP

Excel Pipes Ltd., 1ª Baker Street, Birmingham, B9 5UT

Johnson Alumium Fittings, Ltd., 19 Broad Street, Sheffield.

We look forward to hearing from you shortly.

Yours faithfully,
Harris Hargrave Ltd.

Alan Jackman
Buyer

2. Lettre d'un importateur de produits alimentaires à un fournisseur étranger – Présentation avec la date et la signature à droite

WHOLESALE FOOD IMPORTERS LTD.
83, Queen Street
LONDON, W1V 5PN

Le 19 janvier 19...

VASSILOPOULOS SONS
Aritis 50
ATHÈNES, Grèce

Réf.: ML/JE.

Messieurs,

La demande pour des produits alimentaires continentaux augmentant régulièrement depuis quelques mois, nous vous serions reconnaissants de bien vouloir nous faire parvenir vos tarifs C.A.F. pour Londres concernant le fromage feta, le yogourt entier, les olives vertes et noires, les œufs de poissons en conserve et les pâtisseries grecques en tout genre. Le transport rapide en container réfrigéré du fromage, des yogourts et des pâtisseries devra bien sûr être envisagé. Nous vous demandons de bien vouloir étudier cela, en sachant qu'il est possible que nous vous commandions également de l'ocre et de l'aneth frais.

Nous comptons parmi nos clients deux grandes chaînes de supermarchés à Bristol, et nous nous développons rapidement dans le reste du Royaume-Uni. Vous comprendrez donc facilement combien il nous est important de recevoir des produits de qualité constante, et de pouvoir compter sur une livraison rapide de ces produits.

Dans l'attente de recevoir vos commentaires sur cette éventuelle collaboration qui pourrait s'avérer profitable pour vous comme pour nous, nous vous prions d'agréer, Messieurs, l'expression de nos sentiments dévoués.

Stephen Rodway
Directeur du Marketing

2. From importers of foodstuffs to overseas foodstuffs dealers – Semi-blocked style

WHOLESALE FOOD IMPORTERS LTD.
83, Queen Street,
LONDON, W1V 5PN

19 January, 19...

Messrs. Vassilopoulos Sons,
Aritis 50
ATHENS, Greece

Ref.: ML/JE

Dear Sirs,

As there has been a steadily increasing public demand for continental foods during the past few months, we should be glad to receive your CIF London prices for feta cheese, full cream yogurt, black and green olives, tinned fish roe and all types of Greek cakes. Naturally, the cheese, yogurt and cakes will require fast, refrigerated transport, and we would ask you to arrange this, bearing in mind that we may place orders for fresh ochre and dill later on.

Our clients include two large chains of supermarkets in Bristol, and we ourselves are expanding rapidly over the rest of the United Kingdom. You will therefore understand how important it is for us to receive goods of consistent quality, and how we must be able to rely on prompt delivery.

We look forward to receiving your comments on what may be a mutually profitable collaboration.

Yours faithfully,

Stephen Rodway
Marketing Manager

3. Lettre d'un détaillant à un fabricant étranger – Présentation avec alinéas

SWEET DREAMS LINGERIE
1, Bond Street
London, WC2R OBP

Le 21 janvier 19...

La Diamante
Via Ariosto 6
Milan 20145

Monsieur,

Nous serions heureux que vous puissiez nous faire parvenir des renseignements complémentaires concernant votre gamme de chemises de nuit en soie et polyester "Stella" exposée dans votre stand à la foire de Paris en juin.

Votre représentant nous a fourni quelques indications de prix en juin, mais nous avons trouvé ces tarifs assez élevés. Nous pensons pouvoir vous passer commande pour environ 20 articles par mois, si vous consentez à baisser vos prix de 10% par rapport à ceux cités à la foire.

Dans l'attente de vous lire, je vous prie, Monsieur, de croire à l'assurance de nos sentiments distingués.

Jane McMillan
Acheteuse

3. From retailers to overseas manufacturers – Indented style

SWEET DREAMS LINGERIE
1, Bond Street
London, WC2R OBP

21 January, 19..

La Diamante
Via Ariosto 6
Milan, 20145

Dear Mr. Brambilla,

We should be pleased to receive further information about your "Stella" range of ladies' silk and polyester nightwear, as exhibited on your stand at the Paris Fair in June.

Your representative gave us some indicative prices in June, but we found these rather high. We believe that we could place regular monthly orders for about twenty garments if you lowered your prices by 10% compared to those quoted at the Fair.

We look forward to receiving your reply.

Yours sincerely,

Jane McMillan
Buyer

4. Lettre d'un détaillant à un fabricant. Présentation pour utilisation d'enveloppes à fenêtre

PARTRIDGE'S SHOE SHOPS
16, High Street
Weybridge, Surrey

Le 25 janvier 19...

Ms. Katy Davis
Cathedral Shoes
28 Causeway Road
HARROW
HAI 2HA

Madame,

Nous vous serions reconnaissants de bien vouloir nous faire parvenir des renseignements détaillés sur votre collection de printemps de chaussures pour dames et pour hommes, ainsi que sur vos conditions habituelles.

Veuillez agréer, Madame, l'expression de nos meilleures salutations.

Brenda Stone

5. Lettre d'un détaillant à un grossiste ou à un fabricant

Monsieur,

Nous vous serions reconnaissants de bien vouloir nous faire parvenir votre catalogue ainsi que vos tarifs concernant les vêtements d'enfants de 0 à 5 ans.

Veuillez agréer, Monsieur, l'expression de nos meilleures salutations.

4. From retailers to manufacturers – Layout for use with window envelope

PARTRIDGE'S SHOE SHOPS
16 High Street
Weybridge, Surrey

25 January, 19...

Ms. Katy Davis
Cathedral Shoes
28 Causeway Road
HARROW
HAI 2HA

Dear Ms. Davis,

We should be obliged if you would kindly send us details of your spring range of ladies' and mens' shoes, and quote us on the usual terms.

Yours sincerely,

Brenda Stone

5. From retailers to wholesalers or manufacturers

Dear Mr. Brunner,

Please send us your catalogue and prices of ladies' and childrens' clothes, covering ages from 0 to 5 years.

Yours sincerely,

Vocabulaire

Demande de renseignements	***Inquiries***
Prix / Tarifs	*Prices*
Termes	*Terms*
Conditions	*Conditions*
Détails	*Details*
Nous sommes intéressés par l'achat	*We are interested in purchasing*
Nous souhaiterions recevoir des renseignements	*We should welcome information*
Il existe un marché	*There is a market*
Sur ce marché en particulier	*On this particular market*
Nous souhaitons commercialiser	*We wish to market*
Articles exposés	*Articles exhibited*
Produits exposés	*Products shown*
Foire / Exposition	*Trade fair*
Entrer en contact avec	*To get in touch with*
Fournir	*To supply with*
Veuillez nous communiquer une offre / un devis	*Please send us an offer / estimate*
Une forte / grande / énorme demande	*A high / large / brisk / enormous demand*
Le volume des ventes est élevé / modéré / faible	*Sales are high / moderate / low*
Haut de gamme / bas de gamme / milieu de gamme / ordre de prix	*Higher / lower / medium price range / bracket*
Ligne de produits	*Range of goods*
La marchandise se vend bien / mal	*The goods are selling well / badly*
Le stock	*Stock*
Nous sommes en rupture de stock	*We are out of stock*
Un roulement rapide / énorme	*High / large / brisk / enormous turnover*

Veuillez nous indiquer les prix	*Please quote prices*
Catalogue / brochure / documentation / prospectus	*Catalogue / brochure / descriptive leaflet / pamphlet*
Tarifs	*Price list*
Remise sur marchandise / escompte d'usage	*Trade discount*
Escompte au comptant / escompte de caisse	*Cash discount*
Port payé / dû	*Carriage paid / forward*
Coût, Assurance, Fret, CAF	*C.I.F. (Cast Insurance and Freight)*
Coût et fret, CF	*C. & F. (Cost and Freight)*
F. à b. / franco à bord	*F.O.B. (Free on Board)*
Franco (lieu de destination)	*Franco (place of delivery at destination)*
Franco quai	*F.A.S. (Free Alongside Ship)*
Prix usine	*Ex works (warehouse)*
En gros	*In bulk*
À l'essai	*On approval*
Commande à l'essai	*Trial order*
(Marchandises) vendues avec reprise des invendus / avec faculté de retour	*On sale or return*
Échantillons, spécimens	*Samples of, specimens of, patterns of*
Prix bas / compétitif	*Keen / competitive price*
Livraison rapide	*Prompt delivery*
Nous avons des correspondants dans tout le pays	*We have connections throughout the country*
Notre demande concerne la région de	*Our requirements are in the region of*
Dans un délai d'un mois après réception de la commande	*Within one month of receipt of order*
Être prêt à consentir	*To be willing / prepared / able to grant*
Livraison contre remboursement	*C.O.D. (Cash on Delivery)*

Nous vous serions reconnaissants de bien vouloir nous faire parvenir	*We should be grateful if you would send us at once*
Veuillez nous expédier	*Please dispatch*
Convenir de	*To arrange*
Commandes ultérieures	*Further orders*
Nous vous demandons de bien vouloir nous fournir	*We would ask you to supply us with*
Une forte demande / une faible demande	*A keen demand / a slack demand*
Les ventes ont augmenté / ont baissé considérablement	*Sales have risen / fallen sharply*
Nous ne sommes pas prêts à accepter / disposés à prendre	*We are (not) prepared to accept / willing to take*
Avoir en magasin	*To supply from stock*
Les affaires marchent / ne marchent pas	*Business is brisk / slack*
Modifier légèrement les termes / les conditions	*To alter terms slightly*
Nous permettre	*To enable us*
Sans délai / retard	*Without delay*
À condition que / pourvu que	*On condition that / provided that*
Conforme à l'échantillon / à nos attentes	*Up to the sample / as sample / up to our expectations*
Une qualité supérieure s'impose	*Top quality is essential*
Une qualité moyenne serait acceptable	*Medium quality would be suitable / acceptable*
Merci de ne nous expédier des marchandises qu'en parfait état	*Please send the goods only in perfect condition*
La longueur ne doit pas être supérieure / inférieure à 3 mètres	*The length must not exceed / be inferior to / be less than 3 metres*
Le poids ne doit pas excéder 3 kg / ne doit pas être inférieur à 3 kg	*The weight must not be above / less than 3 kgs*
Passer une commande	*Indent*

Réponse aux demandes de renseignements

La réponse à une demande de renseignements de clients potentiels doit être rédigée avec un soin particulier, afin de remporter la vente face à des entreprises concurrentes.

Le prix et les caractéristiques du produit proposé sont naturellement déterminants, mais on devra s'attacher à mettre en valeur les qualités de la société, tout aussi importantes dans les relations d'affaires, telles que la courtoisie, l'exactitude et l'efficacité.

Dans la première phrase de la lettre, les références de la demande de renseignements ainsi que la date et l'objet de la négociation, devront être cités. Toutes les particularités du produit et des conditions de vente devront être décrites dans le détail, sauf dans le cas où les sociétés auraient déjà des rapports bien établis et où, par conséquent, les conditions de vente auraient déjà été précédemment stipulées.

Réponse à la lettre n° 1

Monsieur,

Nous vous remercions pour votre lettre du 15 janvier 19..., concernant nos salles de bain.

Comme vous l'avez très bien compris, nos produits s'adressent à un éventail de goûts très vaste, et visent à s'adapter à tous les cadres. Leur ligne sobre, sans aucun recoin inaccessible et leur revêtement résistant, résultat de nombreuses années d'expérience, les rend faciles à nettoyer et en font des produits parfaitement inaltérables.

Nous parvenons à proposer toutes ces qualités pour un prix que nous considérons comme extrêmement compétitif. D'autres produits en émail peuvent sembler comparables, mais des tests approfondis ont démontré la supériorité de nos articles, ce que nos clients nous ont toujours confirmé.

Nous sommes donc heureux de vous faire parvenir notre tarif actuel et notre catalogue. L'escompte d'usage est de 30%, et une remise supplémentaire de 5% vous sera accordée pour toute commande au moins égale à 10 salles de bain complètes par mois. Les prix s'entendent emballage compris et port payé, comme vous nous l'aviez demandé, avec le renvoi des caisses en bois.

Nous nous permettons de vous demander d'effectuer les paiements sur une base mensuelle pour les premières commandes, ceci étant notre politique avec nos nouveaux clients. Nous vous remercions de nous avoir fait parvenir vos références qui se sont révélées favorables; nous serons donc heureux de discuter à nouveau les termes de notre collaboration dans un futur proche.

Dans l'attente de vous lire et de satisfaire vos commandes, veuillez croire, Monsieur, à l'assurance de nos sentiments distingués.

Reply to letter 1

Dear Mr. Jackman,

We thank you for your letter of 15 January 19.., regarding our bathroom suites.

As you have correctly assumed, our products aim to please the largest number of tastes possible, and to fit in with any decor. Their essential line makes them easy to clean, with no impossible corners to get at, while their extremely durable finish, the result of years of experience, makes it impossible to wear, scratch, crack or chip them.

All this has been achieved at what we believe to be extremely competitive prices. Other ceramic units may appear to be similar, but extensive tests have shown the superiority of our products, and our customers will always confirm this.

We are therefore pleased to enclose our current price list and catalogue. The trade discount on the catalogue price is of 30%, and a further 5% will be granted for orders of 10 or more complete suites per month. Prices are inclusive of packing and carriage, as you requested, with the return or reimbursement of wooden crates.

May we suggest that you remit monthly for the first few orders, as this is our normal business practice. We thank you for your references, which we have duly followed up, and in view of the favourable replies we have received, we shall be glad to discuss terms again in the near future.

We look forward to receiving your reply and to giving your orders our most careful attention.

Yours sincerely,

Réponse à la lettre n° 2

Monsieur,

Nous avons été très intéressés par votre lettre du 19 janvier 19..., dans laquelle vous envisagiez la possibilité de traiter avec nous.

Comme vous le savez sans doute, nous sommes distributeurs en gros de produits alimentaires frais et emballés. Dans la mesure où notre société se développe de façon régulière depuis sa création en 1967, nous n'avons que récemment examiné la question d'introduire nos produits sur le marché britannique. Vous serez peut-être intéressé de savoir que nous avons commencé l'année dernière à exporter vers deux sociétés allemandes, Krugerbrand à Munich, Oberstrasse 6, et Woltz & Schultz à Francfort, Straubstrasse 94; la première est propriétaire d'un grand magasin haut de gamme de produits alimentaires importés et la seconde est une grande chaîne de supermarchés. Après un essai, ces deux sociétés ont commencé à nous passer d'importantes commandes, et nous les approvisionnons désormais régulièrement, sur une base hebdomadaire.

Nous vous assurons que vous pouvez être certains de la qualité et de la fraîcheur de nos produits. Nous ne nous intéressons qu'à des produits agricoles provenant d'établissements contrôlés par le gouvernement. De plus, nous sommes l'un des débouchés les plus importants pour les coopératives agricoles nationales. Nous avons fait de gros investissements dans notre système de stockage, et le volume important de nos ventes nous assure un bon roulement des stocks qui garantit la fraîcheur des produits. Par ailleurs, les chargeurs avec lesquels nous travaillons, Thanassis Lines, sont dignes de confiance. Leur flotte est composée de robustes cargos qui font la traversée du Pirée à Londres chaque semaine.

Nous joignons à cette lettre une brochure descriptive de nos produits ainsi que nos tarifs. Il nous paraît plus intéressant pour vous que les prix soient établis sur une base C&F Londres, car vous avez certainement de meilleures conditions d'assurance dans votre ville. Nos transactions avec l'étranger sont généralement réglées par lettre de crédit irrévocable à 60 jours.

Vous pouvez compter sur nous pour accorder une attention immédiate à toutes vos exigences.

Veuillez croire, Monsieur, à l'assurance de nos sentiments dévoués.

Reply to letter 2

Dear Mr. Rodway,

We were very interested to read your letter of 19 January 19... enquiring about the possibility of doing business between our two firms.

As you will probably know, we are wholesale distributors of fresh and packaged foodstuffs, and as our company, too, has been growing steadily since we founded it in 1967, we were only recently examining the question of introducing our goods onto the British market. It may interest you to know that last year we began to export to two German companies, Krugerbrand in Oberstrasse 6, Munich, and Woltz & Schulz, Straubstrasse 94, Frankfurt, the former being a large chain of supermarkets, and the latter proprietors of a top class imported foodstuffs emporium in Frankfurt. After a tentative beginning, both firms quickly began to order large quantities of goods from us, and we are now supplying them on a regular weekly basis.

We can assure you that you need have no anxiety about the genuineness or freshness of our products. We deal only in Government controlled farm products, and are one of the main outlets for nationwide agricultural co-operatives. We have invested heavily in the most up-to-date storage equipment, and our large sales give us a fast turnover, therefore ensuring freshness. Moreover, the shippers we use, Thanassis Lines, are extremely reliable, with a fleet of very efficient ships. Sailings are made from Pireus to London every week.

We enclose a descriptive leaflet and price list of our goods. May we suggest that quotations be made C & F London, since you probably have better insurance facilities in your city. Our overseas dealings are normally settled by irrevocable Letter of Credit at 60 days.

You may rely on us to give your requirements our immediate attention.

Yours sincerely,

Réponse à la lettre n° 3

Madame,

Nous vous remercions de votre demande de renseignements du 21 janvier 19.., concernant nos vêtements de nuit en soie et polyester, et nous avons le plaisir de vous faire parvenir notre dernier catalogue ainsi que nos tarifs.

Vous n'ignorez sans doute pas que le prix des matières premières a récemment fortement augmenté, et ne présente aucun signe de baisse; au contraire, il semblerait que de nouvelles hausses soient inévitables dans un avenir proche. N'ayant pas l'intention de baisser la qualité de nos vêtements, qui fait notre réputation depuis très longtemps, nous avons déjà réduit notre marge bénéficiaire. Nous avons donc le regret de vous informer que nous ne pouvons vous concéder une remise de 10% pour les quantités que vous nous avez indiquées. Un escompte de caisse de 2% peut bien sûr être consenti pour des paiements effectués dans un délai de 30 jours.

Nous avons cependant la certitude que nos très beaux articles de lingerie se vendront très facilement dans votre boutique prestigieuse. La coupe superbe et la qualité de nos vêtements de nuit séduisent les femmes depuis plus de trente ans, et continuent encore de le faire aujourd'hui. Pourquoi ne pas nous passer une commande à titre d'essai? Vos clients et vous-même vous rendrez rapidement compte que nos créations sont bon marché eu égard à la satisfaction à long terme qu'elles procurent.

Dans l'attente de vous lire, veuillez croire, Madame, à l'assurance de nos sentiments dévoués.

Reply to letter 3

Dear Ms. McMillan,

Thank you for your enquiry of 21 January, 19... regarding our ladies' silk and polyester nightwear, and we are pleased to enclose our updated catalogue and price list.

You will certainly be aware of the fact that the prices of raw materials have recently swung sharply upwards, and show no sign of coming down again, on the contrary, we know that further increases will be inevitable quite shortly. As we have no intention of lowering the quality of our garments, for which we have been renowned over a very long period of time, we are sure you will understand that our prices contain a very small margin of profit. We therefore regret to inform you that a 10% reduction cannot be granted for orders of the size you mention. A 2% cash discount can, of course, be made on payments settled within 30 days.

We firmly believe, however, that our beautiful lingerie will sell readily in your prestigious shop. The breathtaking line and quality of our nightwear have been charming women for over thirty years now, and are still doing so! Why not place a trial order with us? You and your customers will soon discover that our creations are inexpensive when compared to the long term pleasure they give.

We look forward to hearing further from you.

Yours sincerely,

Réponse à la lettre n° 4

Madame,

Suite à votre demande de renseignements du 25 janvier 19..., j'ai le plaisir de vous faire parvenir notre catalogue ainsi que nos tarifs pour notre gamme de chaussures pour dames et pour hommes. La collection de cette année est tout particulièrement attrayante, et vous remarquerez que nos coloris correspondent à ceux des dernières tendances parisiennes, grâce à notre collaboration avec le célèbre styliste Claude.

Nous pensons que vous apprécierez de pouvoir choisir les articles de votre stock sur notre catalogue, et nous restons à votre disposition pour satisfaire vos commandes et les traiter avec rapidité et attention, comme à notre habitude.

Veuillez croire, Madame, à l'assurance de nos sentiments dévoués.

Réponse à la lettre n° 5

Monsieur,

En référence à votre demande de renseignements du (date), nous avons le plaisir de vous faire parvenir notre dernier catalogue de vêtements de jour et de nuit enfants.

La coupe ravissante de nos vêtements, associé à leurs qualités de résistance et de solidité ont convaincu des mères de famille à travers tout le pays d'acheter nos articles, comme elles convaincront, nous en sommes persuadés, vos propres clients.

Nous vous conseillons de nous transmettre vos commandes maintenant, avant que notre stock ne s'épuise, en particulier pour les articles 8, 9 et 10 qui ont été très demandés et qui, une fois épuisés, ne seront pas suivis, puisque nous mettrons alors en place la collection d'été.

Dans l'attente de recevoir votre commande, veuillez agréer, Monsieur, l'expression de nos sentiments dévoués.

Reply to letter 4

Dear Ms. Stone,

Further to your request of 25 January, 19..., I have pleasure in enclosing our catalogue and price list of our spring range of ladies' and men's shoes. This year's line is particularly attractive, and you will notice that our range of colours includes those of the latest Paris fashions, after personal consultation with the famous designer, Claude.

We know you will enjoy choosing your stock from our catalogue, and we look forward to giving your order our usual prompt and careful attention.

Yours sincerely,

Reply to letter 5

Dear Sir,

With regard to your request of (date), we are pleased to enclose our latest catalogue of children's day and night wear.

The charming design of our garments, combined with tough, resistent quality, have convinced mothers from all over the country to buy, as we are sure they will convince your customers, too.

We advise you to place your orders now, while stocks last, as there has been a very heavy run on items 8, 9 and 10, and once exhausted they will not be repeated, as we shall be moving on to the summer production.

We look forward to receiving your order.

Yours faithfully,

Vocabulaire

Offre / proposition	***Offers***
Sous pli séparé	*Under separate cover*
Nous avons le plaisir de vous confirmer que	*We have pleasure in confirming that*
Détails	*Particulars*
Dernier / à jour (catalogue / tarif)	*Latest / revised (catalogue / price list)*
Constructeurs / producteurs / fabricants	*Manufacturers / producers / markers*
Fournisseurs	*Suppliers*
Fournisseurs / Vendeurs	*Purveyors / sellers*
Une offre ferme / cette offre est ferme pendant 7 jours seulement	*A firm offer / this offer is firm for 7 days only*
Être périmé / cesser d'être en vigueur	*To lapse*
Expirer / venir à échéance	*To expire*
Réduire / abaisser	*To reduce / to lower*
Une réduction	*A reduction*
Augmenter	*To increase / to raise*
Une augmentation	*An increase / a rise*
Une (bonne) affaire	*Bargain*
Bon (meilleur) prix	*Good (the best) value for money*
Profiter / d'une offre	*To take advantage of an offer*
Saisir une bonne occasion	*To avail oneself of good opportunity*
Résister à la concurrence	*To withstand competition*
Les commandes sont exécutées / prêtes à être expédiées/ satisfaites	*Orders are executed / carried out / made ready for dispatch / fulfilled*
Approvisionnement hebdomadaire / mensuel / annuel	*A weekly / monthly / yearly supply*
Commande permanente	*Standing order*

Crédit à court terme / long terme	*Short-term / long-term credit*
Exécuter / consentir à / satisfaire une demande	*To comply with / to agree to / to satisfy your request*
Garantir	*To guarantee*
Taille	*Size*
Code	*Code number*
Quantité	*Quantity*
Poids	*Weight*
Épaisseur	*Thickness*
Densité	*Density*
Qualité	*Quality*
Mélange	*Blend*
Conformément à	*In accordance with*
Emballage	*Packing*
Livraison	*Delivery*
Travailler à plein rendement	*Working to capacity / to the full*
Satisfaire la demande	*To meet the demand*
À votre service	*At your service*
Si vous pouviez trouver un moyen pour augmenter le volume de vos commandes	*If you could see your way to increasing your order*
Permettre / consentir / être capable de / pouvoir	*To allow / to permit / to be able / can*
Grossiste	*Wholesaler*
Détaillant	*Retailer*
Distributeur	*Distributor*
Commerçant	*Shop keeper*
Point de vente	*Selling outlet*
Soumettre	*To submit*
Effectuer un paiement	*To make payment*
Confirmer une commande	*To confirm an order*
Refuser une commande	*To reject an order*

Annuler une commande	*To cancel an order*
L'article le plus proche	*The nearest article*
Satisfaire	*To meet the approval of*
Être épuisé	*To be sold out*
Être disponible	*To be available*
À travers tout le pays	*Nationwide*
Chiffre d'affaires / rotation	*Turnover*
Une ruée	*A heavy run*
Faire tout pour satisfaire vos exigences	*To make every effort to suit (meet) your requirements*
Les commandes seront traitées par ordre d'arrivée	*Orders will be handled in strict rotation*
Hautement satisfaisant	*Highly satisfactory*
Sous tous les rapports / aspects	*In every respect / under all aspects*
Faire le commerce de	*To deal in*
Traiter avec	*To deal with*
Vous satisfaire	*To meet with your approval*
Bon (excellent) rapport qualité-prix	*Good (excellent) value for money*
Demande	*Request / demand*
Permettre / autoriser	*To allow / to permit*
Notre plus grande attention	*Our most careful attention*
Substituer / substitution	*To substitute / substitution*
Article / produit	*Item / article / product*
La marchandise	*The merchandise (always singular)*
Les marchandises	*The goods (always plural)*
Marge bénéficiaire	*Margin of profit*
Compétitif / concurrentiel	*Competitive*
Prévoir	*Foresee*
Compter sur	*Rely on*
Nous accorderons à vos commandes notre plus grande attention	*We shall give your orders our most accurate attention*

Demandes de renseignements commerciaux

Tous les acheteurs réguliers demandent à leurs fournisseurs de leur consentir un certain crédit, mais ces derniers doivent, avant de l'accorder, être relativement sûrs de la solidité financière et des qualités du client.

Ce dernier communiquera donc le nom et l'adresse de sa banque, et, éventuellement de ses autres fournisseurs habituels, afin que le nouveau fournisseur soit en mesure d'obtenir les renseignements commerciaux nécessaires, tels que, par exemple, la réputation dont jouit le client, la régularité de ses paiements, etc.. Le fournisseur pourra alors déterminer le montant et la durée du crédit envisageable. Il pourra également obtenir des indications sur la solvabilité du client par le biais d'agences spécialisées qui mènent des enquêtes indépendantes.

Si une entreprise entretient de bonnes relations d'affaires avec le client au sujet duquel des renseignements sont demandés, elle n'aura aucune difficulté à rédiger sa lettre de recommandation. Dans le cas contraire, elle devra faire preuve d'une certaine prudence, pour éviter d'être poursuivie en diffamation dans l'hypothèse où le client viendrait à prendre connaissance des mauvais jugements portés sur son compte. Dans le cas d'une appréciation négative, on répondra à une demande de renseignements en termes très vagues, en indiquant qu'il n'est pas possible d'exprimer une opinion: le demandeur en tirera les conclusions qui s'imposent. Les banques répondent également souvent de cette façon, même quand la réponse est positive; elles évitent alors de fournir trop de détails, tout en donnant une idée suffisante de la situation financière du client.

Demande de renseignements d'un fournisseur à un autre fournisseur

Messieurs,

Votre nom nous a été communiqué par MM. .... qui désirent que nous leurs ouvriions un crédit trimestriel pour des sommes de £ 500,00 et plus.

Nous vous serions très reconnaissants de bien vouloir nous donner votre opinion sur la possibilité de leur accorder ce crédit, à partir de l'expérience que vous avez acquise en travaillant avec eux.

Nous pouvons vous assurer que nous traiterons votre réponse confidentiellement, et nous serons ravis de pouvoir vous rendre ce même service lorsque vous le souhaiterez.

Veuillez croire, Messieurs, à l'assurance de nos sentiments dévoués.

Demande de renseignements auprès de sa banque

Monsieur,

Je compte parmi mes clients la société J. Allbright de Scarfield Road, à Coventry qui, depuis 6 mois, me règle ses paiements au comptant. Elle me demande maintenant de lui ouvrir un crédit mensuel pour des sommes d'environ £ 700,00. Elle m'a communiqué à titre de référence le nom de sa banque, la Lloyds de Pinkerton Road Coventry et je vous serais reconnaissant de bien vouloir faire les démarches nécessaires afin de connaître sa situation financière et son degré de solvabilité.

En vous remerciant de votre courtoisie, je vous prie de croire, Monsieur, à l'assurance de mes sentiments dévoués.

Réponse favorable de la banque

Messieurs,

En réponse à votre demande de renseignements du .... concernant la société dont le nom figure sur la feuille jointe, nous vous informons qu'il s'agit d'une société bien établie à Coventry, jouissant d'une excellente réputation financière. Ils sont considérés comme étant solvables pour la somme que vous nous indiquez.

Cette information ne saurait engager notre responsabilité.

Veuillez croire, Messieurs, à l'assurance de nos sentiments dévoués.

Seller follows up a business reference

Dear Sirs,

We were given your name by Messrs. .... who would like us to grant them quarterly account terms for sums of £ 500.00 upwards.

We should be grateful to you if you would give us your opinion as to whether we can safely grant this credit on the basis of your experience in dealing with them.

We assure you your reply will be dealt with in the strictest confidence, and we shall be glad to return the favour whenever required.

Yours faithfully,

Seller writes to his bank manager for information

Dear Sir,

I have been dealing with Messrs. J. Allbright of Scarfield Road, Coventry, for the last six months on a cash basis, and they now ask me for monthly credit for about £ 700.00. They give their bank, Lloyds of Pinkerton Road, Coventry, as reference, and I should be grateful if you could make inquiries as to their financial and credit standing.

I thank you for your courtesy.

Yours faithfully,

Favourable reply from bank

Dear Sirs,

In reply to your inquiry of .... regarding the firm named on the enclosed slip, we can inform you that they are a well established firm in Coventry with an excellent reputation and credit standing, and are considered sound for the sum you mention.

This information is given without responsibility.

Yours faithfully,

Réponse défavorable de la banque

Messieurs,

En référence à votre lettre MOS/GP du ...., nous avons le regret de vous informer que nous ne sommes pas en mesure de vous fournir d'informations sur la société que vous nous avez indiquée. Nous vous recommandons en conséquence la plus grande prudence.

Veuillez agréer, Messieurs, l'expression de nos sentiments dévoués.

Réponse favorable de la part d'un fournisseur

Messieurs,

En réponse à votre lettre du ....concernant notre client, nous vous informons qu'un crédit de £ 700,00 comporte à notre avis un risque tout à fait acceptable. Nous traitons avec eux depuis dix ans de façon très satisfaisante, et leur situation financière est excellente.

Cette opinion ne saurait engager notre responsabilité.

Veuillez croire, Messieurs, à l'assurance de nos sentiments dévoués.

Unfavourable reply from bank

Dear Sirs,

With reference to your letter MOS/GP of .... we regret that we are unable to give information about the firm mentioned. We would advise you to act with caution.

Yours sincerely,

Favourable reply from business reference

Dear Sirs,

Replying to your letter of .... concerning our regular customer, we can inform you that we think a credit of £ 700.00 would be a fair risk, as we have been doing business most satisfactorily with them for the last ten years, and their financial standing is very strong.

We give you this opinion without responsibility.

Yours faithfully,

Notification d'erreurs et réclamations

Les erreurs les plus diverses peuvent se glisser dans les relations de travail par correspondance. L'envoi d'une lettre de réclamation peut donc avoir de nombreuses raisons. Il s'agit très souvent d'erreurs comptables ou administratives, mais elles sont également fréquentes dans tous les autres domaines de l'activité professionnelle: erreur d'expédition, qualité ne correspondant pas à l'attente, retards de livraison, etc.

Il s'agit presque toujours de plaintes adressées par l'acheteur au fournisseur, mais il est également assez fréquent de trouver des réclamations en sens inverse, c'est-à-dire du fournisseur au client.

Pour éviter les contestations ou malentendus éventuels, les réclamations doivent être effectuées, aimablement, mais avec beaucoup de fermeté, dès que l'on est sûr de l'existence d'un motif sérieux.

Objet: rélevé de compte du 30 juin.

Messieurs,

Nous avons reçu aujourd'hui votre relevé de compte relatif aux six premiers mois de l'année en cours.

Nous remarquons qu'il y apparaît un débit pour une somme de 22 000 francs correspondant à un virement en faveur de la Compagnie des téléphones. Dans la mesure où nous réglons toujours ce genre de factures au comptant directement au guichet de la Compagnie des téléphones, nous pensons que ce poste débiteur revient à une autre société.

Nous vous demandons en conséquence de bien vouloir vérifier le relevé et de transférer la somme qui nous a été débitée par erreur.

Dans l'attente d'une prompte réponse de votre part, veuillez croire, Messieurs, à l'assurance de nos sentiments distingués.

Réclamation pour mauvaise qualité

Messieurs,

Nous avons le regret de vous informer qu'une bonne partie de votre dernière livraison, correspondant à notre commande n° 789678, est de qualité bien inférieure à vos standards habituels en ce que le motif doré sur quelque 200 tasses est de travers, et que 144 soucoupes ne sont pas du même ton de blanc que les autres. Nous envoyons une des tasses ainsi qu'une des soucoupes pour que vous appréciiez vous-même la différence par rapport à la qualité que vous nous fournissez généralement.

Comme il nous est tout à fait impossible de proposer ces articles à nos clients, qui sont habitués à trouver la meilleure qualité possible dans notre magasin, nous vous serions reconnaissants de bien vouloir nous communiquer vos instructions en ce qui concerne cet envoi, ainsi que nous faire connaître la date d'arrivée de la marchandise que nous avons commandée.

Dans l'attente d'une réponse rapide de votre part, nous vous prions d'agréer, Messieurs, l'expression de nos sentiments distingués.

Dear Sirs,

Re. your statement of 30 June

We have today received your statement relative to the first six months of the current year.

We have noticed that there is a debit for the sum of 22 000 francs for a payment made on our behalf to the Telephone Company. As we always pay this type of bill in cash directly to the offices of the Telephone Company, we believe that this item should have been charged to another firm.

We would therefore ask you check the statement and transfer the sum erroneously debited to us.

We hope to hear from you shortly.

Yours sincerely,

Complaint about poor quality

Dear Sirs,

We regret to inform you that the bulk of your last delivery, according to our order No. 789678, is well below usual standard in that the gold pattern on 200 of the cups is crooked, and 144 of the saucers is not of the same tonality of white. We are sending you one of the cups and one of the saucers so that you can see for yourself the difference from the quality you normally supply to us.

As we cannot possibly offer these articles to our customers, who expect to find the very best in our shop, we should be grateful if you would let us have your instructions regarding this consignment, and advise us of when the goods we ordered will be arriving.

We look forward to your speedy reply.

Yours sincerely,

Réclamation pour retard de livraison

Messieurs,

La marchandise que nous vous avions commandée le 2 mars (commande n° 67895) nous est parvenue aujourd'hui en bon état. Nous devons cependant vous signaler que cette marchandise avait été commandée sous réserve qu'elle nous parvienne il y a exactement 2 semaines; son retard nous a conduit à une rupture de stock sérieuse. Vous comprendrez aisément que ce genre de situation pourrait s'avérer extrêmement dommageable pour notre magasin, et nous ne pouvons courir à nouveau ce risque dans l'avenir. Nous insistons donc sur l'importance des délais de livraison pour les prochaines commandes. Dans le cas où vous ne les respecteriez pas, nous nous trouverions dans l'obligation de nous adresser à d'autres fournisseurs.

Veuillez agréer, Messieurs, l'expression de nos sentiments distingués.

Objet: votre bordereau d'expédition n° BX/55418 du 10 mai.

Messieurs,

Le transporteur Dupont nous a aujourd'hui livré un paquet contenant du matériel photographique accompagné de votre bordereau d'expédition cité en objet. Votre référence notée sur le bon de livraison est n° SO/681 du 27 mars.

Nous vous signalons que non seulement nous n'avons jamais commandé ce matériel, mais que le code et le numéro de commande ne correspondent pas à ceux que nous utilisons habituellement.

Nous pensons donc qu'il s'agit là d'une erreur de livraison et que le matériel qui nous a été adressé est destiné à une autre société.

Nous vous remercions de nous faire savoir si vous désirez que la marchandise vous soit retournée, ou si vous voulez qu'elle soit expédiée au client auquel elle était effectivement destinée.

Dans l'attente de recevoir vos instructions, veuillez croire, Messieurs, à l'assurance de nos sentiments distingués.

Complaint about late delivery

Dear Sirs,

The goods we ordered from you on 2 March (order No. 67895) arrived today in good condition. We must, however, point out that these goods were ordered subject to their arriving exactly two weeks ago, and their late arrival left us seriously short of stock. You will no doubt understand that this situation could be highly damaging for our shop, and we cannot afford to risk this happening again. We must therefore insist that you respect delivery dates for future orders, otherwise we shall be obliged to turn to other suppliers.

Yours sincerely,

Dear Sirs,

Your consignment note BX/55418 of 10 May

The carrier Dupont has today consigned us a parcel containing photographic material, accompanied by your consignment note as above. As a reference, it is quoted on your delivery order No. SO/681 of 27 March.

We must point out that not only was this material never ordered by us, but that the code and order number do not correspond to those we normally use.

We therefore believe that there has been an error in delivery and that the material sent to us was destined for another firm.

Will you please tell us whether we must send the goods back to you, or whether you want them to be sent to the customer for whom they were actually destined.

We await your instructions.

Yours sincerely,

Objet: votre paiement du 18 juin.

Messieurs,

Nous avons reçu votre règlement de 14 000 francs qui, comme convenu, correspond au paiement anticipé de votre commande.

Vous avez cependant omis les frais d'emballage et d'expédition qui, selon nos conditions, représentent 20% de la valeur de la marchandise.

Persuadés que vous serez d'accord avec nous sur ce point, nous vous livrerons après réception de votre chèque pour le solde de 2 700 francs.

Dans l'attente de savoir que la marchandise a été livrée sans problème, veuillez croire, Messieurs, à l'assurance de nos sentiments distingués.

Objet: erreur concernant votre envoi.

Messieurs,

Dans l'exécution de notre commande téléphonique d'hier, vous avez commis une erreur en nous livrant un paquet contenant des agrafes ne correspondant pas à notre modèle d'agrafeuse "Alfa 200", que vous nous avez fournie il y a quelque temps.

Nous vous serions reconnaissants de bien vouloir les remplacer très rapidement et de ne pas nous facturer les agrafes livrées par erreur.

Nous comptons sur vous pour nous fournir dans les meilleurs délais le modèle que nous avons commandé.

Veuillez croire, Messieurs, à l'assurance de nos sentiments distingués.

Dear Sirs,

Your payment of 18 June

We have received your remittance of 14 000 francs which, as agreed, should be the advance payment of your order.

You have however forgotten to calculate the costs of packing and transport which, according to our conditions, represent 20% of the value of the goods.

Trusting that you will be in agreement with us, we shall therefore arrange delivery on receipt of your cheque for the remaining sum, 2 700 francs.

We look forward to hearing that the goods were delivered safely.

Yours sincerely,

Dear Sirs,

Error in consignment

In carrying out our telephone order of yesterday, you have made a mistake in delivering to us today a package containing staples that do not fit stapler model "ALFA 200" which you supplied to us some time back.

We would ask you to substitute them with the utmost urgency, and not to invoice us for those mistakenly delivered.

We are counting on you for a speedy and correct supply of the staples we ordered.

Yours sincerely,

Réclamation concernant un emballage défectueux

Messieurs,

Nous sommes au regret de devoir faire une réclamation concernant l'état des biscuits que nous avons reçus aujourd'hui d'après la commande n° 896754. La plupart sont brisés, et comme les cartons sont déchirés et enfoncés, nous attribuons ceci à la finesse du carton utilisé, plutôt qu'à une manutention brutale.

Nous vous demandons de bien vouloir envoyer votre représentant pour qu'il examine la marchandise dès que possible. Nous sommes prêts à essayer, pendant un mois, de vendre les biscuits dans notre supermarché avec une réduction de 60%. Ceci devrait au moins vous épargner les frais d'expédition de retour.

Dans l'attente d'une réponse rapide de votre part, nous vous prions de croire, Messieurs, à l'assurance de nos sentiments distingués.

Complaint about bad packing

Dear Sirs,

We regret to have to complain about the condition of the biscuits we received today as per our order No. 896754. Most of them are broken, and as the cartons are dented and torn, we would put this down to the soft cardboard used, rather than rough handling.

We must ask you to send your representative to examine the goods and packing as quickly as possible. We may say that we are prepared to attempt to sell the biscuits in our supermarket at a discount of 60% on sale. This will at least save you the expense of having the goods returned.

We are awaiting your rapid reply.

Yours sincerely,

Réclamation concernant un retard de livraison

Messieurs,

Suite à l'accord verbal fait avec votre service export le 25 avril 19..., nous vous avons envoyé notre commande n° 158/CB pour:

- 25 réducteurs de vitesse pour arbres parallèles avec un rapport de 1 à 50 de 1.5 CV devant être livrés le 10 mai 19...

Nous vous avons envoyé cette commande par télex n° 254/4 le jour même de façon à faciliter l'exécution de la commande.

Or, deux semaines se sont écoulées depuis la date de livraison prévue, et en dépit de nos nombreux appels téléphoniques et l'assurance de votre part d'un envoi immédiat, nous n'avons rien reçu à ce jour et nous ne connaissons même pas la date prévue de livraison.

Nous nous permettons de vous rappeler que nous avons besoin du matériel commandé pour la construction d'une machine-outil pour l'un de nos clients, dont le règlement se fait par voie de lettre de crédit qui nous est déjà parvenue et qui vient à échéance à la fin du mois prochain. Tout retard supplémentaire de votre part nous conduirait à l'impossibilité d'exécuter notre envoi à temps, entraînant de graves dommages matériels et une détérioration de notre image de marque aux conséquences incalculables pour notre société.

Nous vous invitons formellement à remplir vos engagements, faute de quoi nous serions obligés de prendre des dispositions sévères à votre encontre.

Nous attendons votre confirmation par télex dans les cinq jours.

Veuillez agréer, Messieurs, l'expression de nos sentiments distingués.

Complaint about late consignment

Dear Sirs,

Following the verbal agreements made with your Export Department, on 25 April 19.. we sent you our order No. 158/CB for:

- *25 parallel shaft speed reducers with a ratio of 1:50 of 1.5 HP for delivery by 10 May 19...*

We sent you the order by telex message No. 254/4 on the same day in order to facilitate you in getting the order ready.

Two weeks have passed since the expiry of the fixed date of delivery, and in spite of our numerous telephone calls and your assurances of immediate consignment, nothing has so far been delivered to us and we do not even know the certain date of delivery.

We remind you we need the material we ordered to construct a valuable machine tool for one of our foreign clients, whose payment is made by opening a Letter of Credit which is already in our hands and which expires at the end of next month. Any further delay on your part could lead to the possibility of not being able to carry out our consignment on term, with serious material damage and a loss of image that would be incalculable for our firm.

Therefore, we formally invite you to fulfil your commitment, otherwise we shall be obliged to take serious steps against you.

We await your confirmation via telex within the next five days.

Yours sincerely,

Réclamation concernant un emballage défectueux

Messieurs,

Les transporteurs Trans-Mec nous ont livré aujourd'hui une caisse de 250 kg contenant 18 services de table de 30 pièces en porcelaine Wedgewood, que vous nous avez expédiée le 1er juillet avec votre facture n° 1175/Exp, suite à notre commande n° 199 du 10 juin.

En ouvrant la caisse, nous avons constaté que les pièces suivantes étaient irrémédiablement endommagées à cause d'un emballage inadéquat.
- 10 plats à poisson
- 8 soupières
- 14 assiettes à soupe
- 12 assiettes plates

En réunissant les pièces restantes, nous ne pourrons vendre que 8 des 18 services commandés.

Vous comprendrez le préjudice que nos ventes subiront en raison du manque de soin manifesté par votre service emballage lors de l'expédition de cette commande.

En conséquence, nous vous remercions de bien vouloir nous faire parvenir gratuitement les articles énumérés ci-dessus, accompagnés d'une facture pro forma, en indiquant uniquement la valeur de douane, et en prenant soin, cette fois, de procéder à un emballage adéquat.

Nous vous demanderons de bien vouloir apporter le même soin à toutes les livraisons ultérieures.

Dans l'attente de recevoir votre confirmation par retour du courrier, veuillez croire, Messieurs, à l'assurance de nos sentiments distingués.

Complaint about faulty packing

Dear Sirs,

The shippers Trans-Mec today delivered a 250 kg box containing 18 30-piece Wedgewood china dinner services which you sent on 1st July with your invoice No. 1175/Exp in response to our order No. 199 of 10th June.

Unfortunately, on opening the carton, we found that the following pieces were irremediably damaged because of inadequate packing:

- *10 fish dishes*
- *8 soup tureens*
- *14 soup plates*
- *12 dinner plates.*

By putting the rest together, we shall be able to sell just 8 of the 18 services ordered.

You will understand the damage our sales will suffer because of the carelessness of your packing department in the despatch of this order.

Therefore, will you please arrange to send us substitutes, free of charge, accompanied by a pro-forma invoice indicating customs value only, of everything listed above, being careful to provide adequate packing on this occasion.

We would ask you give the same care to the packing of all future deliveries.

We look forward to receiving your confirmation by return of post.

Yours sincerely,

Réclamation concernant la livraison de marchandise ne correspondant pas à la commande

Messieurs,

Nous avons été très déçus de voir que vous nous avez expédié un lot d'ampoules pour un voltage de 110 Volts alors que la norme française est, comme vous devez le savoir puisque nous sommes des clients de longue date, de 220 Volts.

Ce type d'ampoule étant pratiquement inutilisable dans notre pays, nous vous demandons en conséquence de bien vouloir:

a) annuler votre facture accompagnant cette marchandise;
b) nous établir un avoir pour la somme de 6 000 francs, somme que nous avons payée pour le transport et les droits de douane, comme vous le constaterez sur la photocopie de la facture du transporteur que nous vous joignons;
c) nous prévenir si vous désirez que nous vous retournions la marchandise, en gardant présent à l'esprit le coût élevé du transport, ou nous prévenir si vous préférez que nous procédions autrement.

Dans l'attente d'une réponse sur chacun de ces points, veuillez croire à l'assurance de nos sentiments distingués.

Réclamation pour absence de manuel d'utilisation

Messieurs,

Permettez-nous de vous féliciter pour la très belle ligne du dernier magnétoscope produit par vos laboratoires, dont nous venons de recevoir les cent premiers exemplaires.

Le manuel d'utilisation qui les accompagne est malheureusement écrit en idéogrammes, qu'aucun de nos techniciens n'est capable de déchiffrer.

Afin que nous n'ayons pas à proposer ces appareils comme simples objets décoratifs, nous vous demandons de bien vouloir nous faire parvenir dans les plus brefs délais un manuel d'utilisation simple et clair, écrit en anglais, ou en toute autre langue que nous pourrons comprendre.

Nous vous saurions gré d'éviter les caractères arabes ou cyrilliques.

En vous remerciant de votre compréhension, nous vous prions de croire à l'assurance de nos sentiments distingués.

Complaint about wrong goods delivered

Dear Sirs,

We were very disappointed to see that you sent us batch of light bulbs suitable for a voltage of 110 Volts instead of for the normal French voltage, which, as you know, since we have been your clients for many years, is of 220 Volts.

This type of light bulb is absolutely useless in our country, therefore we would ask you:

a*) to cancel your invoice accompanying these goods;*
b*) to credit us with the sum of 6 000 francs, which we paid for the transport and customs duty of these goods, as on the attached photocopy of the shipper's invoice;*
c*) to inform us whether you wish us to send back the wrong goods, bearing in mind the high cost of transport, or give us instructions as to whatever else you wish to be done with them.*

We await your reply with regard to each of these points.

Yours sincerely,

Complaint regarding lack of instructions

Dear Sirs,

May we congratulate you on the beautiful design of the latest video recorder produced in your laboratories, the first hundred examples of which have just arrived.

The instructions which accompany them, though, are written in ideographs which none of our technicians is able to decipher.

So that we do not have to offer our clients these sets as pure and simple decorative objects, we would ask you to send us with the utmost urgency clear and simple instructions in English or any other language comprehensible to us.

Please avoid Arabic or Cyrillic characters!

We thank you for your understanding.

Yours truly,

Réclamation d'un fournisseur à un client qui n'a pas retiré la marchandise commandée

Messieurs,

En janvier dernier, vous nous avez passé une commande pour 2 500 vélos d'appartement, qui devaient être fournis par lots d'environ 200.

Or, vous avez en fait retiré la marchandise au rythme suivant:

- janvier, 180 vélos
- février, 120 vélos
- mars, 150 vélos
- avril, 70 vélos
- mai, 160 vélos
- juin, 140 vélos
- juillet, 100 vélos
- août, 0 vélo
- septembre, 200 vélos.

Pour le mois d'octobre en cours, vous nous avez demandé 130 vélos.

Comme vous le verrez vous-mêmes, nous sommes tout juste au-dessus de la moitié de la quantité que vous nous avez commandée, et il semble évident que la situation ne pourra pas changer notablement au cours des deux derniers mois de l'année.

L'erreur que vous avez commise lors de la prévision du volume de vos ventes nous est doublement préjudiciable: premièrement, parce qu'au vu de la quantité que vous nous avez commandée, nous vous avons accordé un excellent prix, inférieur de 20% à celui que nous proposons généralement aux détaillants, et deuxièmement, parce que notre sens des responsabilités nous a conduit à refuser des commandes émanant d'autres sociétés, notre production n'étant pas élastique.

Nous espérons que votre commande a été passée en toute bonne foi, et non de façon à obtenir des conditions plus avantageuses ou à décourager vos concurrents. Nous vous demandons de bien vouloir venir retirer 500 vélos pendant les mois de novembre et décembre, faute de quoi, nous serons dans l'obligation de mettre le reste de votre commande à votre disposition et d'engager des poursuites judiciaires de façon à protéger nos intérêts.

Dans l'espoir que ces démarches ne seront pas nécessaires, nous attendons votre réponse précise et définitive dans les plus brefs délais.

Veuillez agréer, Messieurs, l'expression de nos sentiments distingués.

Complaint from supplier because client is not collecting goods ordered

Dear Sirs,

In January you sent us an order of 2,500 exercise bicycles, which were to be supplied monthly in lots of about 200.

The rhythm of your actual collection up to now has been as follows:

- *January, 180 bicycles*
- *February 120 bicycles*
- *March 150 bicycles*
- *April 70 bicycles*
- *May 160 bicycles*
- *June 140 bicycles*
- *July 100 bicycles*
- *August nothing*
- *September 200 bicycles.*

For the present month, October, you have asked us for 130 bicycles.

As you yourselves will see, we are just over half-way through the total number ordered, and it is obvious that the situation cannot be substantially changed in the two remaining months of the year.

The miscalculation of sales on your part is damaging us in two ways: firstly because, in consideration of the quantity ordered, we gave you a very special price, 20% lower than that granted to normal retailers, and secondly because our sense of responsibility led us to refuse orders from other firms, as our production is not elastic.

We hope that your order was passed in good faith, and not to obtain better conditions or discourage your competitors, and we would ask you to arrange collection of at least 500 bicycles during November and December. Failing this, we shall be obliged to put the rest of the order at your disposal and take legal action in order to protect our interests.

In the hope that these steps will not be necessary, we await your precise, definitive reply with the utmost urgency.

Yours faithfully,

Vocabulaire

Réclamations	***Complaints***
Nous sommes au regret de devoir faire une réclamation / de vous signaler / de vous informer	*We regret to have to complain / point out / to inform you*
Erreur / faute / malentendu	*Error / mistake / misunderstanding*
Défectueux / en mauvaise condition / imparfait	*Faulty / defective / in poor condition / imperfect*
Merci de nous faire savoir / connaître	*Please advise us of*
Endommagé / cassé / brisé / rayé / bosselé / tapé / (pour un fruit)	*Damaged / broken / scratched / dented / torn / bruised (for fruit)*
Retard à l'arrivée / à la livraison / d'expédition	*Delay in arrival / late consignment*
Être en accord / d'accord avec nous	*To agree with us / to be in agreement with us*
Nous serons dans l'obligation de passer nos commandes ailleurs	*We shall be obliged to place our orders elsewhere*
Nous serons dans l'obligation de nous adresser à d'autres fournisseurs	*We shall be forced to turn to other suppliers*
Nous devrons annuler notre commande / mettre un terme à notre accord	*We shall have to cancel our order / to terminate the agreement*
Nous devrons indiquer à notre clientèle d'autres points de vente	*We shall have to transfer our custom elsewhere*
Remplacer / substituer / envoyer quelque chose à la place de	*To replace / to substitute / to send something in place of*
Beaucoup de dérangement	*A great deal of inconvenience*
Causer des problèmes / déranger	*To cause problems / trouble*
Désorganiser / déranger	*To upset*
Emballage médiocre / de mauvaise qualité / insuffisant	*Poor / weak / insufficient packing*
Nous ne parvenons pas à comprendre	*We are at a loss to understand*
Position embarrassante / délicate	*Awkward position*

Dans les plus brefs délais	*The utmost / greatest / maximum urgency*
Vérifier / examiner	*To check / to examine*
(Marchandises) vendues avec faculté de retour	*On sale or return*
Préparer la commande	*To get the order ready*
Expirer / échoir / venir à échéance	*To expire*
Remplir vos engagements	*To fulfil your commitment*
Prendre de sérieuses dispositions / engager des poursuites judiciaires	*To take serious steps / to take legal action*
En raison de votre incapacité à nous livrer à temps	*Owing to your failure to deliver on time*
Nous vous demandons instamment de faire tout ce qui est en votre pouvoir pour accélérer l'expédition	*We urge you to do everything possible to hasten despatch*
Manutention brutale / traitement brutal	*Roughly handled / rough handling / treatment*
Vendre / ventes	*To sell / sales*
Accorder / autoriser / permettre	*To grant / to allow / to permit*
Marchandises manquantes	*Missing goods*
Nous espérons que vous serez en mesure de nous fournir une explication	*We hope you will be able to give us an explanation*

Excuses

Les lettres d'excuses peuvent s'avérer nécessaires pour des raisons très diverses. Elles peuvent venir compenser une erreur commise par un service de l'entreprise ou faire suite à un problème indépendant de la volonté de celle-ci.

La reconnaissance d'une erreur n'impliquant pas seulement un service mais l'entreprise toute entière, les excuses doivent apparaître sincères tout en évitant d'attribuer la faute à un service particulier de l'entreprise ou aux responsables directs de l'erreur.

Objet: votre relevé de compte du 30 juin.

Messieurs,

En vous remerciant de nous l'avoir signalé, nous vous confirmons que nous avons malheureusement commis une erreur en vous débitant d'une somme concernant une autre société dans notre relevé du 30 juin.

Veuillez nous excuser de cette erreur; dans le même temps, nous vous assurons que notre système de comptabilité est fondé sur des vérifications doubles qui nous permettent de rectifier les erreurs de transcription, qui apparaissent malheureusement de temps en temps. Ces vérifications sont effectuées au moins une fois par mois.

Nous vous demandons de bien vouloir accepter nos excuses les plus sincères pour cette erreur involontaire. Nous vous remercions de votre compréhension, et restons comme toujours à votre entière disposition.

Veuillez croire, Messieurs, à l'assurance de nos sentiments dévoués.

Objet: votre commande n° 445 du 16 juin.

Messieurs,

Sachant que vous avez un besoin urgent de recevoir le mécanisme suivant commande ci-dessus, nous avons pris les dispositions nécessaires pour vous l'envoyer conformément à vos instructions.

Nous n'avons malheureusement pas été en mesure de vous envoyer les pièces de rechange correspondantes, qui n'arriveront que dans 10 jours à cause d'un retard de notre fournisseur dans l'expédition d'un lot de roulements à billes.

Nous pouvons vous assurer que ceci ne vous causera aucun dérangement, mais vous prions néanmoins de bien vouloir accepter nos excuses pour cet envoi incomplet. Afin de vous fournir une preuve tangible de nos excuses, nous vous ferons parvenir la marchandise manquante dès que possible, et ce en prenant à notre charge tous les frais.

Nous espérons avoir agi en votre intérêt et que cet envoi vous satisfera.

Veuillez croire, Messieurs, à l'assurance de nos sentiments dévoués.

Dear Sirs,

Our statement of account of 30 June

While we thank you for your indication, we confirm that we have unfortunately made an error in addebiting you with a sum relating to another firm in our statement of account of 30 June.

We apologize for this, but at the same time we assure you that our accounts systems are based on special cross checks that allow us to check and rectify any errors of transcription, which do, unfortunately, sometimes happen. These checks are made at least every month.

We ask you to accept our most sincere apologies for this involuntary error.

While we thank you for your understanding, we are as always at your complete disposal for any necessity.

Yours faithfully,

Dear Sirs,

Your order No. 445 of 16 June

Knowing your urgent need to receive the machinery as per your order above, we have today arranged to send it to you according to your instructions.

Unfortunately, we were not able to send you the relative spare parts since they will require another ten days because of a delay in the consignment of a batch of ball bearings on the part of our supplier.

We can assure you that this will not cause any inconvenience to you, but we would ask you to accept our apologies in any case for the incomplete consignment. In order to demonstrate our regret tangibly, we shall send you the missing goods as soon as possible, sustaining all relative charges ourselves.

We trust we have acted in your interest and that this consignment will meet with your approval.

Yours faithfully,

Objet: votre réclamation téléphonique de ce jour.

Messieurs,

Nous avons eu le regret d'apprendre que la marchandise contenue dans le colis qui vous a été expédié il y a plus de deux semaines, et que vous n'avez reçu par la poste qu'hier, est arrivée en mauvais état.

Comme vous avez pu vous-même le constater, la marchandise a été emballée avec notre soin habituel, mais il semble que désormais, rien ne puisse fournir une protection suffisante pour de la marchandise fragile face au mauvais traitement du service postal.

Ni vous ni nous ne pouvons être tenus responsables de cet incident fâcheux, mais puisque la Poste ne répond pas des dommages occasionnés par un traitement brutal lors de la livraison, nous vous envoyons dès aujourd'hui un lot de remplacement, et ce, totalement gratuitement. Nous ferons appel, cette fois-ci, à un transporteur privé.

Nous sommes sûrs que vous apprécierez notre désir de vous satisfaire en ces circonstances.

Veuillez croire, Messieurs, à l'assurance de nos sentiments dévoués.

Objet: erreur d'expédition.

Messieurs,

Suite à votre réclamation, nous avons aussitôt procédé à une petite enquête dans nos entrepôts, et nous nous sommes aperçus que l'on vous avait expédié un lot de marchandises destiné à un autre client, à la suite d'un simple échange de colis.

Nous avons donné au même transporteur la marchandise qui vous est destinée, et qui vous sera livrée franco de port dans les prochaines 24 heures.

Nous vous prions de bien vouloir nous excuser pour cette malencontreuse erreur, et nous vous demandons de conserver la marchandise contenue dans le premier colis que vous avez reçu jusqu'à la prochaine visite de notre représentant, qui le récupérera à ce moment-là.

Nous pouvons vous assurer que nous avons pris les mesures nécessaires pour éviter que ce genre d'erreur ne se reproduise dans l'avenir, et nous vous présentons une fois encore nos excuses.

Veuillez croire, Messieurs, à l'assurance de nos sentiments dévoués.

Dear Sirs,

Your telephonic complaint of today

We greatly regret to learn that the goods contained in the package sent to you more than two weeks ago, and delivered to you by the Post only yesterday, has arrived in very poor condition.

As you yourselves were able to see, the goods were packed with the usual care, but it seems that by now nothing can guarantee sufficient protection for fragile goods entrusted to the carelessness of the postal service.

Neither you nor we can be blamed for this unfortunate occurrance, but since by law the Post Office does not answer for damage due to carelessness in delivery, we shall arrange to send you today a new substitute supply completely free of charge. This time, though, transport will be entrusted to a private carrier.

We are sure that you will appreciate our wish to satisfy you in these circumstances.

Yours faithfully,

Dear Sirs,

Error in despatch

Following your complaint, we made inquiries in our warehouse immediately, and found that you were sent a batch of goods destined for another client because of a simple exchange of parcels.

We have today given the same carrier the goods that were actually intended for you, which will be delivered to you free of charge within the next 24 hours.

We apologize most sincerely for the unfortunate error we have made, and we would ask you to keep the goods contained in the first packet you received, and it will be collected by our representative when he next visits you.

We assure you that we have taken all necessary steps to prevent similar mistakes from happening in the future, and we ask you once again to accept our apologies.

Yours sincerely,

Objet: retard dans l'exécution de votre commande.

Messieurs,

En raison des grèves qui ont touché les entreprises de métallurgie au cours des deux dernières semaines, notre production a été terriblement réduite, ce qui nous conduit, à notre grand regret, à allonger les délais de livraison d'environ 15 jours.

Pour cette raison, nous sommes dans l'impossibilité de vous expédier la marchandise que vous nous avez commandée dans les délais prévus.

Nous sommes conscients des problèmes que ce retard de livraison va occasionner, mais nous sommes persuadés que vous comprendrez que cette situation exceptionnelle est tout à fait indépendante de notre volonté.

Vous avez pu d'ailleurs vous rendre compte que nos livraisons précédentes n'ont jamais fait l'objet du moindre retard, et que la ponctualité et la précision dans l'exécution des commandes sont des éléments très importants de la politique de notre société.

Nous comptons donc sur votre compréhension, et nous pouvons vous assurer que nous ferons tout ce qui est en notre pouvoir pour que l'expédition soit effectuée dans des délais acceptables pour vous.

Nous vous prions de bien vouloir nous excuser de ce contretemps indépendant de notre volonté, et espérons que vous continuerez à nous faire confiance.

Veuillez croire, Messieurs, à l'assurance de nos sentiments dévoués.

Dear Sirs,

Late execution of your order

Because of the strikes that have affected metalworking firms during the last two weeks, our production has been greatly reduced and regretfully forces us to lengthen the terms of delivery by about 15 days.

For this reason we shall be unable to consign the goods you ordered from us within the time foreseen.

We realize the inconvenience that this delayed supply might bring about, but we are sure that you will understand that this exceptional situation is completely beyond our control.

There again, you know that in the past our deliveries were never subject to even the slightest delay, and that punctuality and precision in the execution of orders are extremely important factors in our company policy.

We therefore trust in your understanding, and we assure you that we shall do everything possible so that the delay in consignment can be contained within terms that can be still acceptable to you.

We apologize for the inconvenience that we are involuntarily causing you, but hope that you will continue to place your trust in us.

Yours faithfully,

Objet: notre facture n° 145 du 10 janvier.

Messieurs,

Notre facture, citée en référence ci-dessus, comporte une erreur, car nous ne vous avons facturé que 10 lampes de modèle standard au lieu des 100 réellement fournies.

Nous vous faisons donc parvenir une nouvelle facture pour les 90 restantes.

Nous vous prions de bien vouloir nous excuser de vous obliger à passer une seconde écriture dans vos livres de comptes, mais nous sommes persuadés que vous comprendrez que cette erreur n'a pu être qu'involontaire!

Nous comptons sur votre compréhension, et vous demandons de bien vouloir accepter une nouvelle fois nos excuses.

Veuillez croire, Messieurs, à l'assurance de nos sentiments dévoués.

Vocabulaire

Excuses	***Apologies***
Nous vous prions de bien vouloir nous excuser du retard	*We must apologize for the delayed arrival*
Veuillez nous excuser pour ce retard	*Please accept our apologies for this delay*
Rectifier la situation	*To put the matter right*
Rattraper le temps perdu	*To make up for lost time*
En dépit de nos efforts	*In spite of our efforts*
Circonstances indépendantes de notre volonté	*Circumstances beyond our control*
Erreur de livraison	*Mistake in delivery*
Arriver / se passer / se produire	*To happen / to occur / to take place*

Dears Sirs,

Our invoice No. 145 of 10 January

Our invoice as above unfortunately contains an error, as we have charged you for only 10 standard lamps instead of the 100 actually supplied.

We are therefore sending you a new invoice for the remaining 90 lamps.

We apologize most sincerely as we are obliging you to make a second entry in your books, but we are sure you will understand that this error cannot be anything but involuntary!

We trust in your understanding, and ask you once again to accept our most sincere apologies.

Yours faithfully,

Compréhension	*Understanding*
Vous satisfaire	*To meet with your approval*
Nous avons le grand regret	*We greatly regret*
Être chargé de	*To be entrusted*
Nous désirons vous donner satisfaction	*We wish to satisfy you*
Toutes les démarches nécessaires/ précautions	*All necessary steps / precautions*
Empêcher (que quelque chose n'arrive)	*To prevent (something happening)*
Éviter (ce genre de chose)	*To avoid (a similar occurance)*
Dans les délais prévus	*Within the time foreseen*
La situation est redevenue normale	*The situation is back to normal*

Vous pouvez avoir confiance en	*You can rely on*
Nous sommes désolés de votre réclamation	*We were very sorry to receive your complaint*
Nous regrettons beaucoup cette erreur	*We greatly regret the mistake*
Nous allons procéder à une enquête auprès des transporteurs	*We shall make enquiries with the carriers*
Étudier le problème	*To take up the matter / to look into the matter*
De notre part / de votre part	*At our / your end*
Retarder la production	*To hold up production*
Nous accorderons la priorité à votre commande	*We shall give your order priority*
En raison (d'une grève)	*Owing to (a strike)*
Nous sommes dans l'impossibilité de faire face	*We are unable to cope with*
Une fois la grève terminée	*Once the strike has been settled*
Les commandes seront expédiées par ordre d'arrivée	*Orders will be sent out in strict rotation*

Lettres circulaires

Une lettre circulaire est habituellement imprimée ou photocopiée pour être envoyée au plus grand nombre de personnes intéressées par son contenu.

Lorsqu'elle décrit de nouveaux produits, ou des améliorations apportées à des produits déjà existants, elle constitue une forme typique de publicité directe, mais quand elle porte également à la connaissance des clients et des fournisseurs une modification importante sur le plan commercial, comme par exemple l'extension ou la réorganisation de la structure de l'entreprise, l'ouverture de nouvelles succursales ou le transfert du siège à une nouvelle adresse, elle peut représenter une occasion idéale d'accroître le prestige et d'améliorer l'image de marque de la société.

Circulaire annonçant la publication d'un nouveau magazine

Madame, Monsieur,

De récentes enquêtes ont montré qu'un nombre croissant de personnes issues de tous horizons recherchent un magazine d'informations hebdomadaire. Non pas que ce genre de publication n'existe pas, mais le public en désire davantage; davantage de détails, davantage de photographies, de cartes et de plans, d'informations de fond par rapport à ce qui lui est normalement proposé. Ainsi, de façon à satisfaire cette demande, nous avons décidé de réunir les meilleurs journalistes et de lancer "Davantage", ainsi nommé car il en propose en effet davantage.

Notre politique sera entièrement nouvelle. Tous les articles contiendront des informations de fond détaillées. Ainsi, si vous trouvez notre système politique quelque peu obscur, ou que la situation au Moyen Orient est devenue trop compliquée pour une compréhension facile, vous pourrez vous tourner vers "Davantage", où tous les détails du passé comme du présent seront expliqués dans une langue accessible, avec des mots de tous les jours. Notre journaliste politique, Robert Martin, traduira même les déclarations des hommes politiques en termes concis et compréhensibles!

Ne manquez pas le premier numéro de "Davantage". Vous le trouverez dans tous les kiosques à partir du 1er février. Nous savons que cette publication marquera l'histoire du journalisme.

Avec nos meilleures salutations.

Circular announcing the publication of a new magazine

Dear Sir or Madam,

Recent surveys have shown that an increasing number of people from all walks of life are looking for a weekly news magazine. Not that these do not already exist, but the general public wants more, more detail, more photograph, more maps and plans, more background information, than is normally given. So, to make this large amount of people happy, we have decided to gather together the best journalists we could find and publish "More", so named because it does in fact give more.

Our policy will be an entirely new one. No article will be written without extensive background information being given in the same piece. So, for example, if you find our political system rather obscure, or that the situation in the Middle East has become too complicated for easy reading, you can turn to "More", where every detail, past and present, will be explained in normal, everyday language. Our political journalist, Robert Martin, will even put politician's statements into concise, understandable terms!

Don't miss the first number of "More". You will find it at every newsagent's on 1st February, and we know that this new publication will be a landmark in the history of journalism.

Yours faithfully,

Ouverture d'un nouveau commerce

Madame, Monsieur,

Nous savons que depuis quelque temps, vous n'avez plus de cordonnier dans votre quartier. Pouvoir compter sur quelqu'un qui répare vos chaussures, vos bottes, vos sacs à main, vos valises et vos ceintures fait partie de ces petites commodités que l'on ne remarque que lorsqu'elles ont disparu – et alors leur absence devient fort gênante.

Non seulement nous réparons les talons et les semelles, mais nous teignons également les articles en cuir, nous réparons ou transformons sangles et ceintures, et apportons de petits changements tels qu'ajouter une boucle ici ou une décoration là. Nous garantissons un service rapide, car nous sommes une équipe de cinq personnes, et nous utilisons le meilleur matériel possible.

Apportez-nous vos articles en cuir dès maintenant; nous leur redonnerons une nouvelle jeunesse et un nouveau départ dans la vie.

Avec nos meilleures salutations.

Annonce d'un service de livraison à domicile par un épicier

Madame,

Afin de satisfaire davantage nos clients, nous venons de mettre en place un service de livraison à domicile. Notre camionnette sera à votre porte dans les quatre heures suivant votre commande, et le livreur vous la déposera directement dans votre cuisine. Et tout ceci, sans supplément de prix pour des commandes d'un montant au moins égal à £ 50. Vous pourrez transmettre vos commandes soit en personne, soit par téléphone, et nous les traiterons avec notre rapidité et notre attention habituelles.

N'hésitez pas à faire appel à ce nouveau service totalement gratuit; notre but étant, comme toujours, de vous satisfaire pleinement.

Avec nos meilleures salutations.

The opening of a new business

Dear Sir or Madam,

We know that for some time now you have been without a reliable shoemender in this area. Having somebody to mend your shoes or boots, handbags, suitcases and belts, is one of those many little conveniences that you hardly notice until they are no longer there – then their absence becomes highly inconvenient!

We will not only mend heels and soles, but also dye any leather goods, mend or alter straps and belts, and make little changes like a buckle here or a decoration there, whenever required. We can guarantee fast service because there are five of us working together, and we have installed the best possible equipment in our shop.

Bring us your leather goods now – we will give them a facelift and a new lease of life.

Yours faithfully,

A grocery shop announces a home delivery service

Dear Madam,

In order to please our customers even more, we have just introduced a home delivery service. Our van will come to your door within four hours of your order, and the delivery boy will take your shopping into your kitchen. All this is at no extra charge, as long as your order comes to £ 50.00 or more. Orders will be taken personally or by telephone, as you prefer, and they will be given our usual prompt, courteous attention.

Do not hesitate to ask for this new, free service – our aim is, as always, to satisfy you.

Yours faithfully,

Nouveau rayon dans une quincaillerie

Madame,

Nous pensons que vous serez sans doute intéressée de savoir que nous inaugurons le 1er mars un nouveau rayon d'articles pour la cuisine dans notre magasin du 131 Queen Street.

Votre mari, comme beaucoup d'autres hommes du quartier, est sans doute l'un de nos clients depuis de nombreuses années, et nous sommes à présent heureux de pouvoir offrir aux dames le même accueil et un large choix de produits. Nos articles comprendront les appareils ménagers électriques les plus modernes, du matériel traditionnel de cuisine en porcelaine ou en métal, de la coutellerie et des couteaux de cuisine, et une multitude de gadgets destinés à vous faire gagner du temps. Et tout ceci à des prix extrêmement compétitifs!

Venez visiter notre rayon le 1er mars, vous apprécierez alors combien notre magasin va rapidement vous être indispensable comme il l'a toujours été pour votre mari. Nous aurons le plaisir de vous offrir à cette occasion un petit cadeau de bienvenue.

Meilleures salutations.

New department in a hardware shop

Dear Madam,

We think you will be interested to know that on 1st March we shall be opening a new kitchen department in our shop at 131 Queen Street.

Like all the other gentlemen in the area, your husband has probably been a customer of ours for many years, and we are now happy to be able to offer the same cheerful service and wide selection of goods to the ladies as well. Goods will include the most up-to-date electrical appliances, traditional kitchen metal and chinaware, cutlery and cook's knives, and a myriad of time saving gadgets. All at the most competitive prices!

Do come to see our new department on 1st March, you will then see for yourself that our shop will become indispensable to you, as it always has been to your husband, and there will be a small welcoming gift waiting for you.

Yours faithfully,

Emménagement d'un magasin dans de nouveaux locaux

Madame, Monsieur,

Nous avons le plaisir de vous informer que nous allons transférer notre magasin de sport au 66 Oxford Street, Birmingham, le 5 juin 19...

Outre un accès plus facile (proximité de 2 stations de métro, et de 4 lignes d'autobus), les nouveaux locaux, plus spacieux, nous permettront de disposer d'un choix encore plus grand d'articles et de vêtements de sport, et comprendront de nouveaux rayons, comme par exemple un rayon de vêtements de sport pour enfants, alors que tout le premier étage sera consacré, en automne et en hiver, à tout ce qui touche au ski, avec un choix complet de vêtements et d'équipements, ainsi qu'un service d'information sur les stations européennes, l'organisation de voyages en groupes, les cours, etc... En été et au printemps, les articles de tennis et natation remplaceront les articles de ski, et il y aura également un service d'information identique à celui mis en place pour le ski.

Nos articles classiques d'équitation, de chasse, de pêche, de badminton et de rugby seront situés au rez-de-chaussée, ainsi qu'une multitude d'autres articles pour les sports les plus divers.

Venez nous rendre visite bientôt, vous serez agréablement surpris par la qualité et la gamme des articles que nous vous proposons, et au cas où nous n'aurions pas en stock l'article que vous recherchez, nous nous ferons un plaisir de vous le procurer.

Meilleures salutations.

A shop moves to new premises

Dear Sir or Madam,

We are pleased to announce that we shall be moving our sportswear shop to new premises at 66, Oxford Street, Birmingham, on 5 June 19...

Besides being easier to reach (there are two underground stations and four bus routes nearby), the new premises will offer more space for an even wider selection of sports articles and clothes, and will include new departments such as a children's school sports department, while the whole of the first floor will be dedicated to skiing in autumn and winter, offering a complete selection of skiwear and equipment, as well as an information service on Continental resorts, the organization of groups, lessons etc.

In spring and summer tennis and swimwear will take the place of ski equipment, and there will be an information service like the one for skiing.

Our traditional riding, hunting, fishing, badminton and rugby equipment will be found on the ground floor, as well as a host of other articles for the most diverse sports and games.

Come to visit us soon, you will be pleasantly surprised at the quality and selection of goods, and if there is anything you need that we do not have in stock, we shall be pleased to procure it for you.

Yours faithfully,

Présentation d'un nouveau responsable de filiale

Messieurs,

Comme vous l'avez appris, le responsable de notre filiale de Huddersfield, M. Jameson, a décidé de prendre une retraite bien méritée après de nombreuses années de collaboration avec notre entreprise. Son absence sera profondément ressentie par nos clients et notre personnel, mais il sera remplacé par un homme très compétent, M. Gregory Overland.

M. Overland a acquis une vaste expérience dans notre secteur, tant ici en Grande-Bretagne qu'aux États-Unis, et nous sommes persuadés qu'il saura vous assister avec la même amabilité et la même compétence que celles déployées par M. Jameson pendant de si nombreuses années. Aucune modification n'interviendra au sein de la filiale de Huddersfield, et M. Overland sera très heureux de vous rencontrer et de travailler avec vous très prochainement.

Meilleures salutations.

Fermeture d'une usine en août

Messieurs,

Nous vous prions de noter que notre établissement de Bordeaux fermera complètement ses portes entre le 1er et le 31 août, et que nous serons donc dans l'impossibilité d'accepter des commandes devant être livrées entre ces deux dates. Nous vous recommandons de passer vos commandes bien à l'avance si vous désirez être livré en juillet ou en septembre, car nous prévoyons l'inévitable "rush" des vacances qui rend très difficile l'exécution rapide des commandes pendant cette période.

Nous restons à votre entière disposition pour accorder à vos commandes notre attention et notre soin habituels.

Veuillez agréer, Messieurs, l'expression de nos meilleures salutations.

Announcing a new branch manager

Dear Sirs,

As you will know, Mr. Jameson, our Huddersfield branch manager, has decided to go into well-earned retirement after many years of excellent work for our company. Although he will be greatly missed by customers and staff alike, his place will be taken by a very capable man, Mr. Gregory Overland.

Mr. Overland has gained a wide experience in our line of work, both here in the U.K. and in the United States, and we have every confidence that he will be able to assist you the same charm and ability as Mr. Jameson was able to do for so many years. Nothing will be changed in the running of the Huddersfield branch, and Mr. Overland is looking forward to meeting you and to dealing with your requirements.

Yours sincerely,

Announcing factory closure for August

Dear Sirs,

Will you please note that our Bordeaux works will be completely shut down from 1st to 31st August, and that we shall be unable to accept orders for delivery between these dates. We advise you to place your orders well in advance if you require delivery for July or September, as there is bound to be the usual "holiday rush", making prompt delivery during this period rather difficult.

We look forward to giving your orders our usual careful attention.

Yours faithfully,

Vocabulaire

Circulaires	*Circulars*
Nous pensons que vous serez intéressé de savoir	*We think you will be interested to know*
Nous sommes sûrs / persuadés que vous serez très intéressé d'apprendre	*We are sure you will be fascinated to learn*
Nous savons que vous serez intéressé	*We are sure you will be interested in*
Produit nouveau, amélioré	*New, improved product*
Lancer un produit	*To launch a product*
Agrandissement des locaux / nouveaux rayons	*Extension of premises / new department*
Nouvelle filiale / succursale / usine	*New branch / plant / factory*
Nouveau directeur / responsable / Conseil d'administration / Président Directeur Général	*New manager / executive / Board members / Chairman of the Board*
Changement d'adresse / de numéro de téléphone	*Change of address / telephone number*
Permettre	*To enable*
Subir	*To undergo*
Poursuivre un but	*To aim*
Nouvelle politique	*New policy*
Soumettre à votre attention	*To submit to your attention*
Notre dernier	*Our latest*
N'hésitez pas à nous faire savoir	*Please do not hesitate to let us know*
Nous avons le plaisir de vous joindre / d'inclure / nous sommes heureux de joindre	*We have pleasure in enclosing / we are pleased to enclose*
Si vous désirez recevoir de plus amples détails	*Should you be interested in receiving further details*
Votre nom nous a été communiqué par	*Your name was given to us by*

Associés / connaissances	*Business associates / acquaintances*
Nous avons le plaisir de vous offrir	*We have pleasure in offering you*
Vous trouverez ci-joint	*You will find attached / enclosed*
Nous profitons de cette occasion pour attirer votre attention sur	*We take this opportunity to draw your attention to*

Emballage et expédition

L'emballage et l'expédition des marchandises peuvent être directement pris en charge par le fournisseur ou l'acquéreur, mais ils correspondent le plus fréquemment à une branche d'activité exercée par des entreprises spécialisées. Dans le domaine des marchandises fragiles, périssables ou soumises à des normes spéciales, cette activité revêt une importance toute particulière.

La correspondance se rapporte surtout à l'échange d'instructions et d'informations entre client et fournisseur, ou entre ceux-ci et l'entreprise chargée de l'emballage et de l'expédition des marchandises.

Instructions pour l'emballage

Objet: emballage des marchandises d'après commande n° 154.

Messieurs,

Suite à notre conversation téléphonique de ce jour, nous vous confirmons la méthode à employer pour emballer notre commande n° 154 du 10 mars 19...

1. Chaussettes hommes
   Elles doivent être emballées par lots de six paires du même type, dans des boîtes en carton de format standard et sur lesquelles doivent être collées des étiquettes imprimées indiquant:
   a) les matières utilisées dans la fabrication;
   b) la longueur;
   c) la taille et la couleur.

   Les boîtes devront alors être placées dans des cartons solides, chacun d'entre eux ne devant contenir que des lots correspondant à une seule taille, laquelle devra être clairement indiquée sur au moins deux des côtés.

   Chaque carton devra être recouvert de toile de jute cousue et scellée, et tous seront ensuite placés dans une caisse de bois portant la marque "M.S.", suivie des poids net et brut exprimés en kilogrammes.

2. Maillots de corps pour homme
   Suivez les mêmes modalités, mais la caisse de bois devra porter la marque "M.T.", suivie des poids net et brut exprimés en kilogrammes.

Nous espérons que l'emballage sera effectué avec le plus grand soin, et sommes persuadés que l'expédition des marchandises sera exécutée promptement.

En vous remerciant de votre attention, nous vous prions d'agréer l'expression de nos meilleures salutations.

Packing instructions

Dear Sirs,

Packing of goods as per our order No. 154

Further to our telephone conversation of today, we confirm the method of packing concerning our order N. 154 of 10 March 19...

1. *Men's socks*
   These must be packed in groups of six pairs, all of the same type, in standard cardboard boxes, to the outside of which should be applied printed labels stating:
   a) *materials used in manufacture;*
   b) *lengh;*
   c) *colour and size.*

   The boxes should be then placed into strong cardboard boxes, each of which should contain packs of just one size, which is to be clearly stated on at least two adjoining sides.

   Each box should be covered in jute, sewn and sealed, and then all of them placed in a wooden crate bearing the mark "M.S." followed by the net and gross weights expressed in kilogrammes.

2. *Men's vests*
   The same method is to be followed, but the final crate should bear the mark "M.T.", followed by the net and gross weights expressed in kilogrammes.

We hope you will give the greatest possible attention to the packing, and we trust you will despatch the goods promptly.

We thank you for your attention.

Yours faithfully,

Objet: emballage de machines à destination de l'Arabie Saoudite.

Messieurs,

Nous vous serions reconnaissants de bien vouloir venir aussi rapidement que possible procéder à l'emballage de machines tenues à votre disposition dans notre entrepôt et destinées à notre chantier de Jeddah (Arabie Saoudite).

Comme nous l'avons déjà mentionné verbalement, l'emballage devra être effectué de la façon suivante:
- le côté et le couvercle des caisses ne devra pas être d'une épaisseur inférieure à 20 mm, et à 25 mm pour le fond;
- les fonds devront reposer sur des palettes suffisamment grandes pour permettre un chargement par grue et par chariot élévateur;
- l'intérieur des caisses devra être revêtu d'un papier goudronné adéquat, afin d'empêcher les infiltrations d'eau saline;
- chaque machine devra au préalable être couverte d'une couche de polyéthylène dont l'intérieur sera suffisamment enduit de sels anti-humidité;
- tous les coins des caisses devront être protégés par des renforts de fer;
- afin de faciliter le transport, le poids brut de chaque caisse ne devra pas dépasser 2 tonnes, et ses mesures ne dépasseront pas 2,5×2,5 m de surface au sol et 1,80 m de hauteur.

Le marquage externe des caisses sera du ressort direct de notre service expéditions.

Nous vous rappelons que les produits devront être prêts au plus tard le 25 du mois prochain.

Vous remerciant de votre collaboration, nous vous prions d'agréer, Messieurs, l'expression de nos meilleures salutations.

Dear Sirs,

Packing of machinery destined for Saudi Arabia

We should be grateful if you would come as soon as possible to pack some machinery that is being held ready in our warehouse destined for our site in Jeddah (Saudi Arabia).

As already mentioned verbally, the packing should be as follows:
- *the side and lid of the cases should not be less than 20 mm thick, and the bottom 25 mm;*
- *the bottoms should rest on adequately large battens, to allow for loading by both crane and fork lift truck;*
- *the cases should be lined with suitable tarred paper to prevent the infiltration of salt water;*
- *each machine should first be covered with a polythene film sufficiently coated with anti-humidity salts on the inside;*
- *iron corner reinforcements should be applied to all corners of the cases;*
- *to facilitate transport each case should weigh no more than 2 metric tons gross and measure no more than 2.5 × 2.5 mts in area and 1.80 in height.*

The external marking of the cases will be dealt with directly by our despatch department.

We remind you that the goods must be ready by and not later than the 25th of next month.

We thank you for your collaboration.

Yours faithfully,

Objet: liste des emballages.

Messieurs,

Les marchandises faisant l'objet de votre bon de commande n° AB/218 du 14 septembre ont été remises aujourd'hui entre les mains de la société Blanc, qui les chargera à bord du cargo "Europa", devant quitter le port de Livourne le 10 novembre.

Le chargement sera constitué de trois caisses, comme suit:

- caisse marquée AB/218/1
  poids net 900 kg; poids brut 1 050 kg, dimensions 140×230×160 cm
  contenu: 1 tour modèle NC-1200, avec tous ses accessoires;
- caisse marquée AB/218/2
  poids net 1 200 kg; poids brut 1 380 kg, dimensions 160×240×170 cm
  contenu: 1 tour modèle NC-1400, avec tous ses accessoires;
- caisse marquée AB/218/3
  poids net 750 kg; poids brut 880 kg, dimensions 125×190×140 cm
  contenu: 1 tour modèle NC-1000, avec tous ses accessoires + un paquet contenant un jeu de pièces de rechange pour tous les tours suivant commande, pour un poids net total de 2 850 kg et un poids brut total de 3 310 kg.

Nous sommes certains que ces articles vous parviendront en parfait état, tout le soin possible ayant été apporté à leur emballage.

Nous espérons que vous recevrez rapidement les marchandises.

Veuillez agréer, Messieurs, l'expression de nos meilleures salutations.

Dear Sirs,

Packing list

The goods as per your order No. Ab/218 of 14 September have today been placed in the hands of the forwarders Blanc, who will have them loaded onto the ship "Europa" sailing from the port of Livorno on 10th November.

The shipment will be made up of three cases as follows:
- *case marked AB/218/1*
  net weight 900 kgs; gross weight 1050 kgs, dimensions 140×230×160 cms
  contents: 1 lathe model NC-1200 complete with accessories;
- *case marked AB/218/2*
  net weight 1200 kgs; gross weight 1380 kgs, dimensions 160×240×170 cms. contents: 1 lathe model NC-1400 complete with accessories;
- *case marked AB/218/3*
  net weight 750 kgs; gross weight 880 kgs, dimensions 125×190×140 cms
  contents: 1 lathe model NC-1000 complete with accessories + 1 parcel containing a series of spare parts for all the lathes as per your order, for total net weight of 2850 kgs and a total gross weight of 3310 kgs.

We are sure these articles will arrive in perfect condition as every possible care has been taken in their packing.

We hope you will receive the goods quickly.

Yours faithfully,

Instructions concernant une expédition

Objet: instructions concernant une expédition par mer à destination de l'Afrique du Sud

Messieurs,

Veuillez prendre possession aussi rapidement que possible dans nos locaux d'une caisse d'un poids brut de 2 800 kg destinée à la société Aiax de Johannesbourg, devant être chargée à bord du cargo "Albion", qui partira de Gênes le 13 juillet.

Veuillez trouver ci-joint:

a) une photocopie de la Lettre de crédit n° LC-85657 de la Barclays Bank de Johannesbourg, qui vous rendra possible l'émission de tous les documents nécessaires à sa négociation;

b) 6 exemplaires de notre facture n° 1712/Exp pour un total de 100 700 francs;

c) 6 exemplaires de la liste des emballages afférents;

d) une déclaration datée de ce jour émanant de la chambre de commerce de Paris, assurant que ces produits ne sont pas soumis à une Licence ministérielle pour l'exportation vers l'Afrique du Sud.

- Nous vous invitons donc:
- à procéder à l'émission de tous les documents requis pour la lettre de crédit, puis à nous les envoyer aussi rapidement que possible et en tout état de cause, à temps pour la négociation;
- à établir la liste des frais que vous avez engagés auprès de la société expéditrice. Ces frais vous seront directement réglés par la banque émettrice, ainsi que la somme créditée en votre faveur.

Nous sommes, comme toujours, assurés de votre bonne collaboration, de laquelle nous vous sommes reconnaissants.

Veuillez agréer, Messieurs, l'expression de nos meilleures salutations.

Dear Sirs,

Instructions for shipment to South Africa

Please collect as quickly as possible from our offices a case of gross weight 2800 kgs destined for the firm Aiax of Johannesburg, which is to be loaded onto the ship "Albion", sailing from Genoa on 13 July.

We hereby enclose:

a) *a photocopy of Letter of Credit No. LC-85657 of Barclays Bank of Johannesburg, which will allow you to arrange the emission of all the documents required for its negotiation;*
b) *6 copies of our invoice No. 1712/Exp for the total of 100 700 francs;*
c) *6 copies of the relative packing list;*
d) *a declaration with today's date issued by the Chamber of Commerce of Paris, stating that these products are not subject to a Ministerial licence for exportation to South Africa.*

We therefore invite you:
- *to arrange the emission of all the documents required for the Letter of Credit, sending them to us quickly as possible, and definitely in time for negotiation;*
- *to make out your list of expenses to the consignor company. This will be remitted to you directly by the issuing bank, together with the amount credited to our favour.*

We are certain, as always, of your collaboration, for which we thank you.

Yours sincerely,

Objet: transport routier vers la Suède.

Messieurs,

Nous vous expédions cinq petites caisses, d'un poids brut total de 500 kg, que nous vous demandons de bien vouloir expédier via TIR à la compagnie

ACME ELECTRONIC
Olsensgate 20
STOCKHOLM (Suède)

Vous trouverez ci-joint:
- 3 exemplaires de notre facture n° 144/Exp en date de ce jour, pour une somme totale de 29 625 francs;
- 1 liste des emballages en trois exemplaires;
- 1 bordereau d'expédition n° BX/43543;
- 1 billet de confirmation de la banque, modèle A/Export n° 1.850.675, émis par la Banque nationale du crédit en date de ce jour.

Nous vous prions de ne livrer les marchandises au destinataire qu'après avoir vu la preuve du paiement de notre facture.

Toutes dépenses relatives à cet envoi doivent rester à la charge du destinataire.

Dans l'attente de la réception des documents de douane réglementaires, nous vous prions, Messieurs, d'agréer l'expression de nos meilleures salutations.

PJ comme indiqué ci-dessus

Dear Sirs,

Instructions for lorry transport to Sweden

We are sending you five small crates for total gross weight of 500 kgs, and would ask you to send them via TIR to the company

ACME ELECTRONIC
Olsensgate 20
STOCKHOLM (Sweden)

We hereby enclose:
- *3 copies of our invoice No. 144/Exp with today's date, for the total amount of 29 625 francs;*
- *1 packing list in three copies;*
- *1 consignment note No. BX/43543;*
- *1 bank confirmation model A/Export No. 1.850.675 issued by the Banque nationale du crédit with today's date.*

Please deliver the goods to the consignee only after having seen proof of payment of our invoice.

All expenses relative to this consignment are to be charged to the consignee.

We look forward to receiving the regular customs documentation.

Yours sincerely,

Enc. As above

Objet: document de navigation.

Messieurs,

En référence à votre lettre d'instructions datée du 15 courant, nous vous confirmons que les marchandises qui nous ont été confiées ont été chargées à bord du cargo "Africa" de la ligne française, et ont quitté le port de Marseille le 21 de ce mois.

Afin que vous puissiez négocier le crédit, nous joignons les documents exigés par la banque émettrice, comme suit:
- 1 série complète de connaissements établis à l'ordre du destinataire;
- 1 série complète de connaissements, non négociables;
- 1 police d'assurance de la société "Insurance Co." pour la valeur de votre facture + 10%;
- 1 déclaration de parfaite conformité de l'emballage, émise par la compagnie de navigation;
- 1 copie de votre facture n° 1150/Exp datée du 20 avril ayant reçu le visa de la chambre de commerce de Paris et du consulat du Koweit.

Nous vous ferons parvenir dès que possible l'ensemble des pièces douanières permettant la régularisation fiscale de cette expédition.

Veuillez agréer, Messieurs, l'expression de nos meilleures salutations.

Dear Sirs,

Sailing documents

With reference to your letter of instructions dated 15th of this month, we confirm that the goods entrusted to us were loaded onto the ship "Africa" of the French Line, and left the port of Marseille on 21st of this month.

So that you can negotiate the credit, we attach the documents required by the issuing bank as follows:
- *1 complete set of bills of lading made out to the consignee;*
- *1 complete set of bills of lading, not negotiable;*
- *1 insurance policy of the company "Insurance Co." for the value of your invoice + 10%;*
- *1 declaration stating that the packing is perfectly suitable, issued by the Navigation Company;*
- *1 copy of your invoice No. 1150/Exp dated 20 April stamped by the Chamber of Commerce of Paris and by the Consulate of Kuwait.*

We shall send you the complete customs documentation for the fiscal regularization of this consignment as soon as possible.

Yours sincerely,

Objet: instructions pour la réception et l'acheminement de marchandises en provenance du Portugal.

Messieurs,

Veuillez prendre livraison de 240 cartons contenant chacun 24 bouteilles de vin aromatique, auprès de la société

VINHO BRANCO
Av. Santiago 18
PORTO (Portugal)

par l'entremise de votre correspondant portugais. Ce vin devra être expédié à notre adresse par service routier rapide.

Ce produit bénéficie du traitement privilégié réservé aux pays associés de la Communauté Économique Européenne, et devra être dédouané selon le tarif n° 24.48/280, à l'aide des factures qui vous seront remises par l'expéditeur avec les marchandises.

Nous vous prions de nous téléphoner pour tous renseignements supplémentaires dès que vous aurez reçu les marchandises.

Veuillez agréer, Messieurs, l'expression de nos meilleures salutations.

Dear Sirs,

Instructions for collecting and forwarding goods from Portugal

Please collect 240 cartons, each containing 24 bottles of aromatic wine, from Messrs.

VINHO BRANCO
Av. Santiago 18
PORTO (Portugal)

through your Portugese correspondent. This wine is to be sent to our address by fast truck service.

This product is entitled to privileged treatment reserved for the Associated countries of the European Economic Comunity, and should be cleared at customs according to tariff No. 24.48/280, using the invoices which will be handed over by the sender together with the goods.

Please telephone us for further details as soon as you receive the goods.

Yours faithfully,

Comptabilité – Facturation – Paiements

Après avoir reçu la commande du client et procédé à l'expédition de la marchandise, on établit une facture décrivant de façon détaillée le matériel et indiquant le montant correspondant. Dans le commerce international, la facture constitue un document d'une extrême importance, car elle est exigée par les banques, les agents des douanes, les commissionnaires, les autorités douanières et consulaires: en conséquence, elle doit être parfaitement exacte.

Le client occasionnel doit s'attendre à effectuer le paiement au comptant (sur présentation de la facture) alors que le client déjà connu du fournisseur bénéficiera sans doute d'un paiement différé, à 30, 60 ou 90 jours, selon les conditions habituellement consenties par le fournisseur. Dans ce cas, le client reçoit à intervalle régulier des relevés de compte indiquant la date et le numéro de la commande des fournitures, les montants partiels et le total dû pour la période prise en compte. Ce type de règlement est défini sur présentation du relevé de compte.

Si le client demande un paiement à terme, le fournisseur devra étudier avec soin cette possibilité, car si l'acheteur se révèle être un mauvais payeur, le fournisseur subira des pertes. Sans tenir compte de ses expériences antérieures, le vendeur demandera à l'acheteur des références financières et commerciales pour se faire une idée de ses possibilités. Il procédera au début avec prudence avant de rallonger, éventuellement, les termes de paiement si les affaires s'engagent sur des bases régulières. De toute façon, si le nombre des rappels nécessaires à l'obtention du règlement se révèle excessif, entraînant des frais importants et des pertes de temps pour le fournisseur, celui-ci pourra en venir à retirer le crédit accordé au client.

Pour le commerce national, les paiements sont normalement effectués par chèque, tandis que dans le commerce international ils s'effectuent par le truchement de virements bancaires, de lettres de crédit et de lettres de change.

Courtes lettres d'accompagnement des factures

Messieurs,

Veuillez trouver ci-joint notre facture pour un montant de £ 100,00 correspondant aux articles expédiés contre votre bon de commande n° 3276 du 5 mai 19... Nous sommes persuadés que le colis vous satisfera, et restons dans l'attente de nouvelles commandes de votre part.

Veuillez agréer, Messieurs, l'expression de nos meilleures salutations.

Messieurs,

Nous avons le plaisir de joindre sous ce pli notre facture d'un montant de £ 100,00, sur paiement de laquelle nous remettrons votre commande au transporteur.

Veuillez agréer, Messieurs, l'expression de nos meilleures salutations.

Objet: : votre commande n° 8796.

Messieurs,

Vous trouverez ci-joint notre facture n° 532 pour les ceintures d'hommes en cuir que vous avez commandées le 16 août 19... Ces ceintures sont maintenant prêtes à être expédiées et vous seront envoyées à Lyon en port payé par chemin de fer. Notre note d'avis suivra en temps utile.

Veuillez agréer, Messieurs, l'expression de nos meilleures salutations.

Short letters accompanying the invoice

Dear Sirs,

Please find enclosed our invoice to the amount of £ 100.00 covering goods sent to you against your order No. 3276 of 5th May 19...

We trust you will find the consignment satisfactory, and look forward to receiving other orders from you.

Yours faithfully,

Dear Sirs,

We have pleasure in enclosing herewith our invoice amounting to £ 100.00, on payment of which we will release your order to the forwarders.

Yours faithfully,

Dear Sirs,

Your order No. 8796

We enclose our invoice No. 532 for the men's leather belts you ordered on 16 August 19... The belts have been made ready for dispatch and are being sent to you carriage paid by rail to Lyon.

Our advice note will follow in due course.

Yours faithfully,

Lettres accompagnant un relevé de comptes

Messieurs,

Veuillez trouver ci-joint notre relevé trimestriel. La remise habituelle de 2,5% pourra être déduite si le paiement est effectué avant le 15 janvier.

Veuillez agréer, Messieurs, l'expression de nos meilleures salutations.

Messieurs,

Nous avons le plaisir de joindre notre relevé des transactions jusqu'au 23 février. Veuillez vérifier les écritures et, si vous les trouvez exactes, nous faire parvenir votre chèque pour le montant dû.

Veuillez croire, Messieurs, à l'assurance de nos meilleures salutations.

Messieurs,

Vous trouverez joint à la présente notre relevé indiquant un solde de 86 000 francs. Comme convenu, nous effectuerons un prélèvement de ce montant, à 60 jours.

Veuillez croire, Messieurs, à l'assurance de nos meilleures salutations.

Letters accompanying statement of account

Dear Sirs,

Please find enclosed our quarterly statement. The usual 2.5% discount may be deducted if payment is made by 15 January.

Yours faithfully,

Dear Sirs,

We are pleased to enclose our statement for transactions up to 23 February. Please check the entries, and if you find them correct, kindly let us have your check for the amount due.

Yours faithfully,

Dear Sirs,

Attached to this letter you will find our statement showing a balance of 86 000 francs. As agreed, we are drawing on you for this amount at 60 d/s.

Yours faithfully,

Avis de règlement d'une facture

Messieurs,

Nous avons le plaisir de joindre sous ce pli le chèque n° 8905632 de la banque B.X., d'un montant de 19 000 francs, en paiement de votre facture n° 573 du 3 mars 19...

Veuillez agréer, Messieurs, l'expression de nos meilleures salutations.

Messieurs,

En référence à votre facture n° 6754329, nous avons ce jour transféré la somme de £ 700,00, à votre crédit, à la NatWest Bank, Wood Green High Road, London N22.

Veuillez croire, Messieurs, à l'assurance de nos meilleures salutations.

Messieurs,

En règlement de votre facture n° 9856 du 4 juillet, nous avons ce jour effectué par la Barclay's Bank, Queensbury, Sheffield, le paiement d'une somme de £ 100,00, ce qui solde notre compte et nous donne droit à un escompte de caisse de 3%.

Veuillez agréer, Messieurs, l'expression de nos meilleures salutations.

Désaccords sur les factures

Messieurs,

Après vérification de votre facture n° 516 du 20 octobre 19... nous constatons que vous nous avez facturé les marchandises à 660 francs l'une, sans prendre en considération l'escompte spécial de 8% sur lequel nous nous étions entendus au moment de la commande. En conséquence, nous vous serions reconnaissants de bien vouloir nous faire parvenir votre note d'avoir pour la différence, faute de quoi nous ne pourrions régler votre facture.

Dans l'attente de votre réponse, nous vous prions, Messieurs, de bien vouloir agréer l'expression de nos meilleures salutations.

Advising settlement of account

Dear Sirs,

We have pleasure in enclosing our Banque B.X. cheque No. 8905632 for 19 000 francs in settlement of your invoice No. 573 of 3rd March 19...

Yours faithfully,

Dear Sirs,

With regard to your invoice No. 6754329 we have today transferred the amount of £ 700.00 to the NatWest Bank, Wood Green High Road, London N22, for your credit.

Yours faithfully,

Dear Sirs,

In settlement of your invoice No. 9856 of 4 July we have today arranged payment through Barclay's Bank, Queensbury, Sheffield, of the sum of £ 100.00, which balances our account, allowing for a cash discount of 3%.

Yours faithfully,

Discrepancies and disagreements in accounts

Dear Sirs,

On checking your invoice No. 516 of 20 October 19..., we find that you have mistakenly charged us for the goods at 660 francs each, without considering the special discount of 8% agreed upon at the time of ordering.

We should therefore be grateful to receive your Credit Note for the difference. Failing this, we shall not be able to pay your invoice.

We are awaiting your reply.

Yours faithfully,

Le vendeur n'a pas fourni les articles mentionnés

Messieurs,

Nous avons reçu aujourd'hui votre facture n° 867 du 5 mars 19..., relative à la fourniture de 800 kg de câble métallique plastifié.

Comme vous le constaterez au vu de la photocopie ci-jointe du bordereau d'expédition n° BX/6498 qui accompagnait les marchandises, vous n'en avez à ce jour livré que 250 kg sur les 800 kg commandés.

Il y a donc eu erreur de facturation, et nous vous serions reconnaissants de bien vouloir annuler cette facture et la remplacer par une autre correspondant à la quantité réellement fournie.

Dans l'attente de recevoir cette nouvelle facture, nous vous remercions de votre attention.

Veuillez agréer, Messieurs, l'expression de nos meilleures salutations.

Le vendeur a commis une erreur de calcul

Messieurs,

Nous avons bien reçu votre facture n° 9785746 du 16 mars 19... d'un montant total de £ 180,00, mais nous devons vous signaler qu'une erreur s'est glissée dans votre total. D'après nos calculs, le montant correct est de £ 150,00 le prix unitaire des chaises expédiées suivant notre commande n° 78654 du 3 mars étant de £ 10,00.

Vous trouverez ci-joint notre chèque n° 98776554, d'un montant de £ 150,00 et nous vous demandons de bien vouloir rectifier la facture.

Veuillez agréer, Messieurs, l'expression de nos meilleures salutations.

Seller has not supplied goods mentioned

Dear Sirs,

We have today received your invoice No. 867 of March 5th, 19..., relating to the supply of 800 kgs of plastified metal wiring.

As you will see from the attached photocopy of your consignment note No. BX/6498 of March 1st which accompanied the goods, you have so far supplied us with only 250 kgs of this material, instead of the 800 kgs as per our order.

There has thus been an error in invoicing us, and we should be pleased if you would cancel this invoice and substitute it with another for the quantity actually supplied.

We look forward to receiving your corrected invoice, and we thank you for your attention.

Yours faithfully,

Seller makes an error in calculation

Dear Sirs,

We acknowledge your invoice No. 9785746 of 16 March 19..., for a total of £ 180.00, but we must point out that there is an error in your total. We calculate the correct figure as being £ 150.00, as the unit price of the chairs sent as per our order No. 78654 of 3 March was of £ 10.00.

We enclose our cheque No. 98776554 for £ 150.00, and would ask you to amend the invoice.

Yours sincerely,

Une traite est tirée sur le compte du client alors qu'il a déjà payé

Messieurs,

Notre banque nous a envoyé un avis nous informant qu'une traite d'un montant de 11 850 francs a été tirée par vous sur notre compte, en règlement de votre facture n° 3189 du 20 février.

Nous avons acquitté cette facture le 22 avril dernier, par notre chèque n° 31854786 de la Banque B.X., chèque que nous avons remis en mains propres à M. Dumas contre un reçu en bonne et due forme.

Nous ne comprenons donc pas pour quelle raison vous avez tiré cette traite sur notre compte, et vous serions reconnaissants de bien vouloir l'annuler avant qu'elle ne vienne à échéance.

Nous restons dans l'attente de vos explications quant à cette procédure quelque peu inhabituelle.

Veuillez agréer, Messieurs, l'expression de nos meilleures salutations.

Le vendeur n'a pas été complètement payé

Messieurs,

Nous vous remercions de votre règlement de £ 100,00 en paiement de notre facture n° 786549, pour lequel vous trouverez ci-joint notre reçu en bonne et due forme. Nous devons cependant vous signaler que la somme à payer était de £ 160,00. Nous voulons croire qu'il s'agit là d'une erreur d'écriture de votre part et espérons que vous pourrez nous faire parvenir le reliquat dans les jours qui viennent.

Veuillez agréer, Messieurs, l'expression de nos meilleures salutations.

A bill of exchange is drawn on the customer after he has already paid

Dear Sirs,

Our bank has sent us advice of a bill drawn on us by you for the sum of 11 850 francs in settlement of your invoice No. 3189 of 20 February.

This invoice was settled by us on 22 April last with our Banque B.X. cheque No. 31854786, and personally handed to your Mr. Dumas, who gave us a formal receipt.

We therefore fail to understand your drawing this bill on us, and we would ask you to withdraw it before it expires.

We are looking forward to your explanation of this somewhat unusual procedure.

Yours faithfully,

Seller has been underpaid

Dear Sirs,

We thank you for your remittance of £ 100.00 in payment of our invoice No. 786549, for which we enclose our official receipt. We must point out, however, that the sum due was £ 160.00. As we believe this must have been a clerical error on your part, perhaps you would send the balance within the next few days.

Yours sincerely,

Le client demande des échéances mensuelles

Messieurs,

Étant donné que nous sommes maintenant en relation d'affaires avec vous depuis plus d'un an, et que cette relation sera sans doute amenée à se poursuivre sur une plus grande échelle dans un avenir proche, nous vous serions reconnaissants de nous facturer nos achats sur une base de paiements mensuels. Nous sommes certains que l'augmentation de nos commandes justifiera de tels termes, et trois de nos fournisseurs réguliers, dont les noms suivent, seront heureux de vous communiquer tous les renseignements complémentaires que vous pourriez souhaiter à notre sujet:

- A.J. Peabody & Sons, 54 Sexton Street, Northampton;
- Carpenter's Ltd., St. Margaret's Wharf, London;
- Jones & Son, 19 King Street, Sheffield.

Dans l'attente de votre réponse, nous vous prions, Messieurs, d'agréer l'expression de nos meilleures salutations.

Le client demande des échéances trimestrielles

Messieurs,

Veuillez trouver ci-joint notre chèque en règlement de votre facture n° 897 relative à l'expédition des cahiers que nous avons reçus la semaine dernière.

Notre magasin acquérant de la popularité dans le quartier, et vos articles de papeterie nous apportant une rotation des stocks rapide, nous vous passerons sans doute des commandes régulières au cours de l'année à venir; nous vous serions donc reconnaissants de bien vouloir nous accorder des termes de compte ouvert à relevés trimestriels au lieu du paiement sur facture. Certains de nos autres fournisseurs nous accordent déjà de telles conditions, et nous vous invitons à les consulter de notre part. Leurs adresses sont les suivantes:

- Holland & Callaghan, 98 Castle Street, Cork;
- O'Brien Ltd., 1ª Joyce Road, Dublin;
- Murphy & Sons, The Orange Grove, Tipperary.

Veuillez agréer, Messieurs, l'expression de nos meilleures salutations.

Customer asks for monthly account terms

Dear Sirs,

As we have been doing business with you now for more than a year and are likely to carry on doing so on a larger scale in the near future, we would ask you to supply us on monthly account terms. We are sure that our increased business will justify these terms, and the following three of our regular suppliers will be glad to give you any further information about us that you may require:

- *A.J. Peabody & Sons, 54 Sexton Street, Northampton*
- *Carpenter's Ltd., St. Margaret's Wharf, London*
- *Jones and Son, 19 King Street, Sheffield.*

We look forward to receiving your reply.

Yours faithfully,

Customer asks for quarterly account terms

Dear Sirs,

Please find enclosed our cheque in settlement of your invoice No. 897 for the consignment of exercise books we received last week.

As our shop is gaining great popularity in the area, and your stationery products provide us with a fast turnover, we are likely to place regular orders with you in the coming year, and would therefore ask you to grant us open account terms with quarterly statements instead of payment on invoice. Other suppliers of ours are already granting us these terms, and we invite you to refer to them on our behalf. Their addresses are as follows:

- *Holland and Callagan, 98 Castle Street, Cork*
- *O'Brien Ltd. 1ª Joyce Road, Dublin*
- *Murphy & Sons, The Orange Grove, Tipperary.*

Yours faithfully,

Vocabulaire

Comptabilité et facturation	*Book-keeping and invoicing*
Payer / paiement	*To pay / payment*
Remettre (une somme) / règlement	*To remit / remittance*
Solder (un compte) / règlement	*To settle / settlement*
Débiter / un débit	*To debit / a debit*
Créditer / un crédit	*To credit / a credit*
Relevé de compte	*Statement of account*
Présenter un solde de	*Showing a balance of*
Tirer (un chèque) sur votre compte	*To draw on you*
Veuillez honorer notre traite	*Please give our draft your protection*
Facture	*Invoice*
Nous avons chargé notre banque de remettre les pièces	*We have instructed our bank to give up the documents*
Paiement contre remise des pièces/ contre acceptation	*Payment against documents / acceptance*
Accorder ces termes / ces conditions	*To grant these terms / conditions*
Délai de paiement	*Extension of terms*
Concession	*Concession*
Arriéré de paiement	*Payment is overdue*
Satisfaire à une obligation / un engagement	*To meet obligations / commitments*
Montant / somme / solde	*Amount / sum / balance*
Quotidien / hebdomadaire / bimensuel / semestriel / bi-annuel	*Daily / weekly / fortnightly / six monthly, half yearly, semi annually*
Lettre de change (1/c) / lettre de crédit (1/c) / traite / chèque	*Bill of Exchange (B/E) / Letter of Credit (L/C) / draft / cheque*
Endosser	*To endorse*
À échéance	*At maturity*
En temps voulu	*In due course*

Crédit / situation financière	*Credit / financial standing*
Négocier	*To arrange*
Rappeler	*To remind*
Conformément aux termes de vente	*According to the terms of sale*
Imputer des frais	*To apply a charge*
Dans un délai de 10 jours à compter d'aujourd'hui	*Within ten days from today*
Jusqu'à ce jour / jusqu'ici	*Up to now / so far*
Se conformer à	*To comply with*
Non-paiement / défaut de paiement	*Non-payment of / default in*
Émettre une traite	*To issue a draft*
Honorer une dette / une l/c	*To honour a debt / a B/E*
Frais / dépenses / coût	*Charges / expenses / costs*
Mensuellement / annuellement / deux fois par an / tous les deux-trois-quatre ans	*Monthly / yearly / bi-annually, 2-3-4 yearly*
Ajouté / soustrait / déduit	*Added / subtracted / deducted*
Solder un compte	*To balance an account*
Modifier / corriger / ajuster	*To amend / to correct / to adjust*
Un reçu / au reçu de	*A receipt / on receipt of*
Sous-payer / surpayer	*To underpay / to overpay*
Ne pas faire payer assez / faire payer trop cher	*To undercharge / to overcharge*
Faute de copiste, erreur d'écriture/ faute de frappe	*Clerical error / typing error*
Chèque bancaire	*Banker's draft*
Virement bancaire	*Banker's transfer*

Rappels

Les rappels doivent répondre à la double nécessité de sauvegarder les intérêts de l'entreprise créditrice sans pour autant porter préjudice de façon irrémédiable aux relations d'affaires avec l'entreprise débitrice. Il faudra à chaque fois évaluer la situation en prenant en compte les relations antérieures entre les sociétés, les conditions générales, économiques et du marché, les perspectives d'avenir de l'entreprise débitrice, et adopter en conséquence la stratégie la plus appropriée pour résoudre le problème.

Rappel.

Messieurs,

Permettez-nous de rappeler que notre facture n° 114 du 15 janvier, d'un montant de 12 000 francs, dont le règlement devait être effectué à 60 jours, n'a pas encore été payée. Nous comptons sur un prompt règlement de votre part.

Veuillez agréer, Messieurs, l'expression de nos meilleures salutations.

Deuxième rappel.

Messieurs,

En référence à notre lettre du 30 mars 19..., à laquelle vous n'avez pas apporté de réponse, permettez-nous de porter une fois de plus à votre attention le non-paiement de notre facture n° 114 du 15 janvier, d'un montant de 12 000 francs, arrivée à échéance il y a plus d'un mois.

Nous vous rappelons que, conformément aux conditions de ventes que vous avez acceptées et signées au moment de la commande, nous sommes en droit d'appliquer un taux d'intérêt de 2% pour paiement différé, et ce pour chaque mois ou fraction de mois de retard.

Eu égard à nos bonnes relations d'affaires, nous espérons vivement ne pas avoir à ajouter ce supplément, mais nous devons néanmoins vous prier de régler notre facture dans les 10 jours à compter d'aujourd'hui.

Dans l'attente de votre réponse, nous vous prions, Messieurs, d'agréer l'expression de nos meilleures salutations.

Dear Sirs,

Reminder

May we remind you that our invoice No. 114 of 15 January for the sum of 12 000 francs, the settlement of which was to be made at 60 days from the invoice, has not yet been paid.

We trust you will arrange settlement as quickly as possible.

Yours sincerely,

Dear Sirs,

Second reminder

We refer to our letter of 30 March 19..., which was not answered by you, to remind you once again of the payment of our invoice No. 114 of 15 January, for the sum of 12 000 francs which was due for payment more than one month ago.

We remind you that, according to the conditions of sale which you accepted and signed at the moment of ordering, we are entitled to apply an interest of 2% for delayed payment for each month or fraction of a month.

In consideration of our good business relations, we strongly hope to avoid applying this charge, but we must ask you to settle our bill within ten days from today.

We are awaiting your reply.

Yours sincerely,

Objet: notre facture n° 114 du 15 janvier.

Messieurs,

Nous avons été très surpris de constater que nos lettres du 30 mars et du 21 avril 19..., concernant le non-paiement de notre facture mentionnée ci-dessus, sont restées sans réponse.

Bien que nous comprenions les difficultés économiques particulières à ce moment, nous ne pouvons nous expliquer votre silence, en raison notamment des excellentes relations d'affaires qui ont jusqu'à maintenant lié nos deux sociétés, et de la compréhension que nous avons manifestée envers vous dans ces circonstances.

Nous vous invitons donc à proposer pour votre paiement une solution de remplacement qui nous soit acceptable sans pour autant entraîner pour vous de difficultés excessives.

Nous sommes certains que vous saurez apprécier notre bonne volonté et qu'en conséquence vous accéderez à notre demande.

Dans l'attente d'une réponse par retour du courrier, nous vous prions, Messieurs, d'agréer l'expression de nos meilleures salutations.

Objet: notre facture n° 114 du 15 janvier.

Messieurs,

En référence à nos lettres du 30 mars et du 21 avril 19..., ainsi qu'aux nombreuses conversations téléphoniques que nous avons échangées avec vos services administratifs, concernant le non-paiement de notre facture citée en objet, il est de notre devoir de vous avertir que:

- toutes nos tentatives amiables pour obtenir le paiement de notre créance s'étant à ce jour avérées vaines, nous vous invitons formellement à nous faire parvenir la totalité de la somme due dans les dix jours au plus tard, à compter de ce jour;
- à défaut, nous nous verrons dans l'obligation de remettre cette affaire entre les mains de notre service contentieux pour recouvrement forcé de notre créance, des intérêts échus ainsi que des frais afférents, sans préavis de notre part.

Nous vous prions, Messieurs, de croire à l'assurance de nos salutations distinguées.

Dear Sirs,

Our invoice No. 114 of 15 January

We are surprised to note that our letters of 30 March and 21 April 19... regarding the non-payment of our invoice as above have not been answered by you.

Although we understand the economic difficulties of this particular moment, we find your silence inexplicable, especially in consideration of the excellent business relations that existed between our companies up to now, and of the understanding that we have shown you in these particular circumstances.

We therefore invite you to propose an alternative form of payment that will be acceptable to us and at the same time will not create excessive difficulties for you.

We are sure that you will appreciate our willingness to assist you, and will therefore comply with our request.

We await your reply by return.

Yours faithfully,

Dear Sirs,

Our invoice No. 114 of 15 January

We refer to our letters of 30 March and 21 April 19... and to the numerous telephone conversations with your administrative office regarding the non-payment of our invoice as above.

Since all our friendly attempts to obtain payment of our credit have so far been in vain, we formally invite you to send us the entire sum due within and not later than ten days from today.

Failing this we shall be obliged to place this matter into the hands of our legal office for the compulsory recovery of our credit, of the interest matured, and the relative expenses, without further notice to you.

Yours sincerely,

Objet: facture impayée.

Messieurs,

Notre banque nous a fait parvenir ce jour une traite impayée d'un montant de 1 400 francs qui venait à échéance le 20 mars, traite autorisée par vous en règlement de notre facture n° 181 du 20 janvier.

Les frais portés à notre débit par la banque s'élèvent à 53 francs.

Nous pensons que ce renvoi est dû à une erreur, et vous demandons en conséquence de faire parvenir par retour votre règlement d'un montant de 1 453 francs pour solde de compte.

Nous espérons que vous réglerez promptement cette affaire.

Veuillez croire, Messieurs, à l'assurance de nos salutations distinguées.

Objet: facture impayée.

En règlement de notre facture n° 114 du 15 janvier, nous avons émis une traite de 12 000 francs venant à échéance au 15 mai, accédant ainsi à votre requête visant à modifier les termes de paiement sur lesquels nous nous étions tout d'abord entendus, et qui consistaient en un paiement par règlement direct à 60 jours à compter de la date de facturation.

En contrepartie de la compréhension que nous vous avons manifestée dans cette période de difficultés financières, nous pensions que vous honoreriez votre dette sans plus de retard.

Nous avons donc été fort surpris lorsque notre banque nous a retourné cette traite impayée, accompagnée d'un supplément de 100 francs pour frais.

Nous vous invitons instamment à nous faire parvenir dans les plus brefs délais votre règlement pour solde de compte, et vous informons que nous ne vous expédierons plus aucune fourniture jusqu'à réception de votre paiement.

Nous nous réservons le droit de prendre toutes autres dispositions utiles à la protection de nos intérêts dans le cas d'un nouveau retard de paiement.

Salutations distinguées.

Dear Sirs,

Unpaid bill

Our bank has today sent back unpaid the draft for the sum of 1 400 francs due on 20 March authorized by you in settlement of our invoice No. 181 of 20 January.

The expenses debited to us by the bank amount to 53 francs.

We think that this return must have been caused by an error, and we would therefore ask you to send by return your remittance for 1 453 francs to balance.

We trust that you will deal with this matter quickly.

Yours sincerely,

Dear Sirs,

Unpaid bill

In settlement of our invoice No. 114 of 15 January we issued a draft for 12 000 francs expiring on 15 May, accepting your request to change the terms of payment originally agreed upon, which were for payment by direct remittance at 60 days from the date of the invoice.

In exchange for the understanding shown to you during this time of particular financial difficulty, we had imagined you would have honoured your debt without any further delay.

We were therefore greatly surprised when our bank sent back this draft unpaid, accompanied by a charge of 100 francs for expenses.

We invite you to send with the utmost urgency your remittance for the total balance, and we inform you that no further supplies will be sent to you until we have received your payment.

We reserve the right to take any other steps for the protection of our interests in case of any further delay in payment.

Yours sincerely,

Banques et compagnies d'assurances

Dans la correspondance avec les banques et les compagnies d'assurances, on trouve tous les cas de figures rencontrés dans la correspondance commerciale en général, mais aussi des situations spécifiques réclamant des expressions particulières.

Messieurs,

Nous vous serions reconnaissants de bien vouloir procéder en notre nom aux paiements suivants:

- cotisation à la Sécurité sociale de nos employés, au titre du mois de juin, selon la liste de noms jointe, pour un montant total de 54 900 francs (pièce annexée "A");
- facture de téléphone pour les mois de mai et juin, d'un montant de 4 240 francs (pièce annexée "B").

Veuillez débiter notre compte courant n° 8159/1de votre agence 14.

Avec nos remerciements, nous vous prions, Messieurs, d'agréer l'expression de nos meilleures salutations.

Messieurs,

Veuillez trouver ci-joint les documents suivants:

- 1 original de la lettre de crédit n° LC/84887 de la Barclays Bank de Monrovia, pour un montant de 21 950 dollars U.S.;
- 1 original de votre lettre CD/7418 datée du 20 février, avec laquelle vous nous avez fait parvenir la lettre de crédit;
- 6 exemplaires de notre facture n° 2481 du 10 avril, d'un montant total de 21 950 dollars U.S., portant les visas de la chambre de commerce et des Douanes de Marseille;
- 6 exemplaires de notre liste d'emballages datée du 10 avril;
- 1 série complète de connaissements établis à notre nom avec endossement au porteur de la compagnie de navigation Costa, en date du 14 avril;
- 1 traite à vue pour un montant de 21 950 dollars U.S. sur la Barclays Bank de Monrovia.

Nous vous prions de négocier ce crédit documentaire en notre nom, en créditant notre compte courant chez vous de l'équivalent en francs.

En vous remerciant, nous vous prions, Messieurs, d'agréer l'expression de nos meilleures salutations.

Dear Sirs,

We would ask you to arrange the following payments on our behalf:
- *national health insurrance contributions of our employees, relating to the month of June, according to the enclosed list of names, for a total amount of 54 900 francs (enclosure "A");*
- *telephone bill for the two month period May-June for the sum of 4 240 francs (enclosure "B").*

Please debit our current account No. 8159/1 at your Agency 14.

With thanks,

Yours faithfully,

Dear Sirs,

Please find enclosed the following documents:
- *1 original Letter of Credit No. LC/84887 of Barclays Bank of Monrovia for the sum of 21,950 U.S. dollars;*
- *1 original of your letter CD/7418 dated 20 February, with which you transmitted the Letter of Credit to us;*
- *6 copies of our invoice No. 2481 of the 10 April, for the total sum of 21,950 U.S. dollars, stamped by the Chamber of Commerce and by the Customs in Marseille;*
- *6 copies of our packing list dated 10 April;*
- *1 complete set of Bills of Lading made out to us with blank endorsement of the Costa Navigation Company, dated 14 April;*
- *1 sight draft for the sum of 21,950 U.S. dollars on Barclays Bank of Monrovia.*

Please negotiate this documentary credit on our behalf, accrediting us with the franc equivalent on our current account with you.

With thanks,

Yours faithfully,

Messieurs,

Veuillez régler en notre nom la facture n° 1687 de la société Miky-Tiky, datée du 6 novembre, d'un montant de 857 200 yens, auprès de la Midland Bank d'Osaka.

Vous trouverez ci-joint:
- 1 facture du fournisseur visée par la douane de Paris;
- 1 bordereau d'importation n° 15499/PA daté du 20 novembre.

Nous vous rappelons que pour le dédouanement nous avons utilisé la confirmation de banque n° 1.765.326/PS émise par votre siège le 15 novembre.

Le transfert de devises devra être effectué par télex.

Recevez, Messieurs, nos meilleures salutations.

Objet: demande de renseignements commerciaux.

Messieurs,

Nous avons reçu de notre client, la société Blanc, située 15, rue Armand à Toulon, une commande qui nécessiterait que nous accordions un crédit de 95 000 francs environ.

Au vu du chèque pour acompte qui accompagnait cette commande, nous avons noté que cette société possède un compte dans votre agence n° 7 de Toulon.

Eu égard aux bonnes relations que nous avons depuis longtemps avec votre banque, nous vous serions reconnaissants de bien vouloir nous communiquer, dans la mesure du possible, des renseignements sur la réputation de cette entreprise.

Veuillez débiter notre compte courant des frais encourus.

Nous vous assurons de notre plus grande réserve dans l'emploi des informations que vous pourriez éventuellement nous fournir.

En vous remerciant par avance, nous vous prions, Messieurs, d'agréer l'expression de nos meilleures salutations.

Dear Sirs,

Please pay on our behalf invoice No. 1687 dated 6 November from the firm Miky-Tiky for the sum of 857,200 yen through the Midland Bank in Osaka.

We enclose:
- *1 invoice from the supplier stamped by the Customs of Paris;*
- *1 customs importation note No. 15499/PA dated 20 November reminding you that for customs clearance bank confirmation No. 1.765.326/PS issued by your Head Office on 15 November was used.*

The currency transfer should be made by telex.

Yours faithfully,

Dear Sirs,

Request for commercial information

We have received from our client, Messrs. Blanc, 15 rue Armand in Toulon an order that would require our giving credit for about 95 000 francs.

From the cheque that accompanied this order as a deposit, we see that this firm has an account at your agency No. 7 in Toulon.

In consideration of the long and profitable relationship that we have had with your bank, we would ask you to provide information about the standing of this firm, as far as possible.

Please debit expenses incurred to our current account.

We assure you of the utmost reserve in the use of the information that you may be able to give us.

We thank you in anticipation.

Yours faithfully,

Objet: demande d'assurance.

Messieurs,

Veuillez procéder à l'assurance tous risques des machines suivantes: 50 (cinquante) compresseurs d'air, modèle LZ-50 d'une puissance de 5 kw et d'une capacité de réservoir de 200 litres, pour une valeur d'offre unitaire de 7 800 francs.

Chaque pièce est placée dans un emballage adéquat constitué de polystyrène expansé et de carton.

L'ensemble de l'envoi se trouve dans un conteneur immatriculé sous le n°154/B/8, propriété de la société Italnoli, à notre entrepôt situé à Paris au 84 rue Édison.

La valeur globale à assurer est celle des marchandises plus 15% pour frais d'emballage et de transport.

La police devra couvrir tous les risques possibles découlant de quelque cause que ce soit, à commencer du 4 octobre 19... à minuit, jusqu'à ce que le destinataire, la société Eximport de Moscou (URSS), accuse réception des marchandises. Le transport sera effectué par TIR par la société Moret.

Veuillez nous faire parvenir dès que possible la police d'assurance concernée, en deux exemplaires, ainsi que votre note de frais.

Dans l'attente de vous lire, nous vous prions, Messieurs, d'agréer nos meilleures salutations.

Objet: déclaration d'assurance.

Messieurs,

Suite à votre lettre d'instructions, nous vous confirmons que nous avons procédé à l'assurance tous risques de l'envoi destiné à votre client Eximport de Moscou (URSS), pour un montant total de 410 000 francs. Cette assurance prendra effet à compter du 4 octobre, à condition que vous nous renvoyez avant cette date une copie de la police, dûment signée pour marquer votre acceptation, et accompagnée du règlement de votre prime d'assurance.

En attendant, vous trouverez ci-joint:
- notre police "tous risques" n° 86587/I;
- notre note de frais n° 5876 datée de ce jour, d'un montant de 8 700 francs.

Dans l'attente de la réception des pièces susdites, nous vous prions, Messieurs, d'agréer nos meilleures salutations.

Dear Sirs,

Request for insurance coverage

Please arrange for us insurance coverage of the following against all risks: 50 (fifty) air compressors model LZ-50 of Watt voltage, with a tank capacity of 200 litres, for the unitary supply value of 7 800 francs.

Each piece is placed in adequate packing of expanded polystyrene and cardboard.

The entire consignment is in an already sealed container, registration No. 154/B/8, property of Messrs. Italnoli, at our warehouse in Paris, 84 rue Edison.

The overall value to be insured is that of the goods plus 15% for costs of packing and transport.

The policy must cover every possible risk deriving from any cause, starting from midnight on 4 October 19... until the consignees, Messrs. Eximport of Moscow (USSR) emit the declaration of goods received. Transport will be effected by TIR through the forwarders Moret.

Please send us the relative insurance policy in two copies, together with your bill for expediture, as soon as possible.

We await your confirmation of the insurance coverage.

Yours sincerely,

Dear Sirs,

Declaration of insurance

On the basis of your instructions, we confirm that we have arranged to insure the consignment destined for your client Eximport of Moscow, USSR, against all risks for the overall sum of 410 000 francs. The insurance takes effect as from 4th October, providing you send us back a copy of the policy, duly signed for acceptance and accompanied by your remittance for the insurance premium, within that date.

Meanwhile, we hereby enclose:
- *our policy "all risks" No. 86587/I;*
- *our bill for expenditure No. 5876 dated today for the sum of 8 700 francs.*

We await the receipt of the above.

Yours faithfully,

Vocabulaire

Assurance	***Insurance***
Indemnité / compensation	*Indemnity / compensation*
Contre des risques	*Against risks*
Assurer	*To insure*
Assureur	*Insurer / underwriter*
Compagnie d'assurances	*Insurance company*
Avec clause d'avarie	*With average clause (W.A. clause)*
Assuré	*Insured*
Prime	*Premium*
Police	*Policy*
Police flottante / police à temps / police ouverte / police évaluée / police tous risques	*Floating / time / open / valued / all risks policy*
Nous vous prions de bien vouloir nous adresser vos tarifs pour l'assurance de	*Please quote us your rate for the insurance of*
Nous vous prions de bien vouloir nous assurer tous risques	*Please cover us against all risks*
Nous vous serions gré d'assurer cette marchandise	*Please insure us on these goods*
Nous vous serions reconnaissants de renouveler notre police	*Please renew our policy*
L'assurance prend effet le	*The insurance is to take effect from*
Demander une indemnité	*To put in a claim for compensation*
L'expert procède à une expertise	*The surveyor carries out a survey*
Le répartiteur fixe les dommages et intérêts / évalue les dégâts.	*The assessor assesses damage*
L'assurance prendra effet à 12 heures le 6 juin, 19...	*The risk attaches at 12.00 a.m. on 6th June, 19...*
Rapport de mer / déclaration d'avaries	*Captain's protest*
Nous espérons que le règlement de la dette / de l'indemnité sera effectué rapidement	*We hope there will be an early settlement of this claim*
Montant global / somme globale	*Lump sum*

La banque	***Banking***
Banque d'affaires	*Merchant bank*
Banque de dépôts	*Deposit bank*
Compte courant	*Current account (c/c)*
Compte de dépôt	*Deposit account*
Prêt bancaire	*Bank loan*
Prêter à	*To lend to*
Emprunter à	*To borrow from*
Intérêt	*Interest*
Relevé de compte	*Statement*
Découvert / solde débiteur	*Overdraft*
Garantie / caution	*Security*
Spécimen de signature	*Specimen signature*
Signer en notre nom	*To sign on our behalf*
Taux bancaires / taux d'intérêts	*Bank rate / interest rate*
Transférer	*To transfer*
L'équivalent en livres sterling de 100 000 francs	*The sterling equivalent of 100 000 francs*
Jusqu'à nouvel avis / nouvel ordre	*Until further notice*
Interrompre / retenir / cesser / suspendre les paiements	*To discontinue payment / withhold payment / stop payment / suspend payment*
Veuillez nous remettre les pièces contre paiement de la traite	*Please surrender the documents against payment of the draft*
Veuillez toucher les montants dus à l'échéance	*Please collect the amount due at maturity*
En attendant vos instructions	*Pending instructions*
Commission d'escompte pour la négociation d'une lettre de crédit irrévocable	*Discount commission for irrevocable L/C*
Devises étrangères	*Foreign currency*
Livre sterling	*Pound sterling*

Bibliographie

Amherst P., *Guide de la correspondance commerciale*, éd. De Vecchi, 1993

Amherst P., *Guide pour réussir sa lettre de candidature*, éd. De Vecchi, 1993

Brentano C.-A., *Cours pour parler en public*, éd. De Vecchi, 1991

Canilli C., *Profession secrétaire*, éd. De Vecchi, 1993

Delacôte Y., *La Nouvelle correspondance privée*, éd. De Vecchi, 1987

Lagrifa M.-O., *Correspondance privée pratique et facile*, éd. De Vecchi, 1995

Lagrifa M.-O., *La Nouvelle correspondance commerciale*, éd. De Vecchi, 1988

Martraire J.-Y. et Moussouris L., *Comment rédiger une lettre d'affaires convaincante*, éd. De Vecchi, 1987

Mège N., *Guide de la correspondance privée*, éd. De Vecchi, 1993

Nuq M., *Lettre de candidature efficace*, éd. De Vecchi, 1991

Nuq M., *Guide de la correspondance amoureuse*, éd. De Vecchi, 1995

Périer C., *Réussir ses contrats et sa correspondance commerciale*, éd. De Vecchi, 1994

Ponthier F., *Le Grand livre de la correspondance commerciale et d'affaires*, éd. De Vecchi, 1994

Prévosto M.-T, *La Correspondance moderne*, éd. De Vecchi, 1988

Ruyet O., *Un Discours pour toutes les circonstances*, éd. De Vecchi, 1995

Table des matières

Introduction . . . . page 5

PREMIERE PARTIE :
LES REGLES DE LA CORRESPONDANCE PRIVEE

La lettre de correspondance privée . . . . » 9
La date. . . . . » 12
L'en-tête . . . . » 12
Le texte ou corps de la lettre. . . . . » 14
Les formules finales . . . . » 15
La signature et le paraphe . . . . » 17
Le *post-scriptum* et le *Nota bene* . . . . » 17
L'enveloppe. . . . . » 18
Le papier à lettre et le papier en-tête. » 19

Les cartes de visite, cartes postales, cartes de vœux . . . . » 21
Les cartes de visite . . . . » 21
Les cartes d'anniversaire. . . . . » 22
Les cartes postales. . . . . » 23
Les cartes de vœux . . . . » 25

Le faire-part. . . . . » 29
Le faire-part de naissance ou d'adoption . . . . » 29
Le faire-part de mariage . . . . » 32
Le faire-part de fiançailles . . . . » 33
Le faire-part de décès . . . . » 33
Comment répondre à un faire-part . . . . » 34

Autres moyens de correspondance privée .... page 37
Les insertions et annonces dans les journaux.............. » 37
Le télégramme .... » 39
Le Minitel.. » 40
Le fax .... » 41

Le courrier de votre vie................................ » 43
L'invitation et sa réponse.............................. » 43
Les félicitations et les compliments.................... » 48
Les remerciements....................................... » 50
Les excuses .... » 52
La lettre de recommandation .... » 54
La lettre officielle.................................... » 56
La lettre de réservation................................ » 59
La lettre de réclamation .... » 60
La lettre à un directeur d'école .... » 60
La lettre à un directeur de journal .... » 61
La lettre à un assureur .... » 62
La lettre de candidature et le curriculum vitæ .... » 64
La lettre à un professionnel .... » 65
Les lettres à l'EDF et aux Télécom .... » 68
Les lettres à la SNCF................................... » 69
Les lettres à l'administration fiscale .... » 70
Les lettres aux Assedic................................. » 72
La lettre aux Allocations familiales.................... » 74
Les lettres à l'Urssaf .... » 74
La lettre à la Sécurité sociale......................... » 76
La lettre à un propriétaire............................. » 77
Les lettres à un entrepreneur, à un déménageur.......... » 78
Les lettres à l'Institut national de la consommation (INC), et aux journaux spécialisés.............................. » 80
La lettre recommandée ou pli recommandé : une bonne précaution » 81

DEUXIEME PARTIE : LA CORRESPONDANCE COMMERCIALE ET D'AFFAIRES

Conseils généraux....................................... » 85
Rédiger... » 85
Le papier de la lettre commerciale...................... » 94
La présentation de la lettre commerciale................ » 96
L'enveloppe de la lettre commerciale .... » 100
La typographie de la lettre commerciale .... » 100

La ponctuation .... page 111
Le suivi d'une lettre commerciale.................... » 112
Les outils de communication .... » 114

La correspondance.................................. » 123
S'informer.. » 123
Informer .... » 133
La commande .... » 142
Transport et livraison .... » 159
Le paiement.. » 170
Les administrations................................ » 179
Les banques.. » 187
Les assurances..................................... » 191
Le courrier interne................................ » 196
Le personnel .... » 199
Correspondances diverses........................... » 216
Les lettres de vente .... » 218

TROISIEME PARTIE :
LE COURRIER D'AFFAIRES EN ANGLAIS : 90 EXEMPLES

La présentation des lettres commerciales en anglais............ » 229
Annonces pour le recrutement de personnel .... » 235
Lettres de demande d'emploi.................................... » 241
Convocation du candidat pour l'entretien .... » 255
Réponse au candidat après l'entretien.......................... » 261
Demandes de renseignements .... » 267
Réponse aux demandes de renseignements......................... » 279
Demandes de renseignements commerciaux......................... » 291
Notification d'erreurs et réclamations......................... » 297
Excuses .... » 317
Lettres circulaires.. » 327
Emballage et expédition .... » 341
Comptabilité - Facturation - Paiements......................... » 357
Rappels .... » 373
Banques et compagnies d'assurances .... » 381
Bibliographie.. » 391

Achevé d'imprimer en septembre 1999
à Riva presso Chieri (Turin), Italie,
sur les presses de Grafiche Dessì s.n.c.

Dépôt légal : septembre 1999
Numéro d'éditeur : 6160